이 책에 쏟아진 찬사

《역사를 지우다》는 파시즘의 작동 원리에 대해 제이슨 스탠리가 쓴 소중한 책인 《우리와 그들의 정치: 파시즘은 어떻게 작동하는가How Fascism Works: The Politics of Us and Them》의 전편前篇이자 속편續篇으로, 오늘날 전 세계 파시즘의 반교육적 흐름을 전면적으로 탐구하고 있습니다. 인도에서 튀르키예, 러시아에서 플로리다에 이르기까지, 그리고 아마도 여러분과 가까운 교실에서 우월주의적 민족주의의 역겨운 주장들이 역사 탐구를 대체하고 있을 것입니다. 빠른 내용 전개와 최신의 연구 성과를 담은 《역사를 지우다》는 우리에게 이런 일들이 어떻게 일어나고 있으며, 왜 과거가 파시즘 없는 미래를 위한 투쟁의 최전선인지를 보여줍니다.
— **제프 샬렛**Jeff Sharlet 《뉴욕타임스》 베스트셀러 《건더토우: 느린 내전의 장면들The Undertow: Scenes from a Slow Civil War》 저자

제이슨 스탠리의 이야기는 현시점의 파시즘적 측면을 가감 없이 설명하고자 하는 모든 사람이 필수적으로 알아야 할 목소리입니다. 스탠리는 최근에 쓴 글에서 학교와 대학 등의 기관에 대한 파시스트의 공격에 주목합니다. 《역사를 지우다》는 지식을 검열하고 과거를 다시 서서 권력을 공고히 하려는, 소수지만 잘 조직되고 풍부한 자금을 가진 일부 세력의 광범위한 시도에 대해 반드시 알아야 할 문제들을 전해줍니다. 교육에 대한 믿음을 무너뜨리려는 그들의 활동은 민주주의의 실험실이 되어왔던 기관의 역할을 약화시킵니다. 스탠리는 우리 민주주의의 생존이 우리의 과거와 이를 신비화하고 부정하려는 무수한 시도에 대한 깊이 있는 이해를 통해서만 이루어질 수 있음을 명확하게 설명하고 있습니다.
— **킴벌리 크렌쇼**Kimberlé Crenshaw '아프리칸 아메리칸 정책 포럼'의 공동 설립자 겸 상임이사, 《비판적 인종 이론Critical Race Theory》 공동 편집자

저는 이 책만큼 시의적절하고 긴급하며 필수적인 책을 읽은 적이 없습니다. 《역사를 지우다》는 지금 이 순간, 이 나라가 파시즘에 빠지는 것을 막기 위한 일종의 전투계획을 세우는 데 필요한 제가 알고 있는 유일한 지식의 원천입니다. 이 책을 반드시 읽어야만 합니다.

— **칼릴 지브란 무함마드**Khalil Gibran Muhammad 프린스턴 대학 '아프리칸 아메리칸 연구 및 사회 문제' 교수, 《흑인성에 대한 비난The Condemnation of Blackness》 저자

간단히 말해, 스탠리는 역사에 대해 전 세계적으로 파시스트가 어떻게 공격하는가를 보여주는 청사진을 제시했습니다. 권위주의와 허위 정보에 맞서 싸우기 위한 필독서입니다.

— **안테아 버틀러**Anthea Butler 《백인 복음주의 인종차별: 미국의 도덕 정치White Evangelical Racism: The Politics of Morality in America》 저자

제이슨 스탠리가 다시 해냈습니다. 시급하면서도 날카로운, 그리고 너무도 뛰어난 이 책은 과거로부터 배우려는 싸움이 어떻게 미래의 약속에 대한 싸움인지를 보여줍니다. 《역사를 지우다》는 우리 시대의 절박한 이야기, 즉 권위주의가 어떻게 역사를 단조롭고 획일화된 하나의 이야기로 축소하려 하는지를 풀어냅니다. 그리고 자유를 위한 싸움은 우리가 지속적이고 집단적인 성찰과 재상상을 통해서 그러한 서사를 깨뜨리는 것이 필요합니다.

— **조나단 M. 메츨**Jonathan M. Metzl 《백인의 죽음과 우리가 된 것: 무기의 나라에서 살고 죽는 것Dying of Whiteness and What We've Become: Living and Dying in a Country of Arms》 저자

왜 그렇게 많은 급진 우익 세력이 학교를 포위하고 있을까요? 이는 현재 보도되고 있는 것보다 훨씬 더 심각한 문제입니다. 이 설득력 있는 책에서 제이슨 스탠리는 나치 치하에서 자기 가족이 겪은 경험을 권위주의자들이 정직한 역사를 왜 싫어하는지에 대한 광범위하고 명쾌한 설명과 함께 재치 있게 엮어냅니다. 다인종 민주주의가 포위망에 맞서기 위해 진실을 말하는 것이 얼마나 중요한지 이해하기 위해 반드시 읽어야 할 책입니다.

— **낸시 맥린**Nancy MacLean 《사슬에 묶인 민주주의: 미국을 향한 극우 우익의 은밀한 계획 Democracy in Chains: The Deep History of the Radical Fight's Stealth Plan for America》 저자

제이슨 스탠리의 매력적인 연구는 21세기 사람들에게 정치 체제로서 파시즘을 해부하는 방법을 제시해 왔습니다. 《역사를 지우다》에서 스탠리는 역사교육, 기억, 분석에 대한 파시스트 공격의 이데올로기적 요소를 분석합니다. 그는 반유대주의적 인종대교체론Great Replacement Theory으로부터 동성애자와 페미니스트에 대한 비방, 민족적 순수성과 역사적 무죄라는 신화의 조장에 이르기까지 모든 게 어떻게 민주적인 주체적 행위와 자유를 무너뜨리는 데 작용하는지 보여줍니다. 그러나 그는 과거를 위해 싸우는 사람들이 어떻게 미래를 구할 수 있는지 우리에게 느낄 수 있게 합니다.

— **제이미 라스킨**Jamie Raskin 메릴랜드주 하원의원, 《트라우마, 진실, 그리고 미국 민주주의의 시련Unthinkable: Trauma, Truth and the Trials of American Democracy》 저자

역사를 지우다

역사를 지우다

권위주의자들은 왜, 어떻게 과거를 조작하는가

제이슨 스탠리 지음 · 김한종 옮김

책과함께

일러두기

- 이 책은 Jason Stanley의 Erasing History(2024)를 우리말로 옮긴 것이다.
- 옮긴이의 짧은 설명은 〔 〕로 덧붙이고, 긴 설명은 각주로 넣었다.

내 아이들, 에밀과 알랭에게

차례

들어가며

소련 체제는 홀로코스트를 기념한 적이 없다. 그 이유 중 하나는 한 가지 제노사이드를 정의하고 이를 확인하면, 다른 제노사이드 범죄를 인식할 수 있기 때문이다. 소련 제국은 우리가 우리 역사를 배우는 것을 원하지 않았다.

— 빅토리아 아멜리나[1]

지난 세기가 우리에게 가르쳐준 한 가지 교훈은, 권위주의 정권은 역사가 자신들에게 매우 위협적이라고 여기는 경우가 잦다는 것이다. 권위주의 정권은 기회가 있을 때마다 권력을 공고히 하기 위해 역사를 지우거나 은폐하는 방법을 찾는다. 왜 그럴까? 역사가 어떤 점에서 권위주의 정권의 목적에 방해가 되는 것일까? 아마도 가장 중요한 것은 역사가 과거를 보는 다양한 관점을 제공한다는 점일 것이다. 권위주의 체제의 가장 큰 라이벌인 민주주의는 다양한 관점으로 구성되는 현실을 공유해야 함을 인정하는 것을 필요로 한다. 시민들은 다양한 관점을 접함으로써 서로가 국가의 서사를 만드는 데 동등한 역할을 했다고 여기게 된다. 그리고 이러한 서사는 지속적이고 집단적으로 성찰하고 다시 생각해볼 여지가 있는 것임을 받아들인다. 이를 통해 새로운 아이디어, 새로운 증거, 새로운 관점 및 이론적 틀을 끊임없이 반영해야 한다는 사실을 배우게 된다는 것을 우리는 알게 된다. 민주주의에서 역사는 정적이거나 신화적인 것이 아니라, 역동적이고 비판적이다.

역사를 지우는 것은 권위주의자들에게 도움이 된다. 그렇게 해야 역사를 하나의 이야기, 단일한 관점으로 왜곡할 수 있기 때문이다. 하지만 어떤 관점을 완전히 지우는 것은 불가능하다. 권위주의자들은 역사를 지우려고 할 때 교육을 통하거나 학교에서 가르치는 교육과정에서 특정 서사를 삭제한다. 그리고 아마도 가정에서 그 이야기를 하는 것을 막으려고 할 것이다. 그러나 권위주의자들은 사람들의 생생한 경험과 여러 세대에 걸쳐 뼈에 새겨진 그들의 유산을 지울 수 없다. 이 단순한 사실로 인해 잃어버린 관점을 되찾을 수 있는 가능성이 항상 존재한다.

이 모든 것은 권위주의의 일반적 특징에 해당하지만, 특히 권위주의 이데올로기의 특정한 한 형태인 파시즘에서 더욱 두드러진다. 파시즘은 민족이나 인종, 종교적 차이에 호소하여 사람들을 '우리'와 '그들'로 나누고자 한다. 이전 책《우리와 그들의 정치: 파시즘은 어떻게 작동하는가》에서 나는 파시즘 정치의 특징이라고 할 수 있는 일련의 전술을 확인했다. 신화적 과거의 창조, 선전과 반지성주의를 활용한 비현실적 상태의 조성, 인종이나 종교의 위계를 정당화하려는 시도, 분노와 희생자라는 감정의 이용, 자유보다 법과 질서를 우선시하는 정책, 성性적 불안에 대한 호소, 도시는 퇴폐적이고 범죄가 만연하며 농촌은 국가의 중심지라는 소돔과 고모라 신화의 환기, 마지막으로 나치가 위선적으로 사용했던 "일하는 것이 당신을 자유롭게 한다Arbeit macht frei"라는 슬로건으로 요약되는 이른바 일할 수 있는 능력에 따라 집단을 서열화하는 가치 체계가 이에 포함된다.[2]

오늘날 파시즘이 떠오르고 있는 현상은 심각한 위험성을 내포하고 있어서, 그 작동 원리를 이해하는 것이 시급한 과제다. 그러나 파시즘의 성공을 제대로 이해하려면 파시즘이 어떻게 작동하고 권력을 장악하는지 뿐만 아니라 어떻게 정당성을 획득하는지도 파악해야 한다. 따라서 우리는 시선을 파시즘 정치 자체에서 이런 정치를 효과적으로 만드는 교육과 문화로 돌려야 한다. 바로 여기에서 역사 지우기라는 주제가 크게 드러난다.

최근 몇 년 동안 '파시즘'이라는 용어가 전 세계에서 볼 수 있는 우익 권위주의 운동의 부상을 적절하게 설명하는지에 대해 학자들과 전문가들 사이에서 논쟁이 벌어졌다. 여기에서는 이 논쟁을 대부분 건너뛰어도 상관없다. 우리가 그런 운동을 파시즘적이라고 하건 아니건 간에, 오늘날 우리가 목격하고 있는 사회적·정치적 운동이 과거 파시즘 운동과 동일한 정치 전술과 수사 기법을 많이 채택하고 있다는 사실은 광범한 동의를 얻고 있다. 폭력적인 자경단을 동원하여 자신들에게 반대하는 사람들을 위협하고, 한 명의 지도자나 하나의 정당에 충성하는 사람들로 법정을 채우고, 이민자나 성소수자에 대한 증오를 조장하고, 재생산권reproductive rights•을 빼앗고, 교육을 이용해서 젊은이들에게 영광스러운 과거에 뿌리를 둔 국가의 위대함이라는 서사를 주입한다. 이러한 운동을 하는 사람들을 파시스트라고 부르는 나의 결정에 동의하지 않는 사람도 있을 수 있다. 이들 중에는 그 운동이 초래하는 위험성에 대한 나의 평가에 동의하는 사람도 포함된다. 그러나 나는 민주주의를 공격할 목적으로 명백히 파시즘적인 정치에 열중하는 사람들을 지칭할 때 이 용어가 적절하다고 생각한다. 그래서 앞으로

• 성 및 출산과 관련된 여성의 권리를 포괄적으로 가리키는 말이다. 결혼과 이혼의 권리, 임신과 출산권, 피임 여부나 방법의 선택권, 낙태의 권리, 성관계의 자기 결정권, 성폭력이나 성 착취로부터 보호받을 권리 등을 포함한다. 인간으로서 가져야 할 인권의 하나로, 신체적·정신적으로 여성이 건강한 상태를 유지하기 위해서 자기 스스로 선택할 수 있는 권리다.

이 책에서 이 말을 계속 사용할 것이다.

　이러한 반민주주의 운동이 전 세계적으로 확산하고 있기에 내가 여기에서 다루는 범위는 국제적이며, 여러 측면에서 러시아, 인도, 튀르키예, 이스라엘, 헝가리와 같은 국가들의 파시스트나 권위주의 문화를 포함할 것이다. 하지만 그렇다고 하더라도 나는 미국에 살고 있다. 그래서 미국이 중심 사례가 될 것이다. 다른 곳과 마찬가지로 미국에서도 최근 몇 년 동안 이념 전쟁이 벌어져 우리 문화의 거의 모든 측면으로 확대되고 있다. 이 싸움은 우리의 이웃, 법정, 침실까지 파고들고 있다. 그러나 궁극적으로 우리 사회에서 가장 평등한 공공 기관 중 하나인 학교에서 가장 깊게 표출되고 있다. 이 전쟁의 양상은 크게 보아 상반된 두 가지 관점에 의해 형성되어 왔다. 하나는 인종, 민족, 성별과 같은 자의적 요소에 기반한 위계구조를 유지하려는 사람들의 관점이고, 다른 하나는 이를 뒤엎으려는 사람들의 관점이다.

* * *

1906년에 태어난 나의 할머니 일세 스탠리Ilse Stanley는 베를린에서 자랐다. 할머니는 당시 독일에서 가장 큰 교회 가운데 하나이자 아버지인 마그누스 다비드손Magnus Davidsohn이 수석 칸토르Cantor

〔교회의 수석 선창자나 성가대를 지휘하는 사람으로, '노래하는 사람'이라는 뜻의 라틴어〕로 있던 파사넨슈트라세 유대교 회당Fasanenstrasse Synagogue의 영향을 받았다. 파사넨슈트라세 유대교 회당은 독일 유대교의 자유주의 전통을 실천했다. 교회처럼 회당에는 오르간이 있었다. 이 회당의 음악은 클래식 전통을 자랑스럽게 이어가고 있었다. 나의 할머니는 전형적인 독일에 동화된 유대인이었고, 할머니가 보기에 독일 문화, 즉 괴테와 하이네의 문화는 할머니 자신의 문화였다. 그것은 계몽주의와 휴머니즘의 등대였다.

마그누스 다비드손은 칸토르가 되기 전에는 오페라 가수로 활동했다. 그는 작곡가이자 지휘자인 구스타프 말러의 전기에 언급되어 있는데, 거기에서는 두 사람이 공유하고 있는 유대인의 유산과 나의 증조부가 오페라를 그만두고 유대교 회당으로 가려고 결정한 이유에 대한 두 사람의 대화를 인용하고 있다.[3] 이 대화 당시 그는 말러가 지휘하던 리하르트 바그너의 오페라 〈로엔그린〉을 재연한 1899년 작품에서 중심 배역으로 노래하고 있었다. 그의 동생 막스는 이후 1908년에 바이로이트 페스티벌의 한 부분으로 공연된 같은 오페라에서 노래를 불렀다.

이 바그너 가수 가문의 후손인 일세는 배우가 되어 베를린의 위대한 연극 연출가 막스 라인하르트Max Reinhardt에게 사사했다. 또한 프리츠 랑 감독의 획기적인 1927년도 영화 〈메트로폴리스〉에서 연기하기도 했다.[4] 그녀는 W. E. 3. 듀보이스W. E. B. Du Bois, 알베르트 아인슈타인, 막스 플랑크, 에르빈 슈뢰딩거, 막스 베버와 같은 저명인사를 배출한 유명 대학이 있는 세계 최고의 지적·문화적 수도 중 한 곳인 베를린에서 살았다.

하지만 불과 몇 년 후 베를린에 살던 나의 독일계 유대인 가족은 이 국제적인 낙원에서 쫓겨났다. 어떻게 이런 일이 일어날 수 있었을까? 뛰어난 재능으로 독일 문화계에서 명성을 얻었던 할머니의 예술성이 위험하고 이질적인 것으로 여겨져 그녀의 공연이 극장에서 금지되는 일이 어떻게 일어날 수 있었을까?

나치가 독일에서 권력을 잡았을 때, 그들은 국가와 민족에 대한 허구적인 관점을 정치운동의 이념적 중심에 두었다. 독일은 순수 아리아인들이 거주하는 땅인데, 유대인 이민족이 침투하여 독일의 제도를 손상하고, 독일 인종의 우월성을 무너뜨리려고 한다는 관점이었다.

넓게는 파시스트 이데올로기, 특히 나치 이데올로기의 핵심에는 이처럼 지배 집단을 교체하려는 음모를 꾸미고 있다는 주장이 깔려 있다. 나치는 독일 내 유대인을 위험한 내부의 적으로 간주해서 이들에게서 시민권을 박탈하는 법을 제정했다. 나치의 표적은 나의 할머니가 모범적 사례로 보여준 바로 그 세계주의 cosmopolitanism였다. 그녀가 가지고 있는 독일인으로서의 정체성은 그녀를 보호하는 데 거의 도움이 되지 않았다. 그녀의 역할은 미리 정해져 있으며 바뀌지 않는다는 나치의 서사와 모순되었기 때문이다. 그녀가 독일인에 동화되는 것은 나치가 원하는 것이 아니었다. 정확히 말하면, 나치는 이를 막고자 했다. 나치가 보기에 독일의 위대함은 광범한 휴머니즘과 열정적인 실험, 지적 혁신이 아니라 아리아인의 특성에 기반한 것이었다.

1920년대 독일에는 세계 최고의 대학이 다수 있었고, 세계를 이끄는 지식인들이 많았으며, 독일은 근대성의 최첨단을 달리고 있었다. 이러한 이유로, 파시스트가 어떻게 독일을 장악해서 국민의 자아개념을 급격히 변화시키는 데 성공했는지 연구하는 것은, 우리가 오늘날 직면하고 있는 떠오르는 위협에 대해 많은 것을 시사한다. 역사와 정체성에 대한 국민의 자기 이해는 학교와 문화를 통해 보존되지만, 많은 사람이 믿는 것보다 보호력이 훨씬 약하다는 사실이 입증되었다. 이 같은 오해에 빠지지 않는 것이 우리에게 현명할 것이다.

* * *

일부 사람들에게는 개방과 자유라는 미국의 정신이, 역사를 하나의 관점으로 바꾸려는 파시즘의 역사 지우기 프로젝트와 양립할 수 없는 것처럼 보일 수 있다. 그러나 여러 역사적 서사를 없애려는 이러한 충동에는 서로 다른 다양한 동기가 있을 수 있으며, 그중 일부는 다른 것들보다 그럴듯할 수도 있다. 1940년대 후반과 1950년대 동안 미국에서 나타났던 적색공포Red Scare 시대, 흔히 위스콘신 출신 빨갱이 사냥꾼 상원의원의 이름을 따서 매카시McCarthy 시대라고 불리던 때를 생각해보자. 이 시기에는 고등교육, 예술 및 기타 분야의 좌파들이 공개적으로 모욕을 당하고 의회에 의해 고발당하고 충격적인 방식으로 직장에서 해고되었다. 하원 반미활동조사위원회House Un-American Activities Committee, HUAC가 주도한 이 검열과 협박 캠페인은 주로 공산주의자, 사회주의자, 냉전 시대 미국의 적국인 소련에 동조할 가능성이 있는 모든 사람을 색출하는 데 초점을 맞췄다.

이 경우, 학계와 사회 전반에서 좌파적 관점을 지우는 데 힘을 쏟았던 HUAC의 활동은 적어도 부분적으로는 소련의 권위주의에 대한 반대가 그 동기였다. 물론 그렇다고 해서 이런 동기가 그 파괴적인 과잉 행위에 대한 핑곗거리가 되는 것은 결코 아니다.

1940년대와 1950년대의 적색공포는 냉전 시대 미국이 대표한다고 주장했던 자유라는 바로 그 이상에 대한 배신이었다. 그러나 이 사건은 적어도 특히 미국의 상황에서 파시스트의 역사 지우기 프로젝트가 어떻게 그리고 왜 뿌리를 내릴 수 있는지를 부분적으로나마 설명해준다.

오늘날 우리가 적색공포 시대와 같은 상황으로 되돌아가고 있음은 의심할 여지가 없다. 우익 활동가들과 정치인들은 인종적 위계나 가부장제에 이의를 제기하는 모든 교육을 억누르기 위해 좌파 이념을 가진 것으로 추정되는 모든 단계의 교육자들을 표적으로 삼고 있다. 그러나 역사에 대한 이러한 공격은 지역 교육청, 주州 교육부, 심지어 전국 선거의 차원을 훨씬 뛰어넘는다. 사실 이것은 깊은 역사적 선례를 가진 초국가적 움직임이다. 그리고 이는 자유민주주의에 대한 더 큰 규모의 전 세계적인 공격의 징후다.

자유민주주의는 자유와 평등의 가치를 핵심으로 하는 체제다. 그 안에서 모든 시민은 동등한 정치적 가치를 가지며, 따라서 동등하게 존중되고 존엄성을 누릴 자격이 있다. 이러한 자유에는 민주주의 제도를 보호하고 개선해야 하는 것을 비롯한 책임이 따른다. 자유민주주의 내의 진보적 교육 운동은 오랫동안 젊은이들이 이러한 책임감을 가지게 하는 데 이바지해왔다.

그러나 교육이 언제나 이러한 목적에 부합하는 것은 아니다. 교육은 민주주의에 반대하거나 위계구조를 굳건히 하는 데 사용될 수도 있다. 그리고 이 지점에서 교육을 둘러싼 최근의 많은 논쟁이 벌어진다. 자유민주주의에서는 교육이 어떻게 작동해야 하는지에 대한 서로 다른 청사진 사이의 논쟁이 언제나 일어날 것이며, 이런 논쟁은 언제나 있어야 한다. 이 논쟁은 세속적 이상의 추구와 공동 전통의 보존 사이의 적절한 균형이나, 교양교육과 직업교육 중 어느 편에 중점을 둘 것인가와 같은 문제를 둘러싸고 일어난다. 그러나 교육은 반민주적 의제를 뒷받침할 수도 있다. 오늘날 러시아와 북한의 사례에서 우리는 교육 시스템이 어떻게 지도자에 대한 건전하지 못한 존경심을 키움으로써 지도자를 법치보다 우위에 두는지를 볼 수 있다. 인도와 같은 다른 국가들에서는 교육 시스템이 힌두교 인도인을 무슬림 인도인의 위에 위치 짓는 데 사용된다. 이 두 가지 경우, 교육은 민주적인 평등한 시민권의 기초를 훼손하는 기능을 한다.

분명히 말하지만, 위계구조hierachy가 본질적으로 억압적인 것은 아니다. 예를 들어, 의과대학에서 전문의는 위계상으로 의과대학생의 위에 서 있다. 이는 지식에 기반한 인식론적 위계구조의 한 예다. 의사에게 반식민지 반군이나 정치적 반대자들에게 정신적으로 불안정하다는 진단을 내리라고 지시할 수 있듯이, 지식은 확실히 지배와 통제를 은폐하는 데 사용될 수 있다. 그러나 적어도 이상적으로는 인식론적 위계구조는 지버보다는 안내의 역할을 한다. 가치의 위계구조에는 차이가 있어서, 한 집단의 사람들을 다른 집단 사람들의 위에, 한 개인을 다른 모든 개인의 위에 두는 역할을 하며, 일반적으로 어떤 집단이나 개인의 지배를 정당화하는 데 사용된다. 가치의 위계구조는 자유민주주의의 근본적 이상을 훼손한다. 그리고 실제로 모든 사람이 동등한 도덕적·정치적 지위를 갖는 것을 받아들이지 못한다.

* * *

이 책은 파시스트 문화를 주제로 하고 있기 때문에 문화가 정확히 무엇이며 어떻게 작동하는지에 대해 조금 더 말할 필요가 있다. 스위스 철학자 라헬 예기Rahel Jaeggi의 명제를 받아들인다면, 문화는 삶의 한 양식, 즉 관행, 방향, 신화가 조화를 이룬 그물망이라고 할 수 있다.[5] 식민주의, 민족주의, 파시즘과 같은 위계 문화는 으레 한 집단을 다른 집단보다 우위에 둔다. 그리고 다른 모든 문화 또는 삶의 양식과 마찬가지로 이러한 관행은 대부분 학교에 의해 형성되고 강화된다.

모든 교육 시스템은 지우는 행위를 수반한다. 모든 것을 가르칠 수는 없기 때문이다. 하지만 권위주의 체제를 구성하는 요소인 특정 종류의 지우는 행위가 있다. 예를 들어, 1989년 천안문 광장 시위와 학살을 중국 정부가 삭제한 것이나 2020년 플로리다주가 사회과 교육과정에서 흑인민권운동Black Lives Matter●을 삭제하도록 한 것과 같은 민주화 운동의 삭제가 있었다.[6] 권위주의자들은 현 체제에 반대하는 봉기의 역사를 교육과정에서 삭제하거나 애초에 가르칠 수 없도록 함으로써 학생들에게 현 체제는 도전받은 적이 없고 앞으로도 도전할 수 없을 것이라는 인상을 남긴다.

• 2010년대에 일어난 흑인들의 민권운동으로, 'Black Lives Matter'는 '흑인의 생명도 소중하다'라는 의미다. 2012년 2월 26일 트레이븐 마틴(Trayvon Martin)이라는 흑인 청소년이 히스패닉계 백인 자경단원인 조지 짐머먼(George Zimmerman)에게 살해당했다. 자경단원은 후드티를 입고 있으며 수상하다는 이유만으로 도망가는 흑인 청소년에게 총을 쏴서 죽였다. 당시 범죄자들이 후드티를 입고 있는 경우가 많았다는 것이 그 근거였다. 짐머먼은 기소되었지만, 이를 조사하는 과정에서 경찰은 흑인을 강압적으로 대하고, 가해자인 백인을 옹호하는 태도를 보였다. 짐머먼은 마틴이 자신을 공격했기 때문에 방어 행위로 총을 쏘았으며, 자신도 부상을 당했다고 주장했다. 결국 2013년 짐머먼은 증거 불충분으로 무죄 판결을 받았다. 트레이븐 마틴 살해에 대한 항의는 경찰이 흑인을 함부로 대하는 등 인권을 침해하는 관행을 없앨 것을 요구하는 시위로 확대되었다. 더구나 2014년에는 거리에서 시위하고 소동을 일으켰다는 혐의로 두 경의 아프리카계 미국인이 경찰의 총에 맞아서 죽으면서 흑인민권운동은 더욱 확대되었다.

1장

권위주의 체제를 만드는 방법

교사의 힘으로 전쟁에서 이길 수 있습니다.

― 블라디미르 푸틴[1]

퓰리처상을 수상한 작가 토니 모리슨Toni Morrison은 1995년 하워드 대학에서 열린 '인종주의와 파시즘Racism and Fascism'이라는 제목의 강연에서 "국가 문제를 파시스트식으로 해결하는 데 관심이 있는" 미국 내 세력에 대해 경고했다. 그녀는 이러한 파시스트식 해결책에는 표현과 실제 행위, 즉 파시스트가 구엇을 말하거나 믿는가와 어떤 행동을 하는지가 모두 포함된다고 설명했다. 모리슨이 지적한 것처럼 표현과 실제 행위는 서로를 강화할 수 있다. 표현은 그것이 없으면 받아들일 수 없는 실제 행위를 정상적이고 정당한 것으로 보이게 만들 수 있고, 실제 행위는 표현을 소급해서 적절하게 보이게 만들 수 있다. 이민자를 위험한 범죄자로 표현하는 것은 이민자를 감옥과 같은 대형 수용소에 가두는 실제 행위를 정당화하며, 일단 이민자가 그곳에 수용되면, 그 사실로 인해 일부 사람들은 이민자가 위험한 사람들이라고 결론 내리게 된다.

파시즘이 교육의 영역에서 어떤 힘을 발휘할 수 있는지 이해하려면 먼저 파시즘의 표현과 실제 행위를 이해할 필요가 있다. 나치 정치 이론가인 칼 슈미트Carl Schmitt는 "정치적 행동과 동기가 변형되어 나타날 수 있는 구체적인 정치적 구분이 친구와 적을 가르는 것이다"라고 말한다.[3] 즉 파시스트에게 정치적이라는 것은 자신을 적과 맞서는 존재로 규정하는 것을 의미한다. 이에 따라 파시스트 정권은 지배 집단의 미덕과 가치를 부각시키기 위해 일부 사회 구성원의 선거권을 선별적으로 박탈하고 엘리자베스 F. 코헨Elizabeth F. Cohen이 말하는 '반半시민권semi-citizenship'•만을 가진 상태로 폭력적으로 몰아넣는다.[4]

또한 파시스트 정권은 일반적으로 카리스마 넘치는 지도자를

• 시민권의 모든 필수 요소가 아니라 일부만 가진 것이다. 이민자, 어린이, 장애인과 같이 여러 가지 이유로 완전한 권리를 가지는 시민도 아니고, 그렇다고 비(非)시민도 아닌 존재를 구분하는 개념으로 사용된다. 코헨은 시민권의 권리와 그 다양한 조합을 분류하여 반시민권자를 유형화하고, 그 사례를 분석함으로써 정치권력이 민주주의를 표방하면서 이를 어떻게 정치의 지속적으로 불가피한 부분으로 만드는지 설명한다.

중심으로 조직되며, 격정적이고 강력한 국가 수호자로 여기는 지도자를 중심으로 사회적·정치적 문화를 형성한다. 러시아의 블라디미르 푸틴이 대표적인 현재의 사례다. 러시아 전체가 푸틴의 통치를 중심으로 움직이고 있으며, 푸틴은 러시아의 위대함을 어깨에 짊어진 강력한 남성 지도자를 대변한다. 하지만 리더가 없는 파시즘도 존재할 수 있다. 예를 들어, 짐 크로Jim Crow 인종 분리 체제* 하의 미국 남부는 강력한 지도자 한 명이 아니라 분산된 자경단과 테러리스트 집단에 기반한 일종의 인종 파시즘에 따라 통치되었다. 오늘날 파시즘의 임박한 위협을 완전히 이해하려면 반드시 지도자에 대한 존경심에만 기반을 두지는 않는 파시즘 운동에도 세심한 주의를 기울여야 한다.

주도 방식이 어떻든 간에, 파시스트 문화나 삶의 양식은 파시즘 정치에 뿌리내리기에 좋은 환경을 조성하는 분명한 특징들을 가지는 경우가 많다. 예를 들어, 이러한 문화는 이미 지배적인 집단의 사람들을 신화적 지위로 끌어올려 국가를 구성하는 '국민'으로 격상시키는 반면, 다른 사람들은 2등 시민으로 강등시킨다. 파시

---

* 1876년부터 1965년까지 미국 남부에서 시행된 흑인 차별법인 짐크로법에 의해 유지된 사회 체제로, 교육이나 교통, 그밖의 시설이 있는 공공장소에서 백인과 흑인을 분리했다. "분리하지만 평등하다"라는 명분을 내세웠지만, 실제 흑인들이 이용하는 사회 시설은 백인들이 이용하는 시설에 비해 매우 열악했다. 짐 크로는 초라한 시골 흑인을 풍자한 캐릭터로, 흑인을 '니그로(검둥이)'로 폄하하는 경멸적인 표현이 되었다.

스트의 관점에서 보면, 평등주의는 이러한 위계구조를 뒤흔들 수 있기에 위협적이다. 파시스트들은 이 위협을 너무 심각하게 느끼기 때문에, '국민' 집단 외부의 사람들과 더 큰 평등의 혜택을 입을 수 있는 사람들을 잔인하게 대하는 것을 즐기게 된다. 파시즘의 삶의 양식은 다른 사람들이 동등한 지위를 얻게 될 것이라는 두려움으로 가득 차 있는데, 그 가능성은 파시스트 정치에서 냉소적으로 악용된다.

파시즘의 삶의 양식은 또한 특정 조건을 필요로 한다. 가장 중요한 것은 지배 집단의 지위 상승이 의도적으로 선택한 조작의 결과가 아니라 역사의 정당한 결과임을 입증할 수 있는 교육 시스템이 필요하다는 점이다. 앞으로 살펴보겠지만, 이는 역사 기록을 선택적으로 조작하고, 지배 집단에 호의적이지 않은 관점과 사건을 지우고, 그 자리를 이념적 목적을 뒷받침하는 단일하고 단순화된 서사로 대체함으로써 이루어진다.

예를 들어, 최근 몇 년 동안 미국에서는 특정 개념, 저자, 책을 학교 도서관과 교육과정에서 배제하는 데 초점을 맞춘 우익의 정치적 간섭 움직임이 드세지고 있다. 명시되지는 않았지만, 이런 금지 조치의 목표는 소외된 집단의 관점과 역사를 지우는 것이다. 이는 미국 내에서 노예로 비참하게 지배당하는 삶을 살았던 조상을 가진 미국 흑인들의 역사에서 가장 두드러진다.

이러한 금지 조치는 특히 그런 지배가 어떻게 작동했는지, 시간이 지나면서 어떻게 변화해서 오늘날까지 지속되었는지, 그리고 어떤 비판을 받을 수 있는지를 설명하는 데 사용되는 구조적 인종차별주의, 교차성intersectionality,* 비판적 인종 이론CRT과 같은 개념과 이론을 대상으로 한다. 이를테면, 구조적 인종차별주의의 개념은 인종적 예속을 개인적 편견이 아니라 주택, 학교 교육, 은행, 치안, 형사법 체계 등 근본적인 시스템과 관행의 결과로 설명하기 때문에 공격 대상이 된다. 예를 들어, 미국 내 인종 간 부의 격차(미국 흑인의 재산은 미국 백인이 가진 재산의 15퍼센트가 조금 넘을 뿐일 정도로 차이가 극심하다)는 차별적인 대출 및 레드라이닝redlining** 과 같은 인종차별 정책의 산물이라고 설명한다. 법학 교수인 킴벌리 크렌쇼 Kimberle Crenshaw가 도입한 교차성 개념은 여러 억압의 교차점에 처한 집단이 특히 심각한 피해를 본다는 사실을 밝혀준다.[5]

• 인간의 사회적 정체성은 계급, 인종, 젠더, 연령, 종교, 성적 지향, 장애 등 다양한 요인이 상호작용하여 형성된다는 이론이다. 그러므로 정체성은 이런 여러 요인을 복합적으로 분석해야 한다고 본다.

•• 특정 지역에 사는 사람들에게 금융 서비스를 제한하는 금융기관들의 관행이다. 신용 및 보험 가입 거부, 의료보험 거부, 부동산 대출 거부 등이 여기에 해당하는데, 미국에서는 주로 아프리카계 미국인과 남서부 멕시코계 미국인을 대상으로 했다. 이들 지역에 사는 사람들에게는 대출을 해주는 대신 이자를 다른 지역 사람들보다 높게 책정하기도 한다. 이런 차별을 없애고자 하는 운동을 그린라이닝(greenlining)이라고 한다. 그린라이닝은 차별 행위를 하는 금융기관에서 예금을 빼거나 계약을 해지하는 방식으로 전개한다.

비판적 인종 이론은 이러한 개념을 연구하는 학문으로, 1980년대와 1990년대에 하버드 대학 법학 교수 데릭 벨Derrick Bell, 노스이스턴 대학 교수 패트리샤 J. 윌리엄스Patricia J. Williams와 크렌쇼를 중심으로 하는 미국 법 이론가들의 연구에서 비롯되었다. 이를 금지하려는 사람들의 수사법에서 '비판적 인종 이론'이라는 용어는 본래의 의미와는 전혀 무관한 것으로 변질되었다. 그리고 비판적 인종 이론을 인간 집단을 억압자와 피억압자로 나누는 시스템과 같은 것으로 여기고, 그 목적이 백인들에게 자신의 조상이 잘못을 저질렀다는 영구적이면서 마음을 나약하게 만드는 죄책감을 씌우는 것이라고 믿었다.

최근 우익의 교육 탄압 활동은 이런 개념을 지우거나 의미 없는 슬로건으로 바꿈으로써 흑인 역사를 이해하는 중요한 수단을 제거하려고 한다. 하지만 비판적 인종 이론과 흑인 역사를 분리하는 것은 불가능하다. 역사는 사람과 사건뿐 아니라 이를 형성하는 관행, 구조, 제도에 관한 연구다. 이런 영향력들을 고려하지 않으면, 역사는 평면적이고 가변적인 것으로 전락한다. 이런 역사는 파시스트 정치가 조작하기에 이상적인 상태가 된다.

파시스트들은 역사를 다시 쓰려고 할 때, 때때로 역사적 사건의 근본적인 사실이 아니라 편향된 역사 이론과 해석만 지우고 있는 것이라고 주장한다. 그러나 그들은 자신의 개입이 사건이 만들어내는 역사적 패턴뿐 아니라 사건 그 자체까지 지우는 결과를 가져온다는 것을 잘 알고 있다. 역사학자 엘리자베스 힌튼Elizabeth Hinton 은 2021년에 출간한 유명한 책《불타는 미국》에서 관행적으로 시행되는 과도한 치안과 경찰 폭력이 그 영향을 받는 지역 사회 내에서 반발을 일으키는 20세기 중반 미국 역사의 반복적인 패턴을 '순환the cycle'이라고 부른다. 이 패턴은 "인종적으로 분리되고 저소득층인 흑인, 멕시코계 미국인, 푸에르토리코인의 도시 생활을 규정지었으며", 궁극적으로 "미국을 대량 수감의 길로 들어서게 했다"라고 그녀는 설명한다.[6]

힌튼의 명제는 추상적인 이론이 아니라 미국을 오늘날의 위치로 이끈 역사적 세력과 사건들에 대한 설명에 기초하고 있다. 이런 역사적 설명이 없다면, 예를 들어 미국이 어떻게 그리고 왜 세계에서 가장 많은 사람을 가두게 되었는지 이해하는 것은 불가능하다. 힌튼의 연구는 도시 경찰부터 공공 주택, 그리고 인종적으로 분리되고 작은 예산을 가진 학교에 이르기까지 여러 제도가 어떻게 인종적으로 불공정한 현상을 고착했는지 보여준다. 궁극적으로 구조적 인종차별주의에 대해 가르치지 않고는 미국 흑인에게 일어난 역사를 가르칠 수 없다. 이러한 개념을 도입하지 않을 경우 실제로는 학교에서 미국 역사에 대한 어떤 정직한 설명도 가르칠 수 없는 결과를 초래한다.

반인종주의 교육 및 학습 단체Anti-Racist Teaching and Learning Collective, ARTLC는 코네티컷에 있는 단체다. 이 단체의 웹사이트에 따르면, "공교육과 사회 전반을 규정하는 인종주의의 억압적인 영향을 해결하기 위해" 교사, 조직자, 학생들이 모인 단체다. 또한 웹사이트에는 구조적 인종차별주의에 대한 공통된 이해를 돕기 위해 교사들이 교실에서 행한 실천 행위에서 나온 경험담이 담겨 있다.

예를 들어, 마르코 세나브레Marco Cenabre는 뉴헤이븐의 공립 고등학교인 뉴헤이븐 아카데미에서 문학을 가르치고 있다. 세나브레의 교실 수업 중 하나에서 학생들은 미국 귀화 시험 중 '시민Civics' 과목과 나이, 인종, 성별과 관련된 '신화적 규범'을 논의하는 오드리 로드Audre Lorde의 고전 에세이를 공부해야 한다.[7] 이민자가 귀화 미국인이 되기 위해 미국 역사에 대해 배워야 하는 정보는 신화적 규범에 대해 무엇을 밝혀줄까? 한 집단의 역사가 다른 집단의 역사보다 우월하다고 여기는 것일까? 특정 오개념을 정상이라고 여기게 하는 것일까?

루스 테리 월든Ruth Terry Walden은 스탬퍼드에 있는 공립학교인 웨스트힐 고등학교에서 문학을 가르치고 있다. 항의, 저항, 직접행동이라는 주제에 초점을 맞춰 수업을 진행한다. 그녀는 교실에서 학생들에게 식민지 시대에 왜 일반 사람들이 영국인을 점령군으로 보기 시작했는지, 그리고 그것이 어떻게 미국 혁명으로 이어졌는지에 대해 생각해보도록 유도한다. 그녀는 학생들에게 미주리주 퍼거슨의 흑인 주민들이 어떻게 해서 경찰을 점령군으로 여기게 되었는지 이해하는 한 가지 방법으로 '흑인의 생명도 소중하다' 운동의 맥락에서 이를 생각해보게 한다.

ARTLC에 참여하는 다른 교사들은 학교 관리자의 지원 없이 이러한 종류의 수업을 하는 것이 몹시 어렵다고 증언한다. 웨스트포트의 공립학교인 스테이플스 고등학교의 교사 샘 레스카Samm Leska는 논란이 될 수 있는 주제에 대해 가르치다가 정치적 공격의 표적이 되는 경우 행정당국이 자신들을 옹호하지 않을 것이라고 여기기 때문에 동료 교사들이 이러한 수업 실천에 참여하기를 꺼린다고 설명한다. 구조적 인종차별주의의 존재에 주목하는 것조차 '비판적 인종 이론'으로 간주하기 때문에 가장 용감한 교사를 제외한 거의 모든 교사는 학생들에게 흑인 관점의 미국 역사를 제시하는 텍스트에 대한 논의를 피하는 경향이 있다. 이는 노벨 문학상을 받은 미국 흑인 소설가 토니 모리슨°의 작품을 가르치는 것이 합법

• 1993년 노벨 문학상을 받은 미국의 흑인 여성작가다. 백인이 아닌 여성으로는 최초였으며, 이후 2024년 한강 작가가 두 번째가 되었다. 미국 사회에서 흑인이 겪는 멸시와 아픔, 그런 흑인 집단 안에서 흑인 남성에 의한 흑인 여성들에 대한 멸시와 흑인 여성의 상처, 그리고 흑인 여성들 내부의 화해와 치유를 치열하게 그려낸 것으로 평가받고 있다. 한국에서도《푸른 눈동자(The Bluest Eye)》,《솔로몬의 노래(Song of Solomon)》,《비러브드(Beloved)》를 비롯한 여러 작품이 번역되었다. 2019년 83세로 사망했다.

적인 주에서도 어느 정도의 용기가 필요하다는 것을 의미한다.

구조적 인종차별주의에 대한 모든 논의를 억누르려는 우익 정치가들의 적극적 활동이 인종차별의 해악을 일소하려는 현장의 노력을 가로막는 프로그램으로 자연스럽게 확장되는 것은 놀라운 일이 아니다. 그리고 이 프로그램은 모든 집단을 포용하는 진정한 다인종 민주주의를 구축하려는 노력을 방해한다. 미국의 여러 기관에서 인종차별 문제를 해결하기 위해 모색한 방법 가운데 하나는 다양성Diversity, 형평성Equity, 포용성Inclusion(이른바 DEI) 이니셔티브라고 불리는 것이다. 예측할 수 있듯이, 이러한 노력은 인종차별의 역사와 이론을 공격하는 데 엄청난 에너지를 쏟아붓는 우익 세력의 표적이 되는 경우가 많다. 이러한 주장들은 서로에게 힘을 실어주고 있다. 인종차별이 없다면 이에 대해 아무것도 할 필요가 없기 때문이다.

넓게 보면 DEI 이니셔티브는 교육, 고용, 또는 기관의 임무를 수행할 때 구조적 인종차별주의의 영향을 개선하려는 학교, 대학, 민간 기업의 모든 프로그램을 말한다. 예를 들어, 의과대학 DEI 프로그램은 부유한 백인 배경을 가진 의사들이 다른 배경 환자들이 직면할 수 있는 구조적 장벽을 인식하도록 하는 것을 목표로 할 수 있다. 예를 들어, 이러한 프로그램은 비장애인 의사들에게 장애가 있는 환자들이 겪는 어려움을 이해하게 할 수 있다.

CRT에 대해서 그랬듯이, DEI를 비판하는 우익들은 이 프로그램을 왜곡해서, 미국 흑인과 같은 사람들이 궁극적으로 그들의 관점을 집어넣어서 일종의 부당한 이득을 취하거나 불공정한 혜택을 받고 있다는 인상을 주려고 한다. 그래서 그들은 권력과 영향력을 가진 지위에 오른 미국 흑인을 표적으로 삼아, 그럴만한 자격이 없다고 비하하려고 한다. 궁극적인 목표는 제도를 장악해서 다인종 민주주의라는 바로 그 이념과 싸우는 전쟁의 무기로 바꾸는 것이다.

* * *

도널드 트럼프 전 미국 대통령(이 책의 원서는 트럼프 재선 전에 출간되었다)의 파시스트적 성향은 2020년 대선에서 패배한 이후 몇 년 동안, 특히 2023년과 2024년에 세 번째 대선 운동을 하면서 더욱 극단적으로 되었다. 예를 들어, 그는 헌법 조항에 있는 개인 보호를 중단시키자고 제안하고, 마약상을 사형에 처할 것을 요구했다. 정치적 라이벌을 기소하고 언론인을 반역죄로 수사할 계획에 대해 깊이 검토하고, 일부 이민자는 "국민이 아니다"라고 말했다. 그리고 자신이 재선되지 않으면 '피의 바다blood bath'가 될 수 있다고 예측했다.[8] 지지자들에 대한 그의 장악력은 전형적인 컬트cult 지도자** 형태를 띠고 있다. 트럼프가 이끄는 공화당과 광범위한 보수 진영은 트럼프에 대한 지지를 배가하고, 남아 있는 "트럼프는 절대 안 돼Never Trumph"라고 외치는 비지지자들을 거의 쫓아냈다. 이러한 이유와 그밖의 다른 이유로 인해 이 글을 쓰는 시점의 미국은 현대 파시즘 운동을 이론화하는 데 채택할 수 있는 훌륭한 사례다.

잠재적인 트럼프 2기 행정부의 청사진인 〈프로젝트 2025〉는 헤리티지 재단을 비롯한 여러 우익 싱크 탱크와 그밖의 파트너들이 작성했다. 거의 900쪽에 달하는 이 문서는 트럼프가 첫 임기 동안 꿈꾸었던 가장 극단적인 야망을 달성하지 못하게 만든 혼란과 무

• 2024년 미국 대통령 선거 운동 과정에서 트럼프가 한 말이다. 트럼프의 이 말은 2020년 선거에서 자신이 패하자, 2021년 1월 6일 그의 강성 지지자들이 국회의사당에 난입한 사건을 상기시켰다. 이번에도 자신이 떨어지면 선거 결과를 받아들이지 않을 것임은 물론, 그와 같은 폭동이 더 큰 규모로 다시 일어나 유혈사태를 불러일으킬 것이라는 협박으로 들렸다. 이런 비판에 대해 트럼프는 'blood bath'라는 단어에는 대량 해고라는 뜻이 있음을 들어서, 자신은 바이든 대통령과 해리스 부통령 정부가 미국의 에너지 산업을 파괴해서, 해리스가 당선되면 이 분야에서 대규모의 실업자가 생겨날 것이라는 뜻으로 말했다고 반박했다.

•• 컬트는 특정 신념이나 가치 체계를 극단적으로 따르는 소규모 집단을 뜻한다. 원래는 확고한 신념을 가진 작은 집단을 가리키는 의미로 사용되었지만, 현재는 문화 전반에 널리 사용되고 있으며 정치, 사회적 현상을 설명하는 데도 적용되고 있다. 컬트 지도자는 자기 자신에 대한 지나친 자부심으로 공감 능력이 결여되어 있고, 타인을 자기 뜻대로 조종하려고 한다. 또한 매우 강력한 카리스마로 대중을 장악해서 자신이 정한 규율을 따르고, 자신에게 순종하게 한다. 이는 때로는 집단 광기로 이어지기도 한다.

질서를 피하기 위한 계획을 제시한다. 《가디언》의 보도에 따르면, 이 계획은 "트럼프가 수만 명의 공무원을 감축하고 그가 제기한 의제를 충실히 따를 것으로 생각되는 사람들로 대체할 수 있게끔 연방 공무원 규정을 변경할 것"을 요구한다.[9] 관료와 공무원을 지도자에게 충성하는 사람으로 대량 교체하는 것은 파시스트 정권이 권력을 차지했을 때 나타나는 두드러진 특징이다. 1930년대 독일에서는 히틀러 통치 초기 몇 년 동안 이런 종류의 교체 과정이 매우 중요한 역할을 했기 때문에, 때때로 '조정'이라고 번역되는 글라이히샬퉁Gleichschaltung*이라는 특별한 이름이 만들어지기도 했다.

트럼프 자신은 초·중·고 교육과 (가능하다면) 대학 교육에 대한 자신의 계획에 대해 명확히 '워크 문화에 대한 전쟁War on woke'**으로 브랜드화했다. 이런 전쟁의 일부 형태는 파시스트 정권에서는

• 정치, 경제, 사회의 모든 시스템을 나치화하는 과정으로, 조정·통제·획일화 등의 의미를 가진다. 동일하다는 의미의 독일어 'gleich'와 회로를 뜻하는 'Schaltung'을 합성한 단어로, 모든 시스템을 하나의 단일한 회로에 배치하여, 단일한 마스터 스위치를 켜서 전체 시스템을 동시에 활성화할 수 있게 하는 전기공학 용어에서 비롯되었다. 나치 통치 시절, 이 용어는 각종 법이나 제도를 고쳐서 국가와 사회를 나치화하고 나치 정책에 동기화하는 과정을 의미했다. 이런 고유한 역사적 의미를 살려 나치의 통치 정책을 설명할 때 번역 없이 원어 그대로 '글라이히샬퉁'이라는 용어를 사용한다.

•• 사회적 다양성, 포용, 인권 등을 강조하는 문화를 억제하려는 정치적·사회적 움직임으로, 'wake'의 과거형인 워크(woke)는 젠더 및 인종, 성소수자 등의 차별에 대해 문제의식을 가진 깨어 있는 상태를 가리킨다. 워크 문화는 사회적 약자의 권리를 보호하고 이들의 평등을 추구하는 움직임을 가리킨다.

전 세계적으로 거의 필수적인 것처럼 보인다. "미국 교육을 구하고 학부모에게 권한을 돌려주겠다"라는 전략으로 브랜드화된 트럼프의 계획은 다음과 같다.

"우리 아이들에게 비판적인 인종 이론, 젠더 이데올로기 또는 기타 부적절한 인종이나 성, 정치적 내용을 가르치는 모든 학교 교육이나 프로그램에 대한 연방 지원금 삭감"

"애국적인 가치를 포용하고 자신의 임무가 아이들에게 이념을 주입하는 것이 아니라 교육하는 것임을 이해하는 교사를 인증하는 새로운 자격 인증 기관의 설립"

"연방 교육부에 침투한 급진주의자, 광신자, 마르크스주의자들을 찾아내 제거"

"여자 스포츠에서 남성을 배제"(이 계획은 여성으로 공인된 트랜스젠더 학생이 여성 스포츠에 참여하는 것을 금지하는 것을 의미한다)[10]

명백히 권위주의적인 캠페인이 이 계획을 전면에 내세운 것은 우연이 아니다. 파시즘 운동은 교육을 자신의 목표에 방해가 되는 개념과 역사를 지우는 중심 수단으로 삼는다.

트럼프 교육 계획의 많은 전략과 목표는 이미 보수 성향의 정부가 이끄는 주에서 시험하고 있다. 입법자들이 고등교육 시스템에서 대대적인 변화를 도입한 플로리다주보다 이런 현상이 더 명백한 지역은 없다. 2023년 12월 미국대학교수협회AAUP의 특별 보고서에 따르면 "2021년부터 시작된 교실 수업에 대한 정치적 간섭은 주와 국가 모두에서 전례 없을 정도로 광범하고 야심 차게 진행되고 있으며, 교수들의 학문적 자유에 심각하게 우려할 만한 잠재적 영향을 미칠 수 있다고 합니다"라고 한다." 플로리다주의 상황은 교육 권위주의라고 부를 수 있는 미국 내의 한 사례다. 교육 권위주의는 정치인들이 교육자들로 하여금 반민주적 이데올로기를 퍼뜨리도록 위협할 목적으로 그들이 전달할 수 있는 지식을 제약하는 전략이다.

* * *

교육 권위주의는 지식에 대한 더 일반적인 제한과 그 지식 대신 신화적 표현을 집어넣으려는 시도를 동반하는 경우가 많다. 예를 들어, 나치 교육은 유대인과 공산주의자들이 1차 세계대전에서 독일을 배신했다는 신화를 강조했다. 물론 이 신화에는 유대인의 고용을 제한하고 나치가 '마르크스주의자'로 간주하는 모든 사람을 투옥하는 등 다른 권위주의적이고 반유대주의적인 실제 행위가 수반되었다.

나치는 책 출판과 보급에 엄격한 통제를 유지한 것으로 악명이 높았다. 나치 선전부 장관인 요제프 괴벨스는 '이질적' 또는 '퇴폐적'이라는 이유로 검열할 책 목록을 작성했다.[12] 오늘날 미국의 많은 활동가 집단 역시 심지어 학교 담장 너머까지 책과 사상의 자유로운 흐름을 억제하고자 하고 있다. 지역 공공도서관에 제공하는 책을 제한하려는 것이 그런 사례다. 2023년 미국 도서관협회의 데보라 콜드웰-스톤Deborah Caldwell-Stone은 《뉴욕타임스》와의 인터뷰에서 이렇게 설명했다. "1년, 1년 반 전만 해도 우리는 이 책들이 학교 도서관에는 없으며, 만약 사람들이 읽고 싶다면 공공도서관에 가면 된다는 말을 들었습니다. … 이제 우리는 같은 집단 사람들이 공공도서관까지 와서 같은 책을 문제 삼는 것을 보고 있습니다. 이는 본질적으로 모든 사람이 이 책들을 읽을 수 있는 선택권을 박탈하는 것입니다."[13]

교육 권위주의는 이미 지배적인 집단을 강화하는 역할을 하기에, 20세기와 21세기에는 성소수자(LGBTQ)*를 표적으로 삼아서

---

* 여성 동성애자(lesbian), 남성 동성애자(gay), 양성애자(bisexual), 성전환자(trans-

그들을 본질적으로 퇴폐적이거나 외설적이라고 낙인찍는 데 자주 사용되었다. 블라디미르 푸틴이 통치하는 러시아가 하나의 명확한 사례다. 2013년 러시아는 일명 '게이 선전법'을 통과시켰는데, 이 법은 18세 미만 청소년 누구에게도 이성애가 아닌 관계를 긍정적이거나 심지어 중립적으로 표현하는 내용을 담은 자료를 배포하는 것을 금지했다. 2022년 푸틴은 이 법의 적용 범위를 확대하는 법안에 서명하여 성인이라고 하더라도 누구든지 공개적으로 퀴어 관계가 정상이라고 말하는 것을 불법으로 규정했다.[14] 그리고 이보다는 상당히 덜 극단적이기는 하지만, 성소수자의 정체성을 문제시하는 법들은 점차 다른 나라의 권위주의 정권에서도 찾아볼 수 있는 일반적인 특징이 되고 있다.

전 세계적으로 파시스트 선전가들은 트렌스젠더 커뮤니티가 모호하게 정의된 '젠더 이데올로기'를 확산시키고 있다고 주장하면서 가장 악의적인 몇몇 공격을 지속한다. 예를 들어, 푸틴은 러시아가 그러한 이데올로기에 맞서 싸우고 있다고 주장하며 2022년 러시아의 우크라이나 침공을 부분적으로 정당화했다. 푸틴은 크렘린궁에서 열린 우크라이나 4개 지역 합병 선포식에서 우크라이

---

gender), 성소수자 전반(queer)이나 성 정체성으로 갈등을 겪는 사람(questioning)을 묶어서 가리키는 말이다.

나 전쟁을 퇴폐적인 서구와 전통적인 성 역할을 지키려는 러시아 간의 존립을 건 가치 충돌로 규정했다.

> 우리가 여기 우리나라, 러시아에서 어머니와 아버지 대신 1번 부모, 2번 부모, 3번 부모를 원하나요? 그 사람들이 제정신일까요? 우리는 정말로 타락과 멸종으로 이어지는 왜곡이 초등교육 단계부터 우리 학교에 다니는 아이들에게 도입되기를 원하나요? 여성과 남성 외에도 다양한 가상의 성별이 있다고 주입되고 성전환 수술을 권유받기를 원하나요? 이 모든 것이 우리나라와 우리 아이들을 위한 것일까요? 우리는 이 모든 것을 용납할 수 없습니다. 우리는 다른 미래, 우리 자신의 미래를 가지고 있습니다.[15]

미국에서는 보수주의 운동이 그들의 기반을 활성화하기 위해 이 이슈를 장악함으로써 트랜스젠더의 권리에 대한 공격이 끊이지 않고 있다. 변호사이자 작가인 헤론 그린스미스Heron Greenesmith의 보고서에 따르면, 2023년 말까지 미국 주 가운데 절반에 가까운 22개 주에서 '트랜스젠더 및 비이성애 미성년자에 대한 젠더 정체성 확인 의료 또는 외과적 치료 금지 법안'이 통과되었다. 이 법안은 일부 주에서는 법적 소송으로 보류되었지만, 많은 주에서는 발효되었다. 이 가운데 5개 주에서는 미성년자에게 젠더 정체성을 확인해주는 의료 행위가 중범죄로 간주된다. 내가 사는 코네티컷 주에서는 트랜스젠더 학생이 자신이 원하는 화장실을 사용하는 데 익숙해졌을 수도 있다. 트랜스젠더 학생의 부모는 그것이 불법인 9개 주 중 어느 한 곳으로 이사하는 것을 고려하기 어려울 것이다. 실제로는 트랜스젠더를 허용하는 주에 거주하는 가족들이 이 22개 주 가운데 어느 하나로 이사 가는 것도 어려울 수 있다.[16] 이러한 금지 조치가 전국적으로 된다면, 트랜스젠더 자녀를 둔 가족은 그렇게 할 방법만 있다면 미국을 떠나는 것을 고려해야 할 것이다.

* * *

성소수자에 대한 파시스트의 공격은 '이질적인' 관점이라고 여기는 것을 축소하거나 제거하려는 더 광범위한 활동의 일환이다. 이는 미국과 러시아뿐만 아니라 전 세계의 교육 시스템에서도 마찬가지다.

　이 책에서 많이 다룰 헝가리의 경우를 예로 들어 설명해보자. 헝가리는 독재적인 총리 빅토르 오르반 집권하에서 2020년 초에 새로운 국가 핵심 교육과정National Core Curriculum을 도입했다. 이 교육과정은 헝가리 문학을 헝가리 민족의 문학이라고 규정했는데, 여기에서 헝가리 민족에는 트리아농 조약으로 1920년 헝가리가 탄생한 이후 헝가리 국경 밖에 살고 있는 사람들까지 포함된다. 이 교육과정에는 '헝가리 문학 속 트리아농'과 같은 토픽의 주제별 탐구가 포함된다. 헝가리의 유일한 노벨 문학상 수상자인 임레 케르테스Imre Kertesz•의 작품은 교육과정에서 제외되었는데, 이는 홀로코스트 유대인 생존자의 공헌을 지우기 위해 국가적 자긍심을 포기한 것이었다.[17] 그리고 헝가리를 나치 독일과 동맹을 맺게 한 2차 세계대전 당시 헝가리 지도자 미클로스 호르히Miklos Horthy의 찬사를 받으며 국민적 영웅으로 승격된 소수계 우익 극작가 페렌츠 헤르체그Ferenc Herczeg를 핵심 교육과정에 추가했다.[18] 이전에 오르반 행정부에서 핵심 교육과정을 개정할 때 이미 명백한 정치적 이유로 파시스트 정당인 헝가리 화살십자당Arrow Cross Party 국회의원 요제프 니로와 같은 비슷한 소수계 작가들을 판테온pantheon••으로 승격시킨 바 있었다. 그는 유대인에 대해 강한 증오심을 가진 인물이었다.[19] 새 교육과정은 과거 극우 헝가리 민족주의 지도자들을

• 헝가리 부다페스트에서 태어난 유대인으로 2차 세계대전 중 독일의 유대인 박해로 열네 살의 나이로 아우슈비츠 수용소에 끌려간 것을 시작으로 여러 수용소로 이감되었다. 그렇지만 생존해서 전쟁이 끝난 다음 풀려나와 부다페스트로 돌아왔다. 이후 번역과 집필 활동을 활발히 했다. 자신의 강제 수용소 체험을 다룬 소설을 발표하여 명성을 얻기 시작했으며, 점차 기억과 인간의 실존, 도덕성의 가능성을 소설로 표현하여 세계적인 관심을 끌었다. 2002년 노벨 문학상을 받았다.

•• 떠받들어야 할 어떤 분야의 유명 인물을 뜻한다. 서기전 27년 로마에서 신을 모시기 위해 세운 신전인 판테온에서 유래한다.

영웅으로 내세우면서, 그들이 반유대주의 입법 및 관행을 지지했다는 사실을 축소하거나 완전히 지워버렸다.

2022년 5월, 오르반은 법 집행을 통해 질서를 유지하는 책임을 맡은 내무부 관할하에 교육 업무를 두도록 행정부를 재편했다.[20] 몇 달 후, 헝가리가 '혼혈 인종' 국가가 되지 않게 하겠다고 선언한 직후, 오르반은 텍사스주 댈러스에서 열린 보수정치행동회의CPAC에 주요 연설자로 참석하여 미국 보수주의자들의 기립 박수를 받았다. 2024년 3월, 오르반은 비공식 행사에 참석하기 위해 헤리티지 재단을 방문했다. 다음날 그는 트럼프의 마러라고Mar-a-Lago 자택에서 개최된 파티에 참석해서 환영받았다.

2009년에 나는 헝가리에서 여름을 보낼 기회가 있었다. 그곳에서 나는 중앙유럽대학CEU 여름학교 프로그램을 공동 지도하고 있었다. 전 세계에서 온 50명 이상의 교수진과 학생들이 이 아름다운 도시에 모였다. CEU는 1991년 설립되어 당시 20년도 채 지나지 않았지만, 여러 분야에서 국제 연구의 중심지로 빠르게 명성을 쌓아가고 있었다. CEU는 떠오르는 명문 대학으로 유럽 대도시 중심부에 자리잡고 있었으며, 활기차고 국제적인 느낌을 주었다. 헝가리 지식인들은 헝가리가 이전의 문화 중심지 지위를 회복하는 과정에 있으며, 부다페스트 중심부에 이 대학이 존재하는 것은 엄청난 지적 유산과 밝은 미래를 떠올리게 하는 지극히 자연스러운 일이라고 확신했다.

이듬해인 2010년 여름, 내가 헝가리를 다시 방문했을 때 분위기는 극적으로 달라져 있었다. 내가 아는 부다페스트의 지식인들뿐만 아니라 대학의 국제 교수진들 사이에서도 그 변화를 느낄 수 있었다. 빅토르 오르반은 1차 세계대전 말 트리아농 조약에 따라 거의 한 세기 전 헝가리가 겪은 막대한 영토 상실을 비롯한 많은 문제에 대한 분노의 물결을 자극하면서 권력을 잡았다. 이는 세력을 확장하는 파시스트들이 흔히 사용하는 방법이었다. 그는 '대大헝가리'를 세우는 데 이처럼 실패한 원인을 지식인들이 퍼뜨린 좌파 이데올로기 탓으로 돌렸다. 특히 CEU를 이와 같은 이른바 반反헝가리 이데올로기의 근원이라고 비난했다. 오르반은 또한 헝가리 역사상 많은 민족주의 인사들이 2차 세계대전 동안 파시즘에 적극 가담하지는 않았더라도 그와 결탁했다는, 최근에야 합의에 이른 공통된 견해도 거짓이라고 공격했다. 헝가리 민족주의가 나치즘과 연관되어 있다는 부정적인 평판은 역사 기록에 잘 나타나 있지만, 이는 비방으로 일축되었다. 이런 공격은 큰 성공을 거두었고 광범위한 유권자의 지지를 이끌었다.

당시 나는 오르반의 전술에 체념으로 대응한 헝가리 친구들보다 훨씬 더 비관적이었다. "그것은 그냥 국가의 정치일 뿐이야"라고 그들은 말했다. CEU 교수진인 내 친구들도 국제적인 도시의 훌륭한 대학에서 가르치고 있었기 때문에 정치적 격변을 과장된 것이라고 치부하며 쉽게 무시할 수 있었다. 그들의 자녀는 헝가리 공립학교에서 무료로 좋은 교육을 받고 있었다.

거의 10년이 지난 2019년, 나는 CEU의 연례 개강 주간 강연을 위해 다시 한번 부다페스트로 돌아왔다. 그 차이는 이보다 더 극명할 수 없었다. 그 사이 오르반은 CEU의 인가를 취소했다. 이는 곧 헝가리 최고의 대학이 헝가리 바깥으로 나가야 한다는 것을 의미했다. 이미 그 과정은 시작되었다. 부다페스트에 있는 나의 헝가리 친구들 가운데 일부는 공립학교의 끔찍한 상태, 특히 아이들이 강제로 받아들여야 했던 노골적인 민족주의의 넌센스에 대해 불평했다.

오늘날 미국에서도 비슷한 상황이 벌어지기 시작했다. 우익 활동가들과 정치인들이 헝가리의 오르반과 똑같이 비종교 대학과 공교육 전반에 대한 공격에 착수했다. 파시스트의 수사법이 흔히 그렇듯이, 그들의 주장은 기회주의적이고 일관성이 없다. 대학이 자기편일 경우에는 언론 자유를 제한한다고 비난하고, 반대편일 경우에는 너무 많은 언론 자유를 허용한다고 비난하고 있다. 기회주의적 수사 전략은 효과적인 정치 전략이다. 보수주의 운동은 교육을 선전의 중심 주제로 삼기 시작한 2015년 이래, 이러한 공격의 빈도와 강도를 높임으로써 고등교육에 대한 미국인들의 신뢰를 꾸준히 깎아내렸다. 효과는 공화당원들 사이에서 가장 두드러진다. 갤럽이 실시한 설문조사에 따르면 고등교육에 대한 공화당원의 신뢰도는 2015년부터 2018년 사이에 17퍼센트 하락했고, 2018년부터 2023년 사이에 또다시 20퍼센트가 더 하락해서 최저치인 19퍼센트에 이르렀다.[21]

많은 경우, 공교육을 표적으로 삼는 싸움을 이끄는 사람들은 또한 종교교육을 확대하고, 공교육과 종교교육 사이의 경계를 흐릿하게 만들기 위해 힘쓰고 있다. 예를 들어, 플로리다 주지사 론 디샌티스Ron DeSantis는 새로운 교사 연수 프로그램을 주 공립학교에 도입했다. 이른바 문화전쟁에서 중요한 역할을 해온 미시간의 극우 기독교 대학인 힐스데일 대학과 함께 개발한 워크숍에 교사들이 참여하는 연수였다. 워크숍에 참여한 일부 교사들에 따르면, 한 세션에서 진행 협력자facilitator들은 노예제도가 미국에서 한 역할을 축소하고, 미국 건국자들이 교회와 국가를 엄격히 분리하는 데 반대했다고 설명했다. 교사들은 이 프로그램이 '기독교 근본주의' 또는 기독교 민족주의 성향을 띠고 있다고 말했다.[22]

당연한 일이지만, 공교육과 종교교육의 경계를 모호하게 만드는 것은 보수주의 운동의 오랜 목표다. 여기에는 공립학교에서 기도를 허용하고, 진화론 수업과 함께 창조론 교육을 배치하며, 사립 종교학교에 바우처 형태로 세금을 지원하려는 노력도 포함되었다. 이 모든 것은 정부 지원 교육어서 이념을 배제하려고 한다는 명목을 내세우는 보수진영의 시도에 내재된 위선을 백일하에 드러낸다. 디샌티스와 그의 고문들은 힐스데일 대학과 관련된 워크숍이 이념적이 아니라고 우리가 믿게끔 하고 싶은 것 같다. 그러나 노골적인 위선에도 불구하고 이러한 공격 방식은 미국 국내와 해외에서 모두 효과적이다.

이 책을 집필하는 동안 팔레스타인의 정치 및 군사 조직인 하마스가 이스라엘에 대한 난폭한 테러 공격을 감행했다. 이에 이스라엘은 하마스가 관할하는 팔레스타인 가자지구에서 군사적 보복 행동에 나서 대량 학살을 했다. 이는 거의 제노사이드에 가까운 행위였다. 즉시, 미국의 일부 우익 논객들은 (기괴한 논리의 비약으로) 이 충돌을 미국 교육 시스템의 타락과 연결하며, 대학과 그 관리자들을 특별 공격 대상으로 지목했다. 미국 캠퍼스에서 조직적인 반전 시위가 벌어지기 몇 달 전인 10월 16일 방송에서 폭스 뉴스의 진행자 그렉 거트펠드Greg Gutfeld는 이스라엘에 대한 하마스의 테러 공격과 자신이 생각하는 대학이 미국에 미친 부정적 영향이 유사하다고 주장했다. 거트펠드는 다음과 같이 설명했다.

좌파는 미국인을 비인간화하여 이제 자신들이 저지르는 범죄행위를 우리를 벌하는 것으로 여길 정도에 이르게 되었습니다. 우리의 대학들은 연방 정부의 자금을 지원받아서 미치광이를 키우는 인큐베이터가 되었습니다. 그들은 중동에서 여성학 강좌에 등록할 수 있는지 시도해 봐야 합니다. 당신이 남편의 허락을 받을 수 있다면 말입니다. 그래서 이스라엘과 미국의 차이는 정말 정도의 문제입니다. 이스라엘에 대한 공격이 기름에 튀기는 것이라면, 미국에 대한 공격은 천천히 끓이는 것입니다. 열원은 동일합니다. 혈통이 부끄럽다는 생각, 그것은 여러분이 그럴 만했다는 뜻입니다. "압제자여, 잠자코 이런 비판을 받아들이세요"라는 것입니다.[23]

우익 언론은 이스라엘의 가자지구 전쟁을 즉시 그리고 교활하게 이용해 대학과 교수, 행정가, 학생들을 대상으로 본질적으로 전시나 다름없는 선전을 펼쳤다. 그들은 이스라엘에 대한 하마스의 테러 공격 직후, 그리고 이스라엘의 대응에 반대하는 학생 시위보다 훨씬 앞서 대학을 하마스의 동맹이라고 자리매김하는 전략에 착수했다. 이 선전은 청중들이 캠퍼스에서 필연적으로 일어날 반전 시위를 그 형식이나 내용에 상관없이 하마스를 지지하는 것으로 보이도록 하기 위한 준비였다. 이는 대학을 협박하는 효과적인 방법임이 입증되었다. 인도에서는 반무슬림법에 반대하는 학생들의 시위를 경찰이 가혹하게 단속하면서 대학이 국가에 반역했다고 비난했다.[24] 더 일반적으로 보자면, 러시아의 파시스트 정치인들이 러시아 대학을 반러시아적이라고 부르며 공격하고, 인도의 파시스트 정치인들은 인도 대학을 반인도적이라고 부르며 표적으로 삼고, 헝가리의 파시스트 정치인들이 헝가리 대학을 반헝가리적이라고 부르며 공격하는 것처럼, 미국의 파시스트 정치가들은 미국 대학을 반미적이라고 규정함으로써 표적으로 삼는다.

초·중·고(K-12) 교육에 대한 공격의 형태는 이러한 파시즘 운동에서도 비슷하다. 예를 들어, 인도에서는 나렌드라 모디 총리의 우파 지도력 아래 국립교육연구훈련위원회NCERT가 널리 사용되는 교과서를 수정하여 인도 역사에서 무굴 제국 시대의 중요성을 최소화했다. 무굴 제국은 현재는 소수인 무슬림이 인도 땅을 지배했던 시대였다.[25] 무굴 제국의 역사를 축소하는 것은 인도의 진정한 영광스러운 과거가 종교적으로 순수하고 오로지 힌두교였다는 힌두 민족주의 중심 신화의 자양분이 된다. 이러한 역사 지우기는 힌두교도는 인도에서 특별하고 유일무이하게 가치 있는 계급인 반면, 무슬림은 외래인이며 가치가 없는 사람들이라는 인상을 강화하는 역할을 한다.

튀르키예의 권위주의 지도자 레제프 타이이프 에르도안도 튀르키예 교과서를 대대적으로 바꾸는 데 나섰으며, 동시에 튀르키예의 국가 정체성을 자랑스러운 세속 사회로부터 종교가 공공 생활에서 지배적인 역할을 하는 사회로 깊숙이 전환시키는 데 앞장섰다. 에르도안 통치하의 튀르키예는 고등학교 교육과정에서 진화론에 대한 언급을 삭제했다. 새 교과서는 튀르키예 공화국의 세속주의 역사를 튀르키예 역사에서 하찮은 것으로 간주하여 대폭 축소했다. 그리고 이를 본질적으로 오스만 시대에서 비롯된 국가 및 종교의식으로 대체했다.[26]

미국과 헝가리로부터 인도와 튀르키예까지 이런 모든 사례에서 알 수 있듯이, 교육 시스템은 정치 문화를 구축하는 토대다. 권위주의자들은 정치 문화를 바꾸려면 교육을 장악하는 것부터 시작해야 한다는 것을 오랫동안 잘 알고 있었다.

이러한 역사 왜곡과 역사 지우기 앞에서 진실은 분명 불리한 처지에 놓여 있는 것처럼 보인다. 평범한 사람들이 비지배적 관점을 지우려는 이런 움직임에 어떻게 맞서 싸울 수 있을까? 이 질문에 답하기 위해서는 먼저 파시스트들이 교육에 대해 가장 두려워하는 것이 무엇인지 이해하는 것에서 시작해야 할지 모른다. 더 큰 평등을 향해 나아간 사회의 거의 모든 발전은 교육자들로부터 시작되었다. 짐 크로 시대 흑인 교사들은 분리주의자들의 선전에 맞서 민권운동 지도자들을 양성했다. 그리고 하버드 대학의 역사학자 자비스 기븐스Jarvis Givens의 말을 빌리면 "짐 크로의 경계 밖 세상을 상상할 수 있게 하는" 도구를 흑인 시민들에게 제공했다.[27] 이것이 파시스트들이 교사를 공격하는 이유다. 민주적 교육은 인간의 번영을 증진하고 인간의 존엄성을 뒷받침하며 아이들을 비판적이고 사려 깊고 관대하며 공감하는 시민으로 양성한다. 반면에 국가, 민족, 종교적 정체성을 중시하는 교육은 이 가운데 어떤 것도 할 수 없으며 민주주의와 인간의 번영에도 부합하지 않는다.

2장

마음의 식민지화

식민지인이 교육받게 되면, 이는 반드시 불만과 반란으로 이어질 것이다. 따라서 교육은 제한되어야 했고, 전체 식민지 체제가 무너지지 않도록 복종과 노예 제도를 주입하는 데 사용되어야 했다.

— W. E. B. 듀보이스[1]

검과 총탄의 밤이 지나자, 분필과 칠판이 이어졌다. 전쟁터의 물리적 폭력은 교실의 심리적 폭력으로 이어졌다.

— 응구기 와 티옹오[2]

한 집단이 다른 집단의 역사를 지우면, 후자를 지배하거나 정복하기가 훨씬 쉽게 된다. 가장 명확한 사례 가운데 하나는 근대 식민주의의 실제 행위다. 어떤 땅의 역사가 없다고 표현할 수 있다면, 식민지 강국이 그 땅을 점령하는 것을 훨씬 더 쉽게 정당화할 수 있다. 어떤 집단의 사람들이 역사를 가지고 있지 않다고 표현될 때, 그 집단은 현재에 대해 어떤 타당한 주장을 하더라도 부정당하게 된다. 식민주의는 역사를 지우는 것이 어떻게, 그리고 왜 권력과 지배의 핵심인지를 이해하는 가장 이상적인 사례이자 아마도 가장 명확한 사례일 것이다.

서구 식민주의는 역사 자체의 본질에 대한 일련의 선입견에 의존한다. 여기에는 일정 수준의 정교함, 말하자면 문자의 출현이나 식별할 수 있는 위계구조의 확립에 이르기 전까지는 어떤 문명도 역사를 가질 수 없다는 가정이 포함된다. 예를 들어, 북아메리카에서처럼 서구의 식민지 강대국이 원주민의 영토를 침략했을 때, 그들은 과거가 담긴 원주민의 노래와 이야기, 복잡한 토지 이용 체계, 사회 및 정치 구조, 영적 전통과 친족 의식을 무시했다. 이 모든 것은 유럽의 문화와 사회 관습만큼이나 복잡한 인간적인 문제들이다.

식민주의는 식민지 지배 집단의 관점을 중심에 두고, 식민 지배를 당하는 사람들의 역사를 지우고 식민지가 된 땅이 비어 있거나 최소한 사용되지 않는 것으로 묘사하는 신화와 표현으로 구성된다. 식민지 개척자들은 표면적으로는 문명화라는 사명을 강조함으로써 자신들의 프로젝트를 정당화한다. 이들은 자신들이 식민지의 토지와 자원을 차지하는 대가로 식민지 사람들에게 주는 혜택이 문명화라고 주장한다. 물론 이러한 혜택은 거의 언제나 무형적이거나 약속한 것보다 가치가 낮은 것임이 밝혀진다. 그리고 기본적으로 종교, 문화, 때에 따라서는 제한적인 직업 훈련과 마찬가지로 식민지 개척자의 우월성을 상기시키는 역할을 한다.

아프리카의 영국 식민주의는 이러한 위계구조의 신화와 표현이 지배와 폭력을 정당화하는 데 어떻게 사용되었는지를 보여주는 전형적인 예다. 20세기 전반기에 영국은 케냐의 최대 민족 집단인 키쿠유족으로부터 케냐에서 가장 좋은 농경지를 대량으로 빼앗았다. 키쿠유족이 일시적으로 그 땅에서 물러났을 때 식민지 개척자들은 그곳이 비어 있고 사용하지 않고 있었다고 선언했다. 이는 키쿠유족을 불모의 먼지가 많은 땅으로 강제 이주시키는 데 필요한 충분한 명분이 되었다. 영국은 키쿠유족이 이 땅을 점유하는 것에도 돈을 요구했다. 그리고 키쿠유족이 떠날 때는 신분증을 맡기도록 해서 영국 정착민들에게 분배된 막대한 땅 중 한 곳에서 일하게 될 것임을 입증하게 했다. 영국은 약탈한 땅과 자원의 대가로 키쿠유족에게 미션 스쿨, 기초적인 의료 서비스, 그밖의 다른 서비스를 제공했는데, 키쿠유족이 이를 이용하려면 비용을 지급해야 했다.

1952년에 이르자 키쿠유족은 더이상 이러한 상황을 참을 수 없었다. 그들은 엠부족과 메루족 등 다른 쿠족 사람들과 함께 영국의 식민 지배에 맞서 봉기함으로써 마우마우 반란이라고 알려진 사건이 시작되었다. '케냐 토지와 자유군Kenya Land and Freedom Army, KLFA'•이라는 이름의 전투부대가 주도한 이 반란은 1960년까지 지속되었는데, 이른바 비상사태하에서 이들은 잔혹하게 진압되었다.

퓰리처상을 받은 저서 《제국의 심판: 케냐에 있던 영국 굴라크의 알려지지 않은 이야기》에서 역사학자 캐롤라인 엘킨스Caroline Elkins는 영국 식민지 관리들이 마우마우 반군 혐의자와 민간인 모두를 대상으로 저지른 잔혹한 행위를 자세히 설명했다. 영국군은 키쿠유 포로들을 강제 수용소에 가두고, 며칠 동안 고문했다. 이는 겉으로는 정보를 얻기 위한 것이었지만, 실제로는 마우마우 반란군에 동조했다는 자백을 강요하는 것이었다. 영국은 이 절차를 심문screening이라고 불렀다. 이 광범하고 공식적인 행위의 결과로 수많은 키쿠유족이 사망했지만, 영국이 수용소에 대한 자신들의 기록을 파기했기 때문에 그 수를 결코 정확히 알 수는 없을 것이다.

• 마우마우 반란을 주도한 케냐 반군 단체다. 병사의 대부분은 키쿠유족으로 데단 키마티(Dedan Kimathi)가 이끌었다. 영국은 4년간의 대대적인 진압 작전 끝에 KLFA를 진압했다. 키마티는 1956년 체포되어 다음해 처형당했으며, KLFA도 와해되었다. 이 기간 공식적으로 1만 1000명의 케냐인이 반군으로 사망했지만, 실제로는 수만 명에 이를 것으로 추정된다. 그러나 마우마우 반란은 1963년 케냐가 독립하는 데 결정적 영향을 미쳤으며, 키마티는 케냐인들에게 독립투쟁의 영웅으로 추앙받고 있다.

비상사태 동안 영국은 키쿠유족 중 영국에 충성스러운 협력자들의 도움과 지원을 받았다. 이들 중 상당수는 영국 학교에 다녔거나, 자국민의 땅을 식민 지배자가 빼앗을 때 개인적으로 이익을 취할 방법을 찾았던 사람들이었다.[3]

키쿠유족의 관습, 전통, 사회는 그들에 대한 영국인들의 생각과 너무나 달랐기 때문에, 이 집단에 가해진 피해는 영국의 기대에 더 부합하는 전통과 관습을 가진 부족의 피해보다 훨씬 더 광범위하고 근본적으로 파괴적이었다. 캐롤라인 엘킨스의 글에 따르면 영국의 식민지 간접 통치 체제는 다음과 같았다.

… 아프리카 현지 지도자들을 고용하여 현지 주민들에 대한 규율과 통제를 강화하고 그 대가로 그들에게 넉넉한 물질적 보상을 제공함으로써 제국을 낮은 비용으로 관리하는 방식이었다. 이러한 시스템은 전통적인 아프리카 정치 시스템에 대한 유럽의 고정 관념에 기초를 두고 있다. 유럽인들이 보기에 아프리카의 전통적인 정치 시스템은 언제나 족장을 위계구조의 최상위에 두고 있으며, 결과적으로 족장은 '부족의 질서'를 유지하는 근본적인 역할을 했다.

하지만 키쿠유족에게는 족장이 없었다. 식민 지배 이전 키쿠유족 사회는 국가 체계를 갖추지 않은 채 원로와 씨족의 우두머리로 구성된 평의회가 통치했다. 키쿠유족 지역에서 이러한 새로운 족장은 식민 통치의 한 현상이었다. 족장은 식민지 정부에 의해 만들어졌다. 그래서 평범한 키쿠유 사람들의 눈에는 전적으로 불법적인 존재였다.[4]

영국이 임명한 족장들은 결국 불법적으로 가장 좋은 키쿠유 땅을 차지하고, 영국인들이 했던 것과 거의 같은 극단적인 방법으로 키쿠유족을 착취했다. 영국에 충성하는 키쿠유족은 소득과 이익을 높이기 위해 높아진 자신들의 지위를 이용해 다른 키쿠유족 사람들을 착취했다. 이들은 이런 행위의 대가로 광대한 면적의 살기 좋은 키쿠유 땅을 영국에게서 두둑하게 제공받았다.

영국의 식민 지배는 키쿠유 사회의 전통적인 통치 구조를 해체했을 뿐만 아니라 전통적인 키쿠유 종교도 완전히 없애는 것을 목표로 했다. 이 종교는 유대교와 마찬가지로 주로 신앙이 아닌 관행으로 구성된다. 이러한 관행은 키쿠유 사회의 구조와 깊이 얽혀 있었고, 풍작을 기원하는 데 목적을 둔 파종 의식과 같이 그 사회를 구성하는 의례와 의식절차 속에 녹아들었다. 영국은 이 종교를 말살하려고 의도적으로 제도를 정비했다.

케냐의 철학자 응구기 와 티옹오Ngũgĩ wa Thiong'o의 저서《마음의 탈식민지화》는 식민주의가 많은 식민지 주민에게 미친 영향, 특히 식민지 교육 시스템이 어떻게 일부 키쿠유족(및 다른 식민지 주민)을 식민지 개척자들과 동일시하게 했는지 서술한다. 티옹오는 이 과정을 '문화 폭탄'이라고 부른다.

문화 폭탄은 결과적으로 자신의 이름, 언어, 환경, 투쟁의 유산, 단결력, 역량, 그리고 궁극적으로는 그들 자신에 대한 사람들의 믿음을 파괴한다. 이는 사람들에게 자신의 과거를 아무것도 성취하지 못한 하나의 황무지로 보게 만들고, 자기 자신은 그 황무지로부터 거리를 두고 싶어하게 만든다. 그것은 자기 자신에게서 가장 멀리 떨어져 있는 것과 자신을 동일시하게 만든다. 예를 들어, 그들 자신의 언어가 아닌 다른 사람의 언어와 동일시하는 것이다. 퇴폐적이고 반동적인 것, 즉 그들 자신의 생명의 샘을 막는 모든 세력과 자신을 동일시하게 만든다. 심지어 투쟁의 도덕적 정당성에 대한 심각한 의구심까지 심어준다.[5]

얼라이언스 고등학교는 케냐 최고의 기숙학교로, 졸업생 중에는 전 법무장관 찰스 은존조Charles Njonjo, 정치인 자라모기 오깅가 오딩가Jaramogi Oginga Odinga(레일라 오딩가 총리의 아버지이기도 하다), 케냐 중앙은행 총재, 케냐 국립은행장, 케냐 항공 회장 등을 역임한 필립 은데과Philip Ndegwa 등 수십 년간 케냐에서 가장 강력한 정치인과 지도자들이 졸업생 중 일부에 포함되어 있다. 1926년 기독교 선교사들에 의해 설립된 이 학교는 오늘날까지도 종교적 정체성에 자부심을 지니고 있다. 예를 들어, 식사 전에는 매번 기도를 드린다. 티옹오 자신도 1950년대에 얼라이언스 고등학교에 다녔으며, 그의 다른 저서에서 그곳의 경험을 이야기했다.

얼라이언스에서는 항상 진리라는 단어의 기운이 감돌았다. 하지만 그것은 이미 존재하는 실체와 같은 것이었다. 우리는 그저 그것을 받아들이기만 하면 되었다. 사실 진리를 소유하기 위해 우리가 해야 할 일은 십자가 앞에 무릎을 꿇는 것뿐이었다. 아니, 진리를 소유하는 것이 아니라 진리가 우리를 소유하게 하는 것으로, 문명화된 영적 빙의였다. 모두를 위한 하나의 진리였다. 변하지 않는 것이었다. 영원한 것이었다. 그것은 믿음에 예속된 진리였다.[6]

티옹오가 보기에 케냐(와 동아프리카 전역)의 영국 교육기관은 이른바 '아프리카 쟁탈전'과 그 정점인 1884년의 베를린회의에 뿌리를 둔 식민주의와 똑같은 논리를 지속시키는 역할을 했다. 베를린회의에서 유럽 열강은 아프리카 땅을 임의로 그들의 수중에 분할했다. 티옹오에게 가장 중요한 것은 아프리카 전통 언어를 말살하고 유럽 언어로 대체했다는 점이었다. 언어는 "열강이 흑인의 영혼을 빼앗고 사로잡는 가장 중요한 수단이었다. 총탄이 신체적 지배 수단이라면, 언어는 정신적 지배 수단"이라고 그는 썼다.[7]

문화적 파괴는 마우마우 반란 당시의 물리적 집단학살에서 직접적으로 이어진 것이었다. 우연히도 내 아버지인 맨프레드 스탠리Manfred Stanley는 인류학 박사 과정 학생으로서 바로 이 주제를 연구했다. 그는 1959～1962년 동안 독립 직전의 케냐에 거주하면서 〈변화의 유산: 영국 교육과 아프리카 지식인의 탄생〉이라는 학위 논문을 썼다. 이 논문은 서구 교육을 받은 키쿠유 1세대에 관한 연구로, 특히 케냐와 우간다에 있는 영국 학교에서 전적으로 교육받은 학생들을 대상으로 한다. 이 논문에서 그는 영국 교육 시스템이 일종의 문화적 말살을 어떻게 수행했는지 밝혔는데, 현재 우리는 이를 집단학살genocide로 인식한다. 내 아버지의 연구 노트에 따르면, 이러한 역사에 관한 관심 중 적어도 일부는 국가사회주의 아래 베를린에서 보낸 자신의 어린 시절에서 비롯된 것이었다. 그가 보기에 식민주의와 파시즘 사이에는 일직선적인 관계가 존재하고, 이런 관계를 이해하려는 열망이 그의 연구의 대부분을 이끌었다. 그는 자신이 연구한 케냐인 및 우간다인과 자신을 유사하다고 생각하지 않았다. 그러나 나치 파시스트와 영국 식민주의자들이 어떤 심리적 성향과 권력 욕구를 어떻게 공유하는지를 살펴보았다.

그는 분명 이러한 비교를 한 최초의 학자는 아니었다. 그리고 그의 연구는 포스트식민주의 전통 속에서 그에 앞서 등장한 다른 많은 작가와 이론가의 연구를 토대로 이루어졌다. 아마도 가장 기억할 만한 것은 마르티니크의 시인이자 수필가, 정치가인 에메 세제르Aimé Césaire가 1950년에 프랑스어로 처음 출간한 고전적 작품 《식민주의에 대한 담론》에서 이런 연관성을 공식화했다는 점일 것이다. 유럽인들은 "나치즘이 자신들에게 영향을 미치기 이전에 는 이를 … 용인했다. … 유럽인들은 나치즘에 면죄부를 주고, 나 치즘에 눈을 감고, 이를 정당화했다. 그때까지는 나치즘이 비유럽 인에게만 적용되었기 때문이었다"라고 그는 썼다.[8] 한나 아렌트 Hannah Arendt는 1951년의 저서 《전체주의의 기원》에서 유럽 파시 즘과 아프리카 쟁탈전 사이의 연관성을 분명히 강조했다.

더 최근에 역사학자 티모시 스나이더Timothy Snyder는 1차 세계대 전이 끝난 후 체결된 베르사유 조약에 따라 독일이 아프리카 식민 지를 상실한 것이 히틀러가 동쪽으로 관심을 돌리게 된 이유 중 하 나라고 주장했다.[9] 나치 교육 시스템은 독일이 부당한 취급을 받았 다는 서사를 분명히 강조했다. 나치 독일을 연구하는 또다른 역사 학자인 리사 파인Lisa Pine에 따르면 식민지 지리는 나치 정권 교육 프로그램의 '핵심 주제' 중 하나였다. 나치의 교육 프로그램은 학 생들에게 "잃어버린 독일 식민지를 되찾는 것이 필요하다"라는 신 념과 "독일이 식민지에서 이룬 업적의 역사"에 대한 신념을 주입 했다.[10]

아프리카 학생들이 영국 식민지 교육 체제에서 받은 교육은 모 든 면에서 영국식 교육이었다. 학교는 학생들이 배우는 모든 과목

중에서 기독교 성경에 가장 많은 시간과 관심을 기울였다. 학생들은 또한 유럽 군주제의 역사를 공부하고 영국의 왕과 왕비의 이름을 배웠고 영문학 고전을 읽었다. 그들은 자신들의 역사나 종교적 관습에 대해서는 어떤 것도 배우지 못했다. 그리고 실제로 한동안 영국인들은 전통적인 키쿠유 종교를 믿는 사람들을 잠재적 반역자로 여겼다. 마우마우 반란은 정치적인 것이 아니라 '정신병리적' 현상이라고 학생들은 배웠다.[11] 교육과정은 궁극적으로 학생들이 대영제국의 행동이 정당하고 건전하다는 결론에 도달할 수밖에 없도록 설계되었다.

나의 아버지의 연구 노트에는 반란에 대한 영국 대응의 기저에 깔린 것은 근본적인 인종차별주의racism라고 서술되어 있다. 그는 특히 〈마우마우의 기원과 성장The Origins and Growth of Mau Mau〉이라는 제목의 영국 관리 F. D. 코필드F. D. Corfield가 작성한 공식 보고서를 언급했다. 아버지는 함께 일하고 있던 몇몇 키쿠유 학생들의 가족을 만난 후, 이 보고서에 대해서 다음과 같이 썼다.

··· 마우마우 반란의 사회학적·경제적·정책적 원인에 대한 깊은 무지와 이를 원시적인 야만으로의 회귀, 정신분석적 패턴 등과 같은 개념으로 대체하려는 경향은 코필드 보고서의 전형적인 성격이었다. 코필드가 키쿠유 사람들과 함께 앉아서 이야기하고 특정 마을의 가족과 사

람들의 성격을 통해 마우마우 반란의 과정을 실제로 추적했다는 어떤 흔적도 볼 수 없다는 것은 명백했다.[12]

아버지가 연구 노트에서 반복해서 강조하는 케냐의 영국식 교육 시스템은 아프리카 학생들이 구제할 길이 없는 '타자'라는 가정에 기반을 두고 있다. 다른 사람을 존엄성을 가진 존재로 존중하는 것이 모든 인간의 상호작용 기준이 되어야 한다고 믿었던 그로서는 이런 생각이 부당하다는 것을 발견했다. 그가 어렸을 때 겪었던 나치즘과 마찬가지로 식민주의는 이와 같은 인간적 기준을 침해하는 것을 묵인했을 뿐만 아니라 필요로 했다.

물론 영국만이 원주민을 상대로 문화적 힘을 휘두른 유일한 식민지 세력은 결코 아니었다. 역사학자 데이비드 윌러스 애덤스David Wallace Adams는 19세기 말~20세기 초 아메리칸 인디언 기숙학교를 다룬 고전적 저서에서 식민주의가 미국 원주민을 예속시키는 데에 어떻게 작용했는지를 논한다. 이 학교들은 애덤스가 말하는 '문명야만주의 패러다임the civilization savagism paradigm'•에 기반

• 어떤 사회를 문명과 야만, 거기에 사는 사람들을 문명인과 야만인으로 나누고, 문명은 우월하고 선한 것, 야만은 열등하고 악한 것이라고 이분법적으로 나누는 사고방식이다. 서양이 아시아나 아프리카, 아메리카를 침략하여 정복하고, 그곳 사람들을 착취하는 것을 정당시하는 논리로 사용되었다. 그렇지만 이런 사고방식을 근거로 스스로 '문명화된 사회'에 산다고 생각하는 사람들이 '야만적'이라고 여기는 사회와 사람들에게 더 심한 파괴

을 두고 있었다. 이 패러다임은 식민지 개척자가 식민지 사람들을 '야만'에서 해방하기 위해 그들에게 문명을 가져다주는 수단으로 교육과 종교가 중요하다는 믿음이었다. 애덤스가 서술했듯이, "정책 입안자들은 항상 인디언의 기독교 개종을 필수적인 것으로 여겼다". 학교는 학생들이 기독교를 문명의 핵심으로 보도록 조장했다. 애덤스에 따르면 한 학교의 교장은 자신의 임무가 얼마나 시급한지를 이렇게 요약했다. "… 성경이 전해지고 복음을 가르치는 곳 외에는 진정으로 문명화된 사람들을 이 세상에서 찾을 수 없다. 따라서 우리는 인디언 교육의 필수적인 한 부분으로 기독교 훈련이 포함되어야 한다고 믿는다."[13]

응구기 와 티옹오의 많은 연구는 영국인들이 영국에 충성하는 키쿠유족 협력자들을 어떻게 양성했는지 설명하는 데 전념하고 있다. 그리고 아메리칸 인디언 기숙학교에 대한 애덤스의 설명에서도 똑같은 역학 관계의 일부가 작용하고 있음을 알 수 있다. 적어도 그 학교의 학생들 가운데 일부는 결국 그들이 배운 이데올로기를 받아들였다(또는 어떤 경우에는 받아들였다고 주장했다). 애덤스는 서구의 우월성을 강력하게 주장하는 한 원주민 학생의 말을 인용

나 폭력을 가한다는 점에서, '문명화된' 사회가 오히려 더 '야만적'이라는 의미도 함께 가진다.

한다. "기독교 국가가 가장 위대하다. 기독교 문명이 가장 위대하다. 따라서 우리가 성공을 이루어 맨 뒤에 처진 우리 민족을 일등 민족으로 만들려면 기독교 지식, 기독교 모범, 기독교 문명을 그들에게 전수해야 한다."[14]

북아메리카 유럽인 식민지 개척자들의 이데올로기에 따르면, 확실히 역사상 최악의 사례 중 하나인 원주민 대학살은 그들이 '야만인'이라고 여겼던 사람들에게 문명을 전달하기 위한 수단으로 정당화되었다. 1852년 발간된 한 교과서는 원주민을 보는 전형적인 유럽인의 시각을 제시했다. 원주민들이 "전쟁에서 기쁨을 느낀다", 그리고 식민지 개척자들이 도착하기 이전에 그들이 "선한 영과 악한 영을 숭배했다. 그러나 참 하나님에 대해서는 아무것도 알지 못했고, 성경이나 인류의 구세주인 예수 그리스도에 대해서는 들어본 적이 없었다"라고 서술하고 있다.[15]

문명야만주의 패러다임은 비뚤어진 종교적 우월감뿐만 아니라 원주민은 게으르고 그들의 생산력을 활용하기 위해서는 책임감 있는 지도가 필요하다고 보는 시각에 의해 주도되었다. 같은 1852년 교과서에 따르면, 미국 원주민은 "과거와의 모든 관계, 즉 공동생활 방식, 야만적인 종교의식, 그리고 아마도 가장 중요한 것으로 육체노동에 대한 혐오를 끊어야만" '문명의 사다리'로 올라갈 수 있었다.[16] 식민주의의 논리에 따르면, 백인 문명은 인류를 생산적인 목적으로 이끌 수 있는 유일한 힘이다. 그 목적은 보통 육체노동으로 달성된다.

미국 식민주의의 영향을 받은 다른 지역에서도 같은 역학 관계를 발견할 수 있다. 리처드 암스트롱Richard Armstrong은 하와이에 몇 개의 학교와 교회를 설립한 기독교 선교사로, 1847년 국왕 카메하메하 3세로부터 하와이 교육부 장관으로 임명되었다. 암스트롱은 이 직책을 수행하면서 식민주의적 사고방식을 도입했다. 암스트롱은 하와이 사람들에 대해 다음과 같이 말했다. "이들은 게으른 사람들입니다. 이들이 부지런하게 되려면, 젊을 때부터 일을 시작해야 합니다. 그래서 저는 몇몇 종류의 육체노동을 모든 학교와 연결하기 위해 부단한 노력을 하고 있습니다. … 근면성이 없다면, 그들은 도덕적일 수 없습니다."

리처드 암스트롱의 아들 사무엘 채프먼 암스트롱Samuel Chapman Armstrong은 1868년 버지니아주 햄튼에 흑인 학생들을 위한 학교인 햄튼 사범 농업 연구소Hampton Normal and Agricultural Institute를 설립하게 된다. 햄튼 연구소로부터 성장하여 나중에 설립된 햄튼 대학의 웹사이트에 따르면, 젊은 암스트롱이 학교를 설립한 목적은 "선발된 흑인 청년들을 훈련시켜 사회에 나가서 땅과 집을 획득하는 식으로 모범을 보이면서 자기 민족을 가르치고 이끌게 하는 것, 그들이 자신의 힘으로 돈을 벌 수 있다면 한 푼도 그냥 주지 않는 것, 노동을 존중하는 마음을 가르치고, 아둔한 단순노동을 숙련된 기술로 대체하고, 이렇게 함으로써 자립과 지적 노동뿐만 아니라 인간적 품성을 위한 산업 체제를 구축하는 것"이었다고 한다.[17] 사무엘은 햄튼 연구소의 사명을 자신의 아버지가 하와이에서 참여했던 식민주의 프로젝트와 명시적으로 연결하면서, 아버지가 감독했던 미션 스쿨이 "햄튼 연구소의 계획을 제시해주었다"라고 썼다.[18]

하와이와 같은 지역의 미국 식민주의와 미국 국내의 흑인 착취 사이의 연속성에 대해 미국 흑인들이 관심을 기울이지 않은 것은 아니었다. 예일 대학 역사학자 매튜 프라이 제이콥슨Matthew Frye Jacobson은 이렇게 말했다.

반대에 나선 흑인들이 가장 많이 제기한 우려는 짐크로법이 시행되고, 대규모 참정권 박탈이 자행되며, 국내에서 반흑인 폭력 및 린치가 만연하는 시기에, 미국은 그저 미시시피나 루이지애나식의 인종차별 관행이라는 고통스러운 짐을 해외에 수출하려고 한다는 점이었다. 이는 《리치몬드 플래닛》의 편집자 존 미첼John Mitchell이 하와이 합병의 성격을 '섬의 강간'이라고 직접적으로 묘사한 것을 시작으로 아프리카계 미국인들의 담론에서 연이어 등장하는 주제가 되었다.[19]

두 경우 모두 노동 착취가 비인간적인 식민주의 논리에 따라 흑인들을 문명화해야 한다는 사명을 수행하는 데 중요한 요소로 정당화되었다. 식민주의는 사람들을 육체노동 능력으로 환원했다.

1881년 터스키기 연구소Tuskegee Institute를 설립한 부커 T. 워싱턴Booker T. Washington은 그 자신이 햄튼 연구소의 졸업생이었으며, 설립자 사무엘 채프먼 암스트롱의 교육 철학에 대한 열렬한 찬양자였다. 그는 사무엘 암스트롱의 교육 철학이 아버지인 리처드 암스트롱이 하와이에 세운 식민주의 학교들에서 파생된 것을 잘 알고 있었다.[20] 워싱턴과 사회학자이자 운동가인 W. E. B. 듀보이스의 의견 불일치는 미국에서 가장 유명한 공개 토론 중 하나이며 식민주의 논리에 대한 두 가지 극명하게 다른 잠재적 대응 방식을 잘 보여준다. 워싱턴은 공개 저술에서 미국 흑인들에게 정치 교육보다 산업 교육을 우선시하고, 따라서 민주 시민으로서의 정체성보다 노동자로서 생산할 수 있는 잠재력을 더 강조할 것을 촉구했다. 듀보이스가 보기에 이러한 접근 방식은 백인우월주의에 이바지했다. 그는 대신에 미국 흑인 시민들에게 영혼의 고양뿐 아니라 그들 자신의 이익을 민주적으로 높일 수 있는 기능을 제공하는 것을 목적으로 하는 교양교육에 힘을 기울이라고 조언했다.[21]

식민지 개척자들이 땅을 빼앗고 거기에 살던 원주민들을 영구적으로 다른 곳으로 이주시키는 과정인 정착민 식민주의에서는 바로 그 원주민들의 존재를 감추거나 최소화해야 하며, 그들이 원래 살던 땅은 비어 있는 것으로 표현되어야 한다. 널리 사용되는 역사 교과서 《아메리칸 패전트*》 1983년 판의 다음과 같은 구절을 생각해보자.[22]

구세계와 비교했을 때 아직 비교적 젊은 미국 공화국은 처음부터 풍요를 누렸다. 미국 공화국은 광활하고 때 묻지 않은 대륙에서 시작되었다. 그 땅에는 인디언이 매우 드문드문 거주했기 때문에, 그들을 무시하거나 옆으로 밀쳐낼 수 있었다. 이 혼잡한 지구의 온대 지역에는 거대하고 비옥하며 상대적으로 사람이 살지 않는 다른 어떤 지역도 남아 있지 않기 때문에 위대한 민주주의 실험을 위한 이런 훌륭한 기회는 결코 다시 오지 않을지 모른다.[23]

'콜럼버스, 신대륙을 발견하다'라는 제목의 섹션에서 저자는 콜럼버스를 물질적 이득을 위해 원주민 착취를 일삼고 집단학살을 초래한 식민주의자가 아니라 영웅적인 모험가로 소개한다. 또한 아메리카 대륙의 원주민 인구(가장 학문적인 추정으로는 콜럼버스가 도착했을 당시 약 7200만 명이었다)를 지나치게 과소평가함으로써 빈 땅

• 패전트(Pageant)는 야외에 간이무대를 설치하고 공연하는 연극으로, 그리스 연극 공연에서 유래했다. 역사적 사실을 내용으로 하는 야외극이나 가장행렬을 가리키는 말로 주로 사용된다.

이라는 식민주의적 서사를 강화한다.

대부분의 원주민 정착촌은 작고 흩어져 있었으며 때로는 영구적이 아니었다. 북아메리카 인디언의 수는 적어서 대륙 전체에 드문드문 거주했기 때문에, 속삭이는 듯한 원시림과 반짝이는 자연 그대로의 물이 있는 넓은 지역에는 사실상 사람들이 살지 않았다. 콜럼버스의 발견 당시 현재의 미국 땅 지역에 살았던 인디언은 모두 합해서 아마도 100만 명 정도였을 것이다. [24]

비어 있는 땅 서사는 중동에서 식민주의적 관행을 정당화하는 데도 사용되었다. 이스라엘이 정착민 식민지 국가라는 주장을 더욱 복잡하게 만드는 것은 이스라엘에서 가장 큰 유대인 민족 집단이 미즈라히Mizrahi족이며, 이들 대부분은 이 지역 토착민이라는 점이다. 그러나 팔레스타인에 처음 이주한 유럽계 유대인 아슈케나지Ashkenazi들은 이를 식민지 프로젝트로 여겼다. 19세기에 팔레스타인으로 이주한 대부분의 아슈케나지 유대인은 자신들의 경험을 문명화된 정착지가 없는 비어 있는 땅에 들어온 것이라고 말했다. 이스라엘의 초대 총리였던 데이비드 벤구리온David Ben-Gurion은 1952년에 쓴 에세이에서 팔레스타인 사람들에게는 '낙바Nakba(아랍어로 '재앙'이라는 뜻)'로 알려진 이스라엘 독립 전쟁 이후 "수백 개의 정착지가 황폐해지고 파괴되었다. … 거기에는 지난 70년 동안 설립된 유대인 마을들만이 있었으며, 비유대인 마을은 몇 개만 존재했다. 진실은 국가가 황폐하고 버려진 땅을 물려받았다는 사실이다"라고 썼다.[25]

이스라엘 연구자 노가 카드만Noga Kadman의 2015년 저서 《공간과 의식에서 지워지다: 이스라엘과 인구가 감소한 1948년의 팔레스타인 마을》에 따르면, 이스라엘은 자신의 건국을 "역사적 망각과 사회적·지리적 빈 공간으로부터 '사람이 살지 않는' '비어 있는 땅'을 구원하는 과정"의 일부라고 스스로 이해했다.[26] 이 신화를 퍼뜨리기 위해 이스라엘군은 그 땅의 많은 주민을 몰아내고 그들의 마을을 파괴하고 철거했다. 일부 추산에 따르면 그 수는 400개가 넘었다.[27] 그후 몇십 년 동안 이스라엘 정부는 팔레스타인 사람들이 여전히 점유하고 있는 땅을 겨냥한 식민주의 관행을 명백히 지속했다. 카드만이 '공간의 유대화Judaization of the space'라고 부르는 이 과정은 유대인 사람들이 이전에 사용되지 않던 비어 있는 땅으로 단순히 이주한 것으로 보이게 만들었다. 더 일반적으로 유대인의 주요 업적 중 하나가 "사막에 꽃을 피운" 것이라는 슬로건은 노골적인 식민주의 사고방식의 한 사례다. 이는 유럽인이 아메리카에 문명을 가져다주었다는 주장과 동등한 수준이다. 이 슬로건은 그 땅의 이전 거주자들을 비인간화하거나 그저 그들의 존재를 지워

버리는 경우에만 성립할 수 있다.[28]

2023년 10월 이스라엘에 대한 하마스의 테러 공격과 200여 명의 인질 억류로 촉발된 가자지구 전쟁 동안 이스라엘은 가자지구의 민간인 표적에 무자비한 폭격을 퍼부으면서, 하마스가 자신의 작전을 위해 이 시설들을 엄폐물로 사용하고 있었다고 주장했다. 가자지구의 대학, 학교, 박물관 등이 폭격 대상에 포함되었다. 당시《토론토 스타》의 칼럼니스트인 슈리 파라드카르Shree Paradkar는 이러한 특정 유형의 파괴는 일부 관찰자들이 교육학살scholasticide• 이라고 부르는 것에 해당한다고 설명했다. 여기에는 "가자지구의 교육 인프라 파괴, 가자지구와 서안지구의 대학에 대한 공격, 그리고 이스라엘 대학 시스템 내에서 팔레스타인을 지지하는 고위 교수와 학생들에 대한 심각한 괴롭힘과 공격"이 포함된다. 파라드카르가 지적한 것처럼 학살은 "가자지구의 과거를 지울 위험이 있다. … 기록 보관소와 건축물이 파괴되면 이는 팔레스타인 사람들이 그곳에 살지 않았던 것과 마찬가지가 된다."[29] 그리고 2024년 4월 18일, 교육권 특별보고관인 파리다 샤히드Farida Shaheed를 포함한 12명 이상의 유엔 인권이사회 특별 절차 위원들이 가자지구의 교

• 'school'을 뜻하는 라틴어 'schola'와 'genocide'를 합한 말로, 인종차별 정책에 의해 어떤 인종의 교육 시스템이 완전히 파괴되는 상태를 뜻한다. 이스라엘이 가자지구의 거의 모든 팔레스타인 교육 체제를 파괴한 사실을 가리킬 때 사용된다.

육학살에 대해 깊은 우려를 표명하는 성명을 발표했다.[30]

이스라엘이 팔레스타인의 과거, 심지어 최근의 팔레스타인 과거까지 계속 지우고 있는 것은 이스라엘과 국제 사회의 많은 사람에게 조상들의 땅에 대한 팔레스타인의 정당한 청구권과 이러한 손실에 대한 모든 배상을 거부하는 구실을 제공하고 있다. 그리고 이는 팔레스타인 사람들이 민족의식을 가졌다는 주장을 부정하며, 그들을 국적이 없는 사람들로 만든다. 한나 아렌트가 파시즘에 관한 연구에서 강조했듯이, 팔레스타인 사람들은 극도로 불안정한 지위에 놓이게 되었다.[31]

식민주의 이데올로기는 학교와 공공 문화에서 중요한 역사를 지우고 식민지로 만든 지역의 집단을 역사가 없는 존재로 표현하는 형태를 취한다. 식민지 교육은 역사를 지울 뿐만 아니라 왜곡한다. 식민지 주민을 야만적이고, 게으르고, 타락했다고 주장하기도 한다. 백인 기독교 민족주의는 아프리카와 아메리카 대륙에서 저지른 잔인한 식민 지배의 행위에 책임이 있다. 이스라엘의 식민주의적 관행 역시 정체성에 기반한 민족주의, 이 경우에는 유대인 민족주의의 결과다. 지금까지 다양한 정체성 기반 민족주의가 폭력적인 식민주의 관행을 정당화하는 데 어떻게 사용되는지 살펴보았다. 이제는 민족주의 그 자체, 그리고 교육적 실천으로서의 민족주의로 눈을 돌릴 때다.

3장

민족주의 프로젝트

미국 민족주의의 역사를 꿰뚫는 이상한 흐름 중 하나는, 적어도 19세기 중반부터 미국인들이 자신의 국가를 세계 사람들을 구원하는 존재, 즉 구원자 국가, 문명 교화자, 자유의 등대, 억압받는 사람들의 피난처로 여겨왔다는 점이다. 동시에 그들은 세계 사람들이 결국 미국의 멸망을 초래할지도 모른다는 깊은 불안감을 표현해왔다.

— 매튜 프라이 제이콥슨[1]

19세기 초 독일 철학자 요한 고틀립 피히테Johann Gottlieb Fichte는 저서 《독일 국민에게 고함》에서 자신이 자기 조국은 객관적으로 위대하다고 보는 근거를 제시한다. 피히테는 이러한 위대함이 독일어가 지닌 웅장함과 그가 찾아낸 독일과 고대 그리스 사이의 명확한 유사성에서 분명하게 드러난다고 주장한다. "독일인은 여전히 살아있는 언어를 사용합니다. 그리고 그 언어가 자연으로부터 처음 흘러나온 이래 그렇게 했습니다. 반면에 다른 튜턴 부족들은 표면적으로만 생동감이 있을 뿐 뿌리는 죽은 언어를 사용합니다"라고 그는 썼다.[2] 이 책의 주요 목표 중 하나는 '조국에 대한 더 높은 사랑'을 심어주기 위한 새로운 국가 공교육 모델을 공식화하는 것이었다. 그러나 독일어가 어떻게든 다른 언어보다 더 '살아있다'라는 피히테의 생각은 수 세기에 걸친 과학적 탐구에서 살아남지 못했다. 독일 국가와 고대 그리스 사이에 본질적으로 유사성이 있다는 그의 주장도 면밀하게 조사하기만 하면 무너지고 만다.

피히테 시대에 합스부르크 제국은 독일어, 헝가리어, 이탈리아어, 폴란드어, 루마니아어를 포함한 14개 언어를 공식적으로 인정했다. 민족정체성은 대부분 이런 언어들을 기반으로 생겨나서 제국을 위협했다. 모든 국가가 자신의 문화를 일으키고 확립하는 방식이 본질적으로 비슷하다는 선구적인 연구를 발표한 20세기 학자 베네딕트 앤더슨Benedict Anderson도 공통 언어를 기반으로 한 초기 형태의 민족주의를 연구했다. 그는 책과 신문 같은 인쇄 기술의 시기에 이러한 민족주의가 확산했음을 밝혔다. "자본주의와 인쇄 기술의 융합은 새로운 형태의 상상된 공동체의 가능성을 만들어냈다. 이는 그 기본 형태에서 근대 국가의 발판을 마련했다"라고 그는 썼다.[3] 이러한 이해를 바탕으로 민족정체성을 언어에서 비롯된 것으로 보는 민족주의 이론가들은 종종 언어를 문화, 역사, 전통과 같은 다른 특징과 연결 짓는다.

식민주의를 뒷받침하는 민족주의의 형태는 자신을 과시하는 민족 관념을 포함한다. 이러한 관념은 타민족에 대한 지배를 정당화한다. 나는 이를 우월주의적 민족주의supremacist nationalism라고 부를 것이다. 우월주의적 민족주의는 보편주의적 형태를 띨 수도 있고, 비보편주의적 형태를 띨 수도 있다. 이전 장에서 논의한 '문명야만주의 패러다임'에 기반한 보편주의적 형태에 따르면, 식민종주국은 문명의 기수라는 지위를 통해 타국에 대한 지배를 정당화한다. 비보편주의적 형태에 따르면, 식민종주국은 단지 군사력만으로 정당성을 확보한다. 이 두 가지 형태 사이의 경계는 희미하다. 물론 전자의 기반이 되는 '문명야만주의 패러다임'은 허구다. 그리고 적어도 실제로는 두 형태 모두 잔인함이라는 면에서는 비슷할 수 있다.

예를 들어, 케냐 마우마우 반란의 동기가 된 민족주의의 경우처럼 민족주의 역시 반식민주의적일 수도 있다. 그리고 반식민주의적 민족주의 역시 보편적인 형태와 비보견적인 형태로 나타난다. 전자에 따르면, 각 국가는 고유한 전통을 가지고 있지만 다른 문화를 똑같이 존중하고 존엄하게 여기는 의무를 부여하는 공통의 보편적 인류애를 공유한다. 이는 친숙한 형태의 계몽주의적 자유주의로, 인간은 공통의 인류애를 가지고 있으며 모든 동료 인간을 동등하게 존중해야 할 의무가 있다고 보는 자유주의다. 후자와 같은 종류의 반식민주의적 민족주의는 계몽주의 시대에 등장한 것으로, 그 시대의 이상을 거부하면서 그에 대한 반대를 식민지 사업에 저항하는 근거로 사용했다. 그러한 이상들은, 대개는 냉소적이기는 하지만 식민지 사업을 뒷받침하는 데 사용되었다.

20세기 철학자 이사야 벌린Isaiah Berlin은 진보와 보편적 이성의 개념을 거부한 이 '반反계몽주의'를 연구하고 설명하는 데 상당한 시간과 에너지를 쏟았다. 벌린이 특히 관심을 두고 연구한 이 운동의 지지자 중 한 명은 18세기 철학자 요한 고트프리트 폰 헤르더 Johann Gottfried von Herder였다. 헤르더는 서로 다른 문화는 비교할 수 없으며 문명의 진보를 평가할 수 있는 보편적 기준은 없다고 주장했다. 벌린이 헤르더에게 매료된 이유 중 하나는 자신을 반대하는 계몽주의자들이 인종에 기반한 식민주의와 노예제도를 정당화하는 것을 헤르더가 거부했기 때문이었다. 헤르더에 대한 계몽주의적 반대자들은 식민주의와 노예제가 문명화 사명에 이바지한다고 보았다. 벌린은 다음과 같이 썼다.

고대와 근대를 막론하고 유럽 안팎에서 원주민을 식민 정복하는 것은 (헤르더의 저작에서는) 항상 도덕적으로 혐오스럽고 반인륜적인 범죄로 표현된다. … 중앙아시아의 샤먼들이 사기꾼만은 아니며, 신화는 사악한 사제들이 대중을 속이고 그들 위에 군림할 수 있는 권력을 획득하기 위해 만들어낸 단순한 거짓 진술이 아니며 … (선교사들이 발트 지방에서 그렇게 했고, 예를 들어 인도에서 그렇게 하는 것처럼) 다른 국가에 일련의 외래 가치를 강요하는 것은 효과적이지 않고 해롭다고 헤르더는 주장한다.[4]

벌린에게 헤르더는 "고전주의, 합리주의, 과학적 방법에 대한 믿음에 반대하는 낭만적 반란의 지도자 중 한 사람"이었다.[5] 문화의 비교 불가능성과 언어의 번역 불가능성에 기초한 헤르더의 철학은 이러한 반계몽주의 입장에 강력한 토대를 제공했다.

보편적인 도덕적 인간성과 같은 계몽주의의 이상이 우월주의적 민족주의와 반식민주의적 민족주의 사이에 명확한 선을 그었다고 생각하고 싶겠지만, 그렇지 않다. 계몽주의적 이상은 두 종류의 민족주의를 지지하는 데 모두 사용될 수 있다. 식민지화에 직면한 원주민 집단의 공통된 인간성에 호소함으로써 보편주의는 식민주의와 싸우는 데 사용될 수 있다. 보편주의는 식민주의 프로젝트가 사람들을 동등하게 존중하는 것을 배제하는 데에도 으레 오용되어 왔다. 일부 인종을 '야만적'이라고 간주하여 이들이 보편적인 도덕적 인격체의 범주에서 벗어나 있다고 보는 것이 그런 사례였다.

미국 초창기에는 동산 노예제chattel slavery•와 원주민 부동산의 수탈 등을 비롯한 미국이 저지른 가장 심각한 죄를 정당화하기 위해 야만적인 형태의 우월주의적 민족주의가 등장했다. 이러한 민족주의는 백인 유럽인의 행위를 미화하는 동시에 흑인과 아메리카 원주민의 공헌을 지우는 식의 미국 역사 해석을 통해 부분적으로 존속되어왔다. 예일 대학 역사학자 네드 블랙호크Ned Blackhawk의 2023년 저서《미국의 재발견: 원주민과 미국 역사의 재구성》은 이러한 신화를 재검토하고자 한 책이다. 블랙호크는 "미국 역사가들은 오랫동안 미국의 역사를 유럽인과 미국 백인의 역사로 간주했다. 따라서 초기 미국 종교, 경제, 정치 이데올로기의 역사는 종종 정착민들의 경험만을 조사하는 제한된 연구 분야로 전락했다"라고 말한다.[6]

이러한 서사가 특히 강력한 영향력을 행사하는 미국 일부 지역에서는 그렉 애보트Greg Abbott 텍사스 주지사와 같은 정치인들이 미국 역사의 전체 이야기를 다루려는 학문적 노력에 강력하게 반발했다. 이런 정치인 중 다수는 교육 문제를 판단하는 근거를 학계

• 인간을 쉽게 옮길 수 있는 재산인 동산(動産)으로 삼는 노예제도다. 노예를 사고팔거나, 자식에게 상속, 다른 사람에게 양도할 수 있다. '대서양 무역'이라는 말로 표현되는 아메리카 흑인 노예제도가 대표적이다. 전쟁 등에 의해 노예를 획득하는 서양 고대의 노예제도와는 구분되지만, 한국의 역사 교과서에는 이를 별도로 구분하지 않고, 그냥 '노예제'로만 표현한다.

나 심지어 축소적이고 반지성적인 교육과정을 자주 만들어 온 많은 재력을 가진 싱크 탱크가 아니라 연예인에게서 찾기 시작했다. 그 한 예로, 우익 토크쇼 진행자인 데니스 프레이거Dennis Prager가 있다. 그의 정치 메시지 그룹 프레이거U PragerU는 최근 몇 년 동안 오클라호마, 플로리다, 뉴햄프셔, 몬태나, 애리조나에서 교육자료 제공자로 승인받았다. 오해할 소지가 있는 이름이지만, 프레이거U 〔프레이거 유니버시티의 준말이다〕는 어떤 의미에서도 학술 기관이 아니다. 이 단체는 다른 어떤 단체보다 더 우익 토크 라디오와 관련이 있으며, 학령기 아동을 대상으로 한 동영상을 제작하여 온라인에 유포함으로써 극우 서사를 널리 퍼뜨리는 데 전념하고 있다.

그들이 제공하는 콘텐츠의 특징을 잘 보여주는 영상인 〈크리스토퍼 콜럼버스: 신세계 탐험가〉에서 한 소년이 콜럼버스를 중요한 영웅적 인물이라고 설명한다. 콜럼버스는 "탐험을 사랑하고 다음 세대에 영감을 주며 새로운 사고방식과 행동으로부터 실제로 혜택을 받은 사람들에게 기독교와 서구 문명을 전파한 정말로 용감한 사람이었어"라고 말하는 것이다. 그와 이야기를 나누고 있는 소녀는 "콜럼버스의 행동은 정말로 멋있어!"라는 반응을 보인다. 비디오의 나머지 부분에서 소년과 소녀는 친절한 콜럼버스를 만나기 위해 시간 여행을 한다. 콜럼버스는 자신이 살아온 이야기를 들려주며 미래의 행동 기준으로 자신의 행위를 평가하는 관행을

비난한다.[7]

사실, 지금 우리가 스페인 정복자들의 집단학살 행위라고 부르기도 하는 사건의 규모와 잔혹성은 당시 분명히 인식되고 있었다. 1542년 바르톨로메 데 라스 카사스Bartolomé de las Casas는 콜럼버스가 도착한 후 수십 년 동안 자신이 목격한 서인도 원주민들에 대한 여러 대량 집단학살을 묘사하고 비난하는《인도 제도諸島 파괴에 대한 짧은 이야기》라는 책을 썼다. "스페인 사람들은 이들을 조금도 배려하지 않았다. 스페인 사람들은 원주민의 육체와 마찬가지로 영혼에도 거의 관심을 두지 않았다. 수백만 명의 사람들이 하나님을 알지 못하고 성례전〔세례와 성만찬, 고해성사 등 하나님의 은혜를 전달하는 기독교 예식〕의 혜택도 받지 못한 채 죽음을 맞이했다"라고 그는 썼다. 이 책은 정복자들이 서인도 제도 원주민에게 저지른 끔찍한 만행에 대해 거의 읽기 어려울 정도로 잔인한 서술을 담고 있다. 그 내용에는 사람들을 산 채로 꼬챙이에 꿰어 굽거나 임신한 여성의 배를 가르는 등 수많은 잔혹한 행위들이 포함되어 있다.[8] 유럽인의 아메리카 대륙 도착을 여러 차례 집단학살이 일어난 시대가 아닌 찬란한 '대항해 시대age of exploration' 일부로 묘사하는 모든 서사는 아메리카 원주민과 이들이 당한 말로 표현할 수 없는 잔혹함을 분명하게 인식한 바르톨로메 데 라스 카사스와 같은 유럽인의 관점까지 은폐한다.

우월주의적 민족주의는 국가가 저지른 지난날의 죄를 인정하지 않거나, 설사 인정하더라도 극단적으로 축소한다. 미국의 경우, 이는 집단학살을 당한 원주민과 노예제도 및 짐크로법을 경험한 흑인의 관점을 모두 지워버리는 것을 의미한다. 프레이거U와 같은 신뢰하기 어려운 온라인 콘텐츠 제작자들은 역사를 지우는 과거의 서사를 이어가고 있다. 1950년에 백인우월주의 관점을 옹호할 목적으로 주州의 교육자료를 설계하기 위해 결성된 버지니아 역사 및 교과서 위원회의 활동을 생각해보자. 이 위원회가 제작한 교과서 중 하나인 《버지니아: 역사, 정부, 지리학Virginia: History, Government, Geography》에는 믿기 어려운 역사 왜곡이 포함되어 있다. 예를 들어, 1957년 판에서는 노예제도에 대해 이렇게 기술했다.

많은 노예주는 자신의 사적인 일이라고 생각하는 문제에 주 정부가 간섭하는 것을 좋아하지 않았다. 그들은 자기 자신의 방식으로 하인을 관리했다. 그들은 노예를 통제하는 가장 좋은 방법이 노예들의 믿음과 애정을 얻는 것이라는 사실을 알았다.

많은 흑인이 읽고 쓰는 방법을 배웠다. 그들 중 많은 이들이 설교를 듣고 장례식을 치르고, 노래하고, 춤을 추기 위해 모임을 가질 수 있었다. 그들은 밤에 다른 집에 찾아다니기도 하고 때로는 총과 그밖의 무기를 소유하기도 했다. …

노예제 시대에 버지니아 흑인들의 삶은 대체로 행복했다. 흑인들은 즐거운 태도로 자기 자신과 그들의 주인을 위해 생계를 꾸려나갔다. 그들은 일부 북부 사람들이 생각하는 것만큼 불행하지 않았고, 그렇다고 일부 남부 사람들이 주장하는 것처럼 행복하지도 않았다. 흑인들도 그들만의 문제와 고민이 있었다.

하지만 그들은 자신들을 어떻게 해야 할지를 놓고 북부 사람들과 남부 사람들 사이에 격렬한 논쟁이 벌어지고 있는 것에 대해 걱정하지 않았다. 사실 그들은 이러한 논쟁에 거의 신경쓰지 않았다.[9]

물론 버지니아 교과서의 이런 서술은 미국 내 노예제의 잔혹성을 축소하려는 더 큰 움직임의 일부였다. 노예가 된 미국 흑인들이 자신의 상황에 만족했으며, 그들 자신의 해방을 위한 투쟁에는 관심이 없다는 서술은 그 일환이었다.

〈노예제의 짧은 역사〉라는 프레이거U의 한 동영상은 겉으로는 노예제라는 주제를 교육과정에 통합하는 체하면서도 그 중요성이나 해악에 대한 모든 실질적인 설명을 지우는 것이 얼마나 쉬운지를 보여준다. 이 동영상은 흑인 극우 논객 캔디스 오웬스Candace Owens가 내레이션을 맡았으며, 흑인이 자신들의 자유를 위한 싸움에서 했던 기여를 빼버리는 데 애를 썼다. 그리고 백인 남성들이 노예제에서 세상을 구했다고 여긴다. 오웬스는 이렇게 말한다.

노예제를 공식적으로 종식시킨 것은 백인들이었다. 1833년 영국은 세계 역사상 최초로 노예제 폐지법을 통과시킨 국가였다. 그뒤를 곧바로 이은 것은 프랑스였다. 프랑스는 1843년 여러 식민지에서 노예제도를 폐지했다. 물론 그후 미국 제13차 수정헌법이 제정되었다. 수 세기 동안 이어진 노예제도라는 혐오스러운 관행을 끝내기 위해 세계를 이끈 것은 백인 남성이었다. 여기에는 남북전쟁 중 사망한 30만 명의 미연방 병사들이 포함되어 있는데, 이 중 압도적으로 많은 수는 백인이었다.[10]

오웬스는 1791년에 시작된 성공적인 노예 반란으로 탄생한 역사상 최초의 국가인 아이티에 대해 언급하는 데는 소홀하다. 노예제를 최초로 폐지한 나라는 영국이 아니라 1793년 아이티였다는 사실을 그녀는 모르는 것 같다. 또한 오웬스는 남북전쟁 당시 미국 흑인들이 자신들의 해방을 쟁취하는 데 중요한 역할을 했다는 사실을 완전히 무시한다.

이 동영상은 또한 기이할 만큼 노예제도 자체의 해악을 경시하는 것처럼 보인다. 그 내용은 아프리카인들이 서로에게 착취당하지 않도록 보호했다고 주장함으로써 아프리카에 대한 폭력적인 약탈을 옹호하는 유럽 식민지 강대국의 주장을 반복하고 있다. 예를 들어, 벨기에가 국왕 레오폴드 2세 통치 당시 콩고에 대해 저지른 잔인한 식민 지배를 아프리카인들이 다른 아프리카인의 노예가 되어 아랍 노예상에게 팔려 가는 것을 막았다고 주장함으로써 정당화했다. 하지만 사실 그것은 결코 구원이 아니었다. 국왕 레오폴드 2세의 지시에 따라 콩고에서는 약 1000만 명에 달하는 아프리카인들이 살해당했다. 이는 아프리카인들에게 고무 수확을 강요하는 야만적인 정책의 일부에서 비롯된 것으로, 인류 역사상 최악의 범죄 중 하나였다. 그러나 오웬스의 프레이거U 동영상은 이러한 벨기에 식민주의자들의 서사를 무비판적으로 수용한다.

> 사실 아프리카인들은 다른 아프리카 흑인들에 의해 노예로 팔려 갔다. 그리고 많은 경우 술이나 거울처럼 하찮은 물건들과 교환되어 팔려 갔다. 백인들은 내륙으로 들어가 원주민을 잡아들이지 않았다. 그들은 해안에서 흑인 파트너가 흑인 노예들을 데려올 때까지 기다렸다. 냉혹한 현실은 우리의 삶이 우리 조상들에게 거의 가치가 없다는 것이다.[11]

이런 서사는 유럽인들이 아프리카에서 저지른 잔학한 행위를 정당화할 뿐만 아니라 노예로 살았던 사람들의 후손이 겪은 모든 고난을 경시하는 역할을 한다. 오웬스의 논리에 따르면, 미국 흑인들이 수 세기에 걸쳐 겪은 어떤 피해나 구조적 장벽도 그들의 조상이 아프리카에 남아 있었다면 직면했을 상황보다는 낫다고까지 주장할 수 있다.

미국 남북전쟁 직후의 짧은 시기인 재건 시대Reconstruction era•에 연방 정부는 처음으로 이전에 노예였다가 해방된 흑인들이 시민 생활에 참여할 수 있게 했다. 그러나 이 시대는 10년도 채 지나지 않아서 폭력적으로 막을 내렸다. 1865년부터 1877년 사이에 16명의 흑인이 선출직 하원의원으로 취임했고, 수백 명의 흑인이 주 의회와 지방 관청에서 공무원으로 근무했다. 재건 시대가 끝나자 남북전쟁으로 일시적으로 패배했지만 흑인에게 완전한 시민권을 부여하는 것에 반대하는 세력은 이 시대의 변화를 실패한 실험이라고 규정하고 남부 흑인들이 잠시 누렸던 제한된 권리와 특권의 폐지를 정당화하기 위해 역사적 사건에 대한 대안적인 해석을 재빨리 만들어내기 시작했다.

학교 교과서를 비롯한 당시의 학문적 역사는 미국 흑인들이 이러한 권리와 특권을 잃게 된 책임을 흑인 자신에게 돌렸다. 1930년대 교과서인 《미국 역사》에서는 재건 시대를 흑인의 정치적 부패와 잘못된 일 처리로 인해 얼룩진 시기로 묘사하고 있다.

• 남북전쟁 이후 미국의 틀을 다시 세웠던 시기로, 미연방을 하나의 국가로 재건한다는 의미에서 붙인 이름이다. 주로 1865~1877년을 가리킨다. 해방된 흑인 노예들에게 백인과 동등한 시민권을 부여했으며, 골드러시로 서부 개척이 가속화되었다. 그러나 남부 백인들의 반발로 흑인에 대한 사회적 차별은 계속되었으며, 쿠 클럭스 클랜(KKK)과 같은 극우 집단이 조직되어 폭동을 일으키기도 했다.

남부는 전쟁에서 회복되지 않았고 국민은 무거운 세금을 낼 처지가 아니었다. 그러나 흑인 의원들은 그런 생각은 하지 않고 국민의 혈세를 무분별하게 낭비했다. 남부 주들의 부채는 급속히 증가했고 남부 백인들은 공직에 있는 사람들의 무분별한 낭비 행위를 막을 힘이 법적으로 없었다.[12]

교과서는 또한 KKK를 흑인들의 투표를 막음으로써 남부를 이런 부패로부터 구해낸 영웅으로 묘사한다.

흑인의 지배를 깨기 위해 무언가를 하지 않으면 남부는 파탄에 이를 위험에 처해 있었다. 이에 대처하기 위해 많은 백인이 비밀 단체들에 가입했다. 이 단체들은 흑인들이 투표장에 가지 못하도록 겁을 주고 흑인에게 백인이 여전히 남부를 통치해야 한다는 사실을 깨닫게 하려고 노력했다. 흰옷을 입고 불타는 십자가를 든 남자 무리가 밤마다 고속도로를 내달렸다. 미신에 빠진 흑인들은 유령과 같은 모습을 한, 밤의 라이더rider들의 방문으로 공포에 떨었다. 라이더들은 한밤중에 오두막집의 문을 두드리면서 엄숙한 목소리로 흑인들에게 끔찍한 형벌을 내리겠다고 위협했다. 비밀 단체들의 활동은 원하는 결과를 가져왔다.[13]

19세기로 거슬러 올라가는 인종차별적 고정 관념 속에서 미국 교과서는 흑인은 태어나면서부터 부패하고 일을 잘못 처리하는 경향이 있으며, 이 때문에 민주적 생활에 참여하기에 적합하지 않다고 가르쳤다. 도널드 트럼프 대통령은 '부패'를 근거로 내세우면서 애틀랜타, 필라델피아, 디트로이트 등 흑인 인구가 많은 미국 도시에서 부정선거가 자행되었다고 비난함으로써 이와 같은 인종차별적 고정 관념을 환기한다. 역사적 허위 정보의 긴 그림자는 수십 년에 걸쳐 펼쳐지고 있으며, 과거의 신화는 현재를 무겁게 짓누르고 있다.

* * *

전 세계적으로 우월주의적 민족주의가 번성해왔지만, 미국에서는 '미국 예외주의American exceptionalism'라고 알려진 유별나게 강력한 형태의 민족주의가 자리잡고 있다. 미국 예외주의는 미국의 건국이 순수하고 서부로의 팽창은 정당하다는 것을 대변한다. 이러한 주장을 뒷받침하기 위해 미국 예외주의의 역사적 서사는 노예제도가 미국 경제의 틀을 잡는 데 중심 역할을 했다는 사실과 원주민에 대한 대규모 집단학살을 모두 지워버린다.

네드 블랙호크는 많은 미국인이 이해하기로는 "북아메리카 정착은 피를 흘리지 않은 채로 이루어졌다. … 인디언은 별개의 독립

국가를 구성하지 않았으며, 자신들의 영토를 통치하지도 않았다. 그들은 완전한 인간이 아니거나, 계몽이 필요한 원시적 발전 단계에 머물러 있는 존재로 여겨졌다"라고 썼다.[14]

역사적으로나 오늘날이나 미국 예외주의의 핵심 형태는 인종에 기반한 우월주의적 민족주의이다. 하지만 이 형태 역시 종교와 연결된다. 이에 따르면 미국의 위대함은 백인과 기독교 두 측면 모두에서 비롯된다. 반면 독일 파시즘의 핵심 형태인 아리안 민족주의는 순전히 인종적 민족주의로, 종교적 믿음에 호소하는 데는 기반을 두지 않았다. 독일인의 생물학적 인종, 그리고 그 인종의 속성만이 (소위 말하는) 독일 우월주의의 원천이라는 주장이었다.

따라서 미국과 독일의 인종적 민족주의의 공통점은 인종 우월주의 이데올로기다. 두 곳 모두에서 이 이데올로기는 인종적 '타자'로 간주된 집단에 대한 대규모 폭력을 정당화하는 데 사용되었다. 한나 아렌트가 자신의 저서 《전체주의의 기원》에서 설명했듯이, 20세기에 일어난 많은 집단학살의 동기는 다윈주의의 인종 우월주의 이데올로기였다. 이 이데올로기에서는 "귀족정은 자연스러운 결과, 즉 정치가 아니라 자연 선택, 순수 번식의 결과"였다.[15] 이 이데올로기에 따르면, 인류의 인종은 생물학적으로 구별되며, 오늘날 우리가 보는 극명하게 다른 결과는 그들 사이의 인지적·감정적 차이로 설명된다. 이를 식민주의의 약탈이나 구조적 인종차별주의의 영향으로 보는 견해와는 대조적이다. 이 논리에 따르면, 피해자들이 방치와 차별을 당한 것은 자기 자신이 이에 어떻게 대처했는가에 그 책임이 있다.

이러한 사례에서 생물학적 인종주의 신화가 우월주의적 민족주의의 주요 동기라는 결론을 쉽게 내릴 수 있다. 그러나 이 이데올로기가 다른 요인에 의해 더욱 강화된 역사적·현대적 사례도 많이 있다.

많은 폭력적인 우월주의적 민족주의 운동은 종교에 기반을 두고 있다. 인도의 라쉬트리야 스와얌세박 상Rashtriya Swayamsevak Sangh, RSS은 준군사 조직이다. 어떤 의미에서 이 단체의 정치 세력이라고 할 수 있는 가까운 사촌은 나렌드라 모디Narendra Modi 총리가 이끄는 인도 집권당인 바라티야 자나타당Bharatiya Janata Party, BJP이다. 인도는 세속 국가로 건국되었지만, RSS는 인도를 명백한 힌두 국가로 바꾸고자 하며, 이를 위해 주로 인도에 사는 많은 무슬림뿐만 아니라 기독교인 및 기타 소수 종교인 등 비힌두교도 시민을 박해하고 있다.

2014년 5월 모디 총리가 집권한 이후 힌두 우월주의자들은 공공 영역을 변화시켰으며, 특히 국가의 교육 시스템 내에 자신들의 이데올로기를 확립하는 데 중점을 두었다. 집권 몇 달 후인 2014년 8월, RSS는 교육부가 인도를 바라보는 힌두 민족주의의 관점을 지지하도록 압력을 가하는 것을 목적으로 하는 위원회인 바라티야 식샤 니티 아요그Bharatiya Shiksha Niti Ayog를 만들었다.[16] 한편 국립교육연구훈련위원회National Council of Educational Research and Training, NCERT는 인도 전역의 공립학교에서 사용되는 교과서를 대폭 수정하여 182개 교과서에서 1000군데 이상의 내용을 변경했다. 이는 모두 힌두 민족주의를 지지하는 내용이었다.[17]

마하트마 간디 암살에 관한 역사 교과서의 설명이 대표적인 사례다. 인도에서는 일반적으로 간디를 인도의 건국자이자 국가적 영웅으로 여긴다. 그러나 힌두 우월주의자들은 간디가 무슬림에 대한 공평한 대우와 이웃 무슬림 국가인 파키스탄과의 평화를 촉구한 것을 반역으로 여겼다. 실제로 간디를 암살한 나투람 비나약 고드세Nathuram Vinayak Godse는 힌두 우월주의자로, 간디가 무슬림을 위해서 행동했다는 이유를 내세워 그런 일을 저질렀다. RSS의 압력 캠페인 이전, NCERT가 제작한 한 교과서는 힌두 민족주의 극단주의의 위험성을 강조했다. 고드세를 이 이데올로기의 신봉자로 명시하고 이 이데올로기가 힌두교도와 무슬림 모두의 터전인 인도의 세속적 정체성에 어떻게 위협이 되는지 설명했다. 그러나 BJP가 집권한 후 발간된 같은 교과서 개정판에서는 힌두 민족주의 이데올로기를 정상적인 사고방식으로 만들고, 그 이념이 저지른 가장 악명 높은 범죄에 면죄부를 주기 위해 간디 암살 부분의

서술을 교묘하게 재작성했다.[18]

힌두 우월주의의 원리에 따르면, 힌두교도와 무슬림 간의 평등을 확립하려는 간디의 노력은 본질적으로 반反힌두적이었다. 간디는 인도의 기틀을 세운 사람이라기보다는 반역자였다. 모디 정부 이전의 교과서에서는 '힌두교와 무슬림의 통합'을 추구한 것이 간디가 이런 행위를 하게 된 주된 동기였다고 설명했지만, 개정판에서는 "파키스탄에 대한 재정적 약속을 지키지 않는 인도 정부의 결정"에 대한 불만에서 비롯된 것으로 서술한다. 교과서는 간디의 목표가 파키스탄에 자금을 지원하는 것이었으며, 이는 무슬림에게 동등한 권리를 확대하려는 그의 열강과 분리할 수 없는 불손한 계획이었음을 암시하고 있다.

힌두 우월주의는 인도의 힌두 정체성이 수천 년 전으로 거슬러 올라가며 인도는 그 정체성을 본질로 하는 국가임을 대변한다. 이슬람교와 기독교는 인도의 폭력적인 스민 통치 및 지배와 관련된 외래 종교를 대표한다고 본다. 실제로 인도 민주주의의 근간이 되는 세속주의를 외국 식민주의의 개입으로 표현한다. 이 모든 것은 비힌두교인들에 대한 대규모 폭력을 정당화한다. 힌두 우월주의에서는 비힌두교인들이 인도의 힌두적 정체성을 파괴하기 위해 외래 사상을 인도에 들여온다고 치부된다.

인도에서 힌두 우월주의자들의 폭력은 기독교인과 무슬림 모두를 대상으로 하지만, 그중에서도 무슬림이 주요 표적이 되고 있다. 힌두 우월주의자들의 목표는 오랫동안 무슬림을 반半시민권자의 상태로 몰아넣는 것이었다. 그게 아니면 아예 그들에게서 인도 국적을 빼앗는 데 있었다. 자유주의자와 지식인들까지도 단지 인도의 세속주의를 촉진하려고 했다는 이유만으로 끔찍한 운명을 겪어야 했다.

종교에 뿌리를 둔 또다른 민족주의적 우월주의 움직임은 이스라엘에서 찾아볼 수 있는데, 특히 베냐민 네타냐후Benjamin Netanyahu 총리의 극우 정부하에서 더욱 심해지고 있다. 2018년 7월 이스라엘의 입법부인 크네세트Knesset는 이스라엘을 '유대 민족의 국가'로 공식 선언하고 유대인만이 "국가의 자결권을 행사할 수 있다"라고 명시한 '민족국가법'을 통과시켰다. 이 법은 또한 같은 이스라엘 시민이라고 하더라도 유대인이라면 비유대인보다 더 큰 보호를 받을 수 있었던 오랫동안 지속되어온 몇몇 법적 관행을 성문화했다.[19] 그렇게 함으로써 이 법은 이스라엘이 비민주적 아파르트헤이트Apartheid• 국가임을 명시하고 있다. 이는 이 땅에 이전에 살았

• 남아프리카공화국에서 시행되었던 백인과 흑인의 인종차별 정책이다. 1948년 극우 국민당 정권에 의해 법률로 제정되었다. 정치적 권리는 물론, 거주, 고용, 교육 등 사회 전 분야에 걸쳐 흑인의 권리를 제약했다. 1970년대부터 남아프리카공화국 내에서 인종차별 반대운동이 본격화하고, 유엔 등 국제 사회에서도 아파르트헤이트를 폐지하라는 압력이 강화되었지만, 백인 정권은 이를 계속 유지하는 강경 입장을 지속했다. 그러나 1990년대

던 비유대인 주민들의 역사를 지우는 것을 전제로 한 건국 이데올로기의 당연한 결과다.

최근 우크라이나에서 벌어진 러시아의 집단학살 동기가 된 민족주의는 어쩌면 힌두 민족주의나 유대 민족주의보다 개념적으로 더 혼란스러울 수 있는데, 이는 우크라이나인과 러시아인의 차이조차 인정하지 않기 때문이다. 오늘날 러시아는 세계에서 가장 명백한 파시스트 국가다. 그리고 러시아의 2022년 우크라이나 침공과 그 이후의 작전은 적어도 문화적 집단학살에 해당한다. 우크라이나 아이들을 러시아에 입양하기 위해 그들의 가족에게서 대규모로 떼어내는 것이 이런 사례다. 그러나 러시아가 집단학살 행위를 정당화하기 위해 사용한 민족주의의 형태는 인종이나 종교, 민족성에 뿌리를 두고 있지 않으며, 이러한 이유로 우월주의로 분류될 수 없다. 러시아 민족주의자들이 보기에 우크라이나인은 러시아인과 같은 인종과 민족에 속하며 '가짜' 우크라이나 정체성 뒤에 숨어 있다. 블라디미르 푸틴 러시아 대통령은 2021년 7월 연설에서 러시아인과 우크라이나인은 '하나의 긴족, 단일한 전체'라고 선언하며 이를 명확히 했다.[20]

들어 아파르트헤이트는 급속히 무너졌고, 1994년 민주적 선거로 남아프리카공화국 대통령에 당선된 흑인 넬슨 만델라(Nelson Mandela)는 아파르트헤이트의 완전 폐지를 공식 선언했다.

러시아는 침공 이후 점령한 우크라이나 지역에서 우크라이나어를 철저히 억누르고 독립적인 우크라이나 정체성의 흔적을 완전히 지운 교과서를 학교에 공급했다. 한편 푸틴은 매번 이러한 부정을 강화하고 습관적으로 우크라이나어를 '작은 러시아어' 또는 러시아어 방언이라고 불렀다.[21] 19세기 독일 철학자 요한 고틀립 피히테처럼 푸틴 역시 언어를 국가 정체성을 결정하는 결정적인 요소로 보고 있으며, 따라서 우크라이나어라는 개념을 심각한 위협으로 인식한다. 푸틴은 "우크라이나인은 러시아인과는 별개의 민족"이라는 개념 자체를 비난하는 한 연설에서 "이에 대한 역사적 근거가 없다"라고 선언하고 이러한 관념은 '온갖 종류의 조작'에서 비롯되었다고 비난했다. 그러나 베네딕트 앤더슨이 지적했듯이, 최초의 공식 우크라이나 문법서는 1819년에 등장했다. 이는 최초의 공식 러시아 문법서가 간행된 지 단 17년 만이었다. 우크라이나인의 정체성이 '조작된 것'이라면 러시아인의 정체성도 마찬가지다.[22]

러시아는 2014년의 동부 우크라이나 침공 전후의 시기에도 비슷한 방식으로 우크라이나의 자치권을 박탈하고, 그 대신 우크라이나 침공을 우크라이나에 거주하면서 자신이 러시아인이라고 생각하는 사람들의 일련의 독립운동으로 표현했다. 실제로는 공격적인 러시아의 침공이었던 행위를 정당한 풀뿌리 저항이라고 말하고 있는 것이다. 예를 들어, 최근 러시아 교과서에서는 이 사건을 다음과 같이 서술한다.

러시아의 존재를 언급하지 않은 채 돈바스 전쟁*을 내전으로 묘사하는 것은 논란을 불러일으킬 수 있는 관점이다. 2013~2014년 우크라이나를 강타한 심각한 사회정치적 위기는 사실상 국가 체제의 붕괴를 가져왔다. 그 결과 중앙 정부의 통제를 완전히 벗어나서 분리된 여러 지역의 출현이 이어졌다.

남부 및 동부 지역의 저항은 2월 24일 하르키우, 2월 22~23일 루한스크에서 일어난 마이단** 활동가들의 지역 행정 건물 점거 시도가 더해

---

* 2014년 우크라이나 동부 돈바스 지역에서 일어난 우크라이나 정부군과 반군의 전쟁이다. 도네츠크주와 루한스크주 등 동부 지역에서 친러파들이 반정부 단체를 조직하여 반란을 주도했다. 이들은 우크라이나로부터 이 지역의 분리 독립을 추진했다. 러시아는 친러시아 분리주의자들을 지원하기 위해 직접 군사 개입을 했다. 2014년과 2015년 관련 국가들은 민스크 협정을 통해 도네츠크 인민공화국과 루한스크 인민공화국의 자치를 인정했다. 그러나 이 지역을 계속 우크라이나 영토로 유지하려는 우크라이나와 러시아 연방의 한 지역으로 편입하려는 러시아 사이의 갈등이 계속되었다. 2022년 러시아의 우크라이나 침공으로 시작된 우크라이나 전쟁의 한 원인이 되었다.

** 2013년 11월 21일부터 2014년 2월 22일까지 우크라이나에서 벌어진 혁명으로, 유로마이단(Euromaidan)을 뜻한다. 마이단은 광장을 뜻하는 페르시아어 '메이단'에서 온 용어다. 경제 위기를 극복하는 과정에서 대통령이던 빅토르 야누코비치가 유럽이 아니라 친러시아 정책을 취하자, 이에 반대하는 시민들이 봉기를 일으켰다. 시민들의 봉기에는 야누코비치의 정치적 탄압, 권위주의 정치, 경제적 실정 부정부패 등에 대한 반발도 깔려 있었다. 야누코비치 정권은 시위를 강경하게 진압했고, 그 결과 수백 명의 시민들이 사망하고, 수천 명이 부상을 당하는 유혈사태가 벌어졌다. 그러나 결국 야누코비치는 축출되어

지면서 이른바 저항운동의 조직적 형성에 촉매제 역할을 했다. 이 운동은 초기에는 정기적인 대규모 집회와 시위를 특징으로 했다.[23]

2022년 러시아 교육부에서 11학년용으로 승인을 받은 '러시아의 역사'를 다루는 교과서도 비슷한 서사를 담고 있다.[24] 한 교과서는 이 지역들이 이후 자유의사로 러시아의 일부가 되기로 선택했다고 서술하고 있다.

2013~2014년 가을과 겨울, 우크라이나에서 가장 심각한 국내 정치 위기가 발생했다. 그 가장 중요한 결과는 두 개의 새로운 주인 크림 공화국과 세바스토폴 연방이 모두 러시아의 일부로 편입된 것이다. 이는 크림반도에서 실시된 국민투표에 근거하여 이루어졌다.[25]

이 '역사' 책에는 크림반도나 돈바스에 러시아군이 개입한 사실은 전혀 나오지 않으며, 이들 지역 주민 대부분의 지지를 받아 러시아의 통치로 평화적으로 전환되었다고만 언급되어 있다. 제국의 폭력적 확장을 위한 식민지 군사 침략이 평화적이고 자발적인

러시아로 피신했다. 그 결과 우크라이나에는 친유럽 정권이 들어섰다. 우크라이나에 영향력을 행사하기 어렵게 된 러시아는 우크라이나 동부 지역의 분리주의자들을 지원했다. 이는 2014년의 돈바스 전쟁, 2022년의 우크라이나 전쟁의 중요한 원인이 되었다.

것으로 표현된다.

르완다 집단학살은 아마도 문화적 차이에 대한 아무런 근거 없이 인간이 서로에게 가할 수 있는 잔혹한 행위를 보여주는 가장 명확한 사례일 것이다. 후투족과 투치족은 같은 언어인 키냐르완다 Kinyarwanda뿐 아니라 같은 전통 종교를 공유하는 르완다의 두 집단으로, 세계에서 가장 다양한 대륙인 아프리카에서 놀라운 공통점을 가지고 있다(콩고에만 200개가 넘는 언어가 있다). 그러나 밀접한 혼인 관계를 맺고 있고 통합된 이 두 집단 사이에 존재하는 작은 차이는 벨기에가 르완다를 식민지화하는 과정에서 강조되었다. 식민지 지배자들이 식민지 주민들을 분열시켜 이익을 취하려고 한 것이었다. 인종 민족주의의 극단적 형태를 띤 후투 파워 운동은 후투 정체성의 기초로서 투치족에 대한 증오를 조장했다. 이는 결국 1994년 4월과 7월 사이에 투치족 집단학살을 계획하고 실행에 옮기게 했다. 이때 50만~80만 명의 투치족이 학살당했다.[26]

* * *

지금까지 살펴본 민족주의의 사례는 거의 항상 편견과 폭력을 조장했고, 또 이에 의해 조장되었다. 그러나 민족주의가 필연적으로 증오에 얽매여 있는 것은 아니다. 앞서 논의했듯이 민족주의는 반反식민주의적일 수도 있다. 1902년 간행된 고전적 저서 《제국주의론: 한 연구》에서 영국 경제학자 J. A. 홉슨J. A. Hobson은 반식민주의적 민족주의를 설명하면서, 협력적이고 평화로운 국제주의 정신과 양립할 수 있다는 점을 강조한다. 홉슨은 다음과 같이 쓰고 있다. "민족주의의 승리는 떠오르는 국제주의의 희망을 꺾어버린 것처럼 보인다. 그러나 국제주의와 민족주의 사이에 본질적인 대립 관계는 보이지 않는다. 형식이나 정신에서 진정성을 가지고 있는 강력한 국제주의는 오히려 공통의 국가적 필요와 이익을 토대로 연합을 추구하는 강한 자존감을 가진 민족들이 존재한다는 의미를 함축할 수 있다."[27] 홉슨은 극우 정치가들이 종종 악마화하는 글로벌 코스모폴리탄global cosmopolitan 프로젝트와 완전히 일치하는 이러한 반식민주의적 민족주의를 "탐욕과 자기 과시욕의 아니무스•animus로 불타는" 그런 종류의 민족주의와 대비시킨다.[28]

(인종적이든 아니든 간에) 모든 형태의 미국 예외주의는 '탐욕과 자기 과시욕의 아니무스'로 불타오른다. 미국의 정치 스펙트럼 전반에 걸쳐 정치인들은 미국 예외주의를 명백한 진실인 듯이 제시하

• 여성의 내면에 작동하는 남성적 경향성을 의미한다. 긍정적으로는 신중하고 심사숙고하는 성격이나 성숙한 인식 능력을 부여한다. 부정적으로는 자신이 거룩하다고 믿는 신념을 다른 사람에게 격정적인 태도로 강요하기도 한다. 아니무스는 집단적인 사고방식을 지니고 있다.

고, 대다수의 미국 시민이 이를 널리 받아들이고 있다. 이는 미국의 전쟁뿐만 아니라 세계 자원의 엄청나게 불균형한 사용과 기후변화에 미친 불균형한 영향을 정당화하는 데에도 사용된다.[29] 바이마르 시대와 그 이전의 독일 교육이 과장된 독일 민족주의 정체성 개념을 받아들여 국가사회주의의 길을 닦은 것처럼, 미국 예외주의를 광범하게 신봉하는 것은 미국 자신을 체계적이면서 지식에 기반한 파시즘 운동의 진전에 매우 취약하게 만드는 동시에, 이러한 약점을 미국 시민들에게서 감추고 있다(미국 예외주의는 미국이 파시즘을 비롯한 모든 해로운 영향에 고유한 저항력을 가지고 있다고 주장하기 때문이다).

우월주의적 민족주의에 사로잡힌 다른 국가에서도 마찬가지다. 예를 들어, 현대 러시아 우월주의 운동은 러시아가 소련 제국의 자연스러운 후계자며 따라서 이전에 소련의 일부였던 인근 영토를 정당하게 상속받아야 한다는 믿음을 굳게 고수한다. 러시아는 모든 가능한 방법을 동원해서 이러한 서사를 확산시키고 있다. 여기에는 미디어에 대한 교묘한 조작(때로는 노골적인 통제)과 정부가 승인한 교과서를 통한 확산이 포함된다. 허당 교과서들은 러시아가 저지른 최악의 범죄, 특히 우크라이나를 대상으로 한 범죄들을 지속적으로 지워왔다.

이러한 누락 중 가장 중요한 것은 우크라이나인을 집단학살한 홀로도모르Holodomor에 관한 것이다. 홀로도모르는 스탈린이 치명적인 결과를 초래할 수 있다는 것을 충분히 알면서도 우크라이나 농민들에게서 가혹한 곡물 징수를 요구한 이후 수백만 명이 굶어 죽은 사건이었다.[30] 우크라이나어와 러시아어에서 '홀로도모르'라는 용어는 두 부분으로 구성된다. '기근'과 '죽이다' 또는 "누군가를 고통스럽게 하다"라는 것이다. 그러므로 홀로도모르의 뜻에 가장 가까운 번역은 기본적으로 "누군가가 고의로 다른 사람을 굶주리게 하는 것"이다. 중요한 것은 '홀로도모르'라는 단어와 그것이 대표하는 비극이 두 나라에서 모두 잘 알려졌지만, 러시아 교과서는 '기근'을 뜻하는 일반적 용어를 사용하여 이 사건을 서술하고 있다는 점이다. 이는 홀로도모르가 단순히 잘못된 행정 때문에 일어난 재난이며, 소련 전역에 똑같은 영향을 미쳤다는 의미다.[31] 우크라이나 교과서에서는 홀로도모르를 스탈린이 우크라이나 사람들에게 특별히 가한 기근으로 표현하고 있으며, 이것이 사실에 훨씬 더 가깝다.

* * *

현실 세계의 사례는 드물지만, J. A. 홉슨이 묘사한 반식민주의적 민족주의를 상상하는 것은 어렵지 않다. 이는 국가의 죄를 사면하는 것이 아니라 국가의 최고 이상을 실현하도록 밀고 나가기 위해 고안된 이념이다. 미국에서 반식민주의적 민족주의는 어떤 모습일까? 미국인들이 중요한 공동의 이익(가령 민주주의)에 의해 하나로 묶여 있고, 모두의 생활 수준을 높이는 공동의 과제에 참여하고 있다는 관점일 것이다. 사람들은 미국이 인류 역사상 가장 위대한 국가라는 믿음 없이도 자연의 아름다움, 문화적 산물, 경이로운 도시, 다양한 주민 덕분에 미국인임을 자랑스러워할 수 있다. 이러한 종류의 미국 민족주의는 반식민주의적으로, 그 거대한 다양성을 억제하기보다는 육성하는 뚜렷한 미국식 과제에 전념하는 동시에 구조적 불평등 문제도 해결하고자 한다. 이 프로그램은 본질적으로 과거에 미국이 저지른 죄를 인정하면서도 여전히 미국은 위대한 가능성을 가지고 있다고 인식하는 것이라고 할 수 있다. 반식민주의적 미국 민족주의에 기반한 교육 시스템은 거의 모든 면에서 오늘날 미국 극우 정치인들이 추진하는 노예제의 참혹함, 원주민 집단학살, 그리고 그것이 현재에 미치는 결과를 축소하는 민족주의 교육과정과 상반된다. 이러한 학교 교육은 구조적 인종차별주의의 영향을 은폐하지 않고 오히려 강조하는 역사를 가르칠 것이다. 이는 인종차별을 없애기 위한 필수적인 첫걸음이다.

우리는 전후 서독 교육 시스템에서도 반식민주의적 민족주의의 한 형태를 인식할 수 있다. 그것은 독일의 정체성을 자유민주주의적 삶의 형태와 강하게 연결시켰다. 예를 들어, 학생 자치와 교육과정에 대한 영향력 등의 형태로 학생들에게 높은 수준의 자율성을 부여하여 파시즘적 권위에 종속되는 데 맞서 싸울 것을 장려했다. 또한 관용과 같은 가치를 강조했다. 그리고 그런 가치를 전후 독일 정체성의 중심 부분으로 만들고자 했다. 그리고 아마도 가장 중요한 것은 독일의 최근 과거를 대부분 직접적이고 정직하게 다루고, 독일이 과거에 저지른 죄를 부끄러워하면서 숨기기보다는 이를 속죄하려는 시도와 독일의 사회적 정체성을 연결 짓고자 했다는 점이다.

그럼에도 스스로 우월주의를 배격한다는 의식을 가진 이러한 교육 시스템에도 문제가 있었다. 예를 들어, 학교들은 아우슈비츠가 폴란드에 있었고, 특히 끔찍한 독일인 집단인 SS Schutzstaffel•에 의해 운영되었는데, 이들이 대부분 슬라브계인 경비병들과 카포 kapo••들을 지휘하여 대량 학살을 자행하게 했다고 가르쳤다.

• 나치(국가사회주의 독일 노동자당)의 친위대 역할을 한 군사 조직으로, 히틀러의 개인 경호대로 출발했지만 점차 세력을 확장하여 정보기관 경찰까지 장악했으며, 2차 세계대전 때는 직접 전투에도 참여했다. 홀로코스트를 비롯한 전쟁 범죄에 주도적으로 적극 가담했다.
•• 나치 독일의 강제 수용소에서 SS에 협력해서 행정 업무를 보조하거나 다른 수용자를 감독하던 수용자이다. 이들은 그 대가로 수용소에서 다른 수용자에 비해 상대적으로 나은 생활을 했다. 이 때문에 2차 세계대전이 끝난 다음에 나치와 함께 기소되기도 했다. 이스라엘은 카포로 근무한 유대인을 처벌할 수 있는 법을 제정했다.

1985년과 1986년에 독일에서 학생이었을 때, 이것은 나를 당혹스럽게 했다. 내 어머니 가족 중 일부는 히틀러의 죽음의 수용소를 운영하던 SS 장교가 아니라 평범한 독일 국방군Wehrmacht* 병사들에 의해 구덩이 안에서 총살당했다고 한다. 나의 폴란드인 삼촌은 죽음의 수용소가 아닌 작은 나치 노동 수용소에서 4년을 보냈다. 이 수용소에 갇혀 있는 동안 그는 세 번이나 처형당할 뻔했지만, 매번 우연히 이 운명을 피할 수 있었다.

내가 만난 거의 모든 독일인은 동부 전선에서 싸운 조부모를 두었다. 이들은 흔히 '무고한 독일인'이라고 여겨졌다. 하지만 우리 가족 대부분을 총으로 쏜 군인들은 독일이 저지른 범죄에 무죄였을까? 독일의 노동 수용소를 운영한 사람들은 이러한 범죄에 죄가 없는 것일까? '총알에 의한 홀로코스트Holocaust by Bullet'**라는 개념

• 나치 독일의 군대, 즉 육·해·공군을 총칭한다. 베르마흐트(Wehrmacht)는 원래 한 나라의 군대를 가리키는 일반 명사였지만, 히틀러 통치하의 독일이 재무장한 이후에는 나치 독일의 군대를 가리키는 용어가 되었다. 무장친위대(SS)는 독일국방군 산하 조직이 아니라 최고 사령관의 직접 지휘를 받는다.

•• 1941년 여름과 가을 우크라이나와 벨라루스 등 독일이 점령한 동부 유럽 지역의 유대인을 집단학살한 사건이다. 강제수용소의 가스실에서 유대인을 집단학살한 사건을 홀로코스트라고 부르는 것과 비교해서, 그 이전 총을 쏘아 집단학살을 했다는 뜻으로 '총알에 의한 홀로코스트'라고 한다. 프랑스 사제 패트릭 데부아(Patrick Desbois)가 2008년 간행한 같은 제목의 책에서 하나의 개념으로 정립되었다. 이 책은 데부아 신부가 직접 조사해서 집단학살의 진상을 밝히는 과정을 회고록 형식으로 서술하고 있다. 2000년대 들어한국의 고등학교 세계사 교과서는 2차 세계대전 서술에서 홀로코스트를 언급하고 있다.

이 정립된 21세기에 이르러서야 역사가들은 2차 세계대전 중 추가로 100만 명이 넘는 유대인들이 유럽의 강제 수용소 밖에서 나의 조부모 형제들과 그 자녀들이 당한 것과 같은 식으로 일반 독일 병사에 의해 학살당했다는 사실을 알게 되었다. 하지만 내가 다녔던 독일 학교에서는 그런 문제를 다루지 않았다. 그렇게 함으로써 독일의 범죄 규모를 거짓으로 축소하고, '평범한 독일인'의 죄책감을 면제해주었다.[32]

반식민지 투쟁이나 흑인 해방과 같은 자유 투쟁과 관련된 민족주의의 형태는 억압받는 사람들의 민족주의다. 그렇기에 겉으로는 명백히 우월주의적으로 보이지는 않는다. 그러나 과거 또는 현재 억압받는 사람들의 민족주의가 우월주의적 민족주의의 최악의 충동에서 자유로울 것이라고 생각하는 것은 잘못일 것이다. 이스라엘의 경우, 다른 모든 나라에서 소수 민족이었던 집단이 정치적 다수가 되었다. 이는 결국 팔레스타인 사람들을 대상으로 하는 우월주의적 식민주의적 민족주의가 널리 퍼지는 결과를 낳았다. 인도의 경우, 다수파인 힌두교도가 외세의 식민 지배에서 해방되었지만, 새로 찾은 자신들의 자치권을 인도의 소수파인 무슬림을 지

그렇지만 '총알에 의한 홀로코스트'는 아직 나오지 않는다. 또한 유대인 학살을 뜻하는 홀로코스트만을 서술할 뿐, 20세기에 일어난 그밖의 제노사이드 사건을 다루는 경우는 거의 없다.

배하는 데 사용했다.

역사는 폭력적인 식민지 지배자에 맞서 승리를 거둔 세력 내에서 새로운 권력 집단이 식민지 지배자의 행동을 답습할 수 있음을 보여준다. 이상적으로는 권력이 바뀌면 태도와 목표도 바뀌어야 한다. 반식민주의 철학자 프란츠 파농Frantz Fanon은 이렇게 보았다.

해방 전쟁 동안 독립이 달성되면, 대중 동원은 공동의 대의, 민족적 운명, 집단적 역사의 관념을 모든 사람의 의식 속에 주입한다. 결과적으로 … 국가 건설은 피와 분노로 반죽된 이 모르타르의 존재에 의해 촉진된다. … 민중은 식민지 시대에는 억압에 맞서 싸워야 했다. 해방 이후에는 빈곤, 문맹, 저개발에 맞서 싸워야 했다.[33]

민족적 또는 종교적 민족주의에서 비롯된 국가 건설 프로젝트의 문제점은 이러한 전환에 실패하는 경우가 많다는 것이다. 한때 외부의 식민지 압제자에게 향했던 관심이 빈곤이나 불평등에 대한 생산적인 투쟁이 아니라 정치적 반대자들과 여러 명목으로 선택된 희생양들에 대한 투쟁으로 옮겨가게 된다. 19세기 사회학자 에밀 뒤르켐Émile Durkheim도 내향적 민족주의와 외향적 민족주의를 명확히 구분할 수 있음을 알았는데, 그중 하나는 그가 지지하는 민족주의고 다른 하나는 그가 경고하는 민족주의다.

결국 모든 것은 애국심을 어떻게 생각하느냐에 따라 달라진다. 애국심은 두 가지 다른 형태를 취할 수 있다. 말하자면, 원심적인 측면에서 보면 애국심은 국경 밖의 국가 활동에 초점을 맞춘다. 그리고 국가들이 서로를 침범하도록 부추기며, 서로 양립할 수 없다고 강조한다. 그렇게 해서 그 국가들은 갈등 상황에 놓이게 된다. 그리고 동시에 국민 정서는 인류에 대한 책임과도 갈등 상황에 빠지게 된다. 또는 이와 반대로 애국심이라는 감정이 전적으로 내부 지향적이어서 사회의 내적 발전이라는 과제에 집중할 수도 있다. 이 경우, 비슷한 도덕적 발전을 이룬 모든 국가가 같은 목표를 향해 협력하도록 유도한다. 첫 번째 형태인 외향적 애국심은 공격적이고 군사적인 방법이고, 두 번째 형태인 내향적 애국심은 과학적·예술적 방법으로, 한마디로 말해서 기본적으로 평화적 방법이다.[34]

이 말은 유럽 파시즘이 출현하기 훨씬 전에 했던 강연에서 나왔다. 하지만 뒤르켐의 의견은 특정 형태의 유럽 민족주의에 내재된 위험성에 대해 선견지명을 가진 말이었다.

반식민주의적 민족주의를 포함한 모든 민족주의는 어떤 형태의 신화, 즉 베네딕트 앤더슨의 유명한 말을 빌리자면 '상상된 공동체imagined community'에 기반을 두고 있다. 그러나 우월주의적 민족주의의 신화는 특정 구조를 지니고 있다. 그 구조는 자국이 이웃 국가보다 위대하며, 자국이 저지른 국가적 죄조차도 궁극적으로 승리로 표현하는 것이다. 그렇게 함으로써 우월주의적 민족주의는 파시즘의 토대를 마련한다.

4장

우월주의에서 파시즘으로

오늘날 우리가 이 땅에서 존경하는 모든 것, 즉 과학과 예술, 기술과 발명은 일부 민족의 창조적 산물일 뿐입니다. 어쩌면 원쾌는 한 인종의 창조적 산물일 수도 있습니다. 이 전체 문화의 존재 여부는 그들에게 달려 있습니다. 그들이 소멸하면, 이 땅의 아름다움도 그들과 함께 무덤 속으로 가라앉을 것입니다.

— 아돌프 히틀러[1]

여성 교육의 목적은 항상 미래의 어머니를 기르는 것이어야 합니다.

— 아돌프 히틀러[2]

1933년 5월 10일, 나의 아버지가 한 살이었을 때 나치는 우리 가족의 아파트에서 멀지 않은 오페른플라츠에서 대규모 책 불태우기 행사를 진행했다. 이 사건은 독일 역사상 가장 중요한 사건 중 하나로 오랫동안 여겨져 왔다. 나치가 불태운 물품 중 중요한 것으로는 성과학연구소Institut für Sexualwissenschaft의 방대한 아카이브 자료도 포함되어 있었는데, 이는 당시 세계에서 가장 광범위한 퀴어 이론 연구 자료집이었다. 독일계 미국인 역사학자 조지 L. 모세George L. Mosse에 따르면, 이 연구소의 유대인 소장인 매그너스 허쉬펠트Magnus Hirschfeld는 책 소각 이후 "끊임없이 공격의 대상이 되었다". "그 자신의 이름과 그가 1919년에 설립한 성과학연구소Institute for Sexual Science의 이름은 … 성적 일탈의 은유, 바이마르 베를린Weimar Berlin〔바이마르 공화국 시기 베를린이 경험한 사회적·문화적 변화를 상징하는 표현〕이 부르주아적 체통에 가한 위협의 상징으로 사용되었다."[3]

나치는 퀴어 관점을 연구하는 유대인 지식인을 표적으로 삼았을 뿐만 아니라 퀴어의 삶이 정상적이거나 정상적일 수 있다는 어떤 의견도 없애고자 했다. 그러기 위해서는 허쉬펠트 같은 인물을 탄압하는 것을 넘어서 독일의 교육 시스템을 완전히 바꿔야 했다.

나치가 이 목표를 위해 힘을 기울인 한 가지 방법은 대중들에게 지나치게 관대한 교육 관행과 '성적 일탈'로 간주되는 것 사이에는 연관성이 있다고 여기게 하는 것이었다. 바이마르 시대에 소수의 독일 교육자는 진보적이고 실험적인 개혁에 착수했다. 교실에서 학생들에게 더 많은 자율성을 부여하고, 체벌을 없애고, "개인의 발달, 사회적 상호작용, 실제 현실을 위한 학생 교육"에 초점을 맞추어 학교를 바꾸었다. 다른 말로 하면, 학생들이 시민적·민주적 삶에 참여하도록 교육하고자 한 것이었다.[4] 이러한 개혁은 1차 세계대전 이전의 독일의 보수적인 민족주의 교육 모델에 대한 반작용이었다. 기존 교육은 주로 황제 빌헬름 2세 치하 독일의 군사 정복을 뒷받침하기 위해 고안되었는데, 바이마르 시대에도 여전히 지배적이었다.

하지만 나치는 이런 점진적 개혁조차도 모욕으로 간주하고, 독일의 교육 시스템에 선전 활동을 집중하여 교육을 훨씬 더 군국주의적이면서 민족주의적 목표를 뒷받침하도록 만들기 위해 애썼다. 나치의 악마화 캠페인은 진보적 교육개혁을 성적 일탈뿐만 아니라 마르크스주의와도 연결 지었다. 이는 전통적인 사회적 보수층과 부유한 기업 엘리트들을 민주주의와 그 제도에 맞서는 일에 연합세력으로 끌어들이려는 의도였다.

교육 문제는 나치 정치에서 일시적이거나 중요하지 않은 영역이 아니었다. 겉으로 언급된 나치 교육 정책의 목표는 외설과 '마르크스주의'로부터 국가의 어린이들을 보호하는 것이었다. 그러나 나치의 상상 속에서 이 과제는 1919년의 베르사유 조약 이후 많은 국민에게 남아 있던 민족적 희생이라는 더 광범한 서사와 불가분의 관계에 놓여 있었다. 1차 세계대전의 종전 회담인 베르사

유 조약으로 독일은 영토의 약 10퍼센트를 몰수당하고 배상금을 지불해야 했다.[5]

나치 교육 시스템의 목표는 독일의 젊은이들을 열정적인 이데 올로기 신봉자로 만드는 것으로, 군국주의와 독일 우월주의에 중점을 두었던 1차 세계대전 이전 독일 교육 모델을 자연스럽게 확장한 것이었다. 이미 반민주적 요소가 강한 교육 시스템에 나치의 교육 관행과 사상이 더해지면서 조국을 위해 기꺼이 목숨을 바치는 독일군이 탄생했다.

이 나치 독일의 사례와 전 세계의 다른 파시즘 운동 사례를 연구하면서 알 수 있는 것은 파시즘 교육에는 다섯 가지 주요 주제가 있다는 것이다.

1. 민족의 위대함
2. 민족적 순수성
3. 민족의 결백함
4. 엄격한 성 역할
5. 좌파 비방

이러한 주제는 본질적으로 파시즘 운동이 목표를 달성하기 위해 자신들이 대변하는 지배 집단의 불만을 부추기는 서로 다른 방식들이다. 이 과정에서 파시스트들은 자신들의 서사와 모순되는 모든 것을 제거하기 위해 신경을 쓴다. 예를 들어, 여기에는 국가 신화의 결함을 드러내는 학술 연구, 국가적 죄책감을 분명하게 드러내는 교육, 다양성과 다원성이 사회에 유익할 수 있다는 주장, 더 공평한 젠더 관계가 유익할 수 있다는 주장, 정치적 좌파가 생각보다 훨씬 덜 위협적이라는 주장 등이 포함된다. 다음에서는 이러한 주제의 뒤에 숨겨진 역사와 개념적 배경, 그 주제들이 파시즘 이데올로기를 형성하기 위해 어떻게 결합되는지, 파시즘적 삶의 사회적 양식을 뒷받침하고 유지하기 위해 어떻게 기능하는지 살펴볼 것이다.

파시즘의 사회·정치운동은 불만 의식을 이용한다. 식민주의에 대한 논의에서 보았듯이 나치 교육 시스템은 베르사유 조약에서 독일이 영토를 손실했음을 강조하면서, 이러한 손실을 유대인 탓으로 돌렸다(즉 독일은 죄가 없다는 것이었다). 나치 선전에 따르면, 유대인들은 독일이 1차 세계대전에서 패배하게 만든 신화적인 '뒤통수 치기'의 근원이었다. 사회민주주의 정치인들이 평화 협상에 참여하여 독일 군대를 배신했다는 주장이었다. 그러므로 독일은 전쟁의 결과에 대해 전혀 책임이 없었고, 오히려 유대인의 배신에 희생되었다는 것이다. 따라서 독일이 겪어온 모든 처벌, 특히 유럽 내 영토와 아프리카 식민지 상실을 모두 유대인의 책임으로 돌릴 수 있었다. 이러한 배신에 대해 아리안 독일인이 복수를 해야 한다는 생각은 나치 선전의 핵심적인 특징이었다.

나치가 정권을 잡았을 때 물려받은 기존의 독일 교육 시스템에는 이미 파시즘 교육의 요소가 많이 포함되어 있었다. 나치 교육은 그 위에 파시즘 교육 요소를 더 열심히 쌓아 올린 것이었다. 나치 교육 시스템은 특히 민족의 위대함에 초점을 맞추었다. 이는《나의 투쟁》에서 히틀러가 한 다음과 같은 말을 극단적으로 받아들인 것이었다.

> 학교 교육과 가정교육을 통해 자기 조국의 문화적·경제적, 그리고 무엇보다도 정치적 위대함을 아는 사람만이 그러한 국민의 일원이라는 특권에 대한 내적 자부심을 가질 수 있고, 또 가지게 될 것입니다.[6]

이러한 교육 시스템과 이를 포괄하는 선전기구, 특히 히틀러 청년단은 독일이 세계시민주의cosmopolitanism에 등을 돌리게 된 원인이었다. 역사학자 길머 W. 블랙번Gilmer W. Blackburn은 "나치가 정권의 단기적 목표를 위해 국민 정서를 극도로 선동하는 데 성공한 것은 반박할 수 없는 사실로 보인다. 독일 젊은이들은 대부분 단순화된 영웅적 전설과 흑백 논리의 이분법적 비교를 받아들였고, 독일 교사들은 나치의 글라이히샬퉁Gleichschaltung,• 즉 조정에 순순히

굴복했다"라고 말한다.[7]

히틀러는《나의 투쟁》의 교육에 대한 논의에서 지배 민족 집단의 남성들을 선별하여 그들의 위대함을 강조하는 것이 중요하다고 힘주어 말한다.

우리의 교육 시스템에는 우리 민족의 역사 발전에서 몇 명의 이름을 골라내어 독일 민족 전체의 공통 재산으로 만들어서, 지식과 열정을 통해서 전체 민족을 통일적이고 단결된 유대감으로 묶어내는 기술이 부족했습니다. 독일인들은 진정으로 중요한 우리 민족의 인물을 오늘날의 시각에서 탁월한 영웅으로 보이게 하고, 대중의 관심을 그들에게 집중시켜 통일된 분위기를 조성하는 방법을 이해하지 못했습니다.[8]

물론 이것은 국정 교과서에서 흔히 볼 수 있는 양태다. 1889년 간행된 에드워드 에글스턴Edward Eggleston의《미국 역사상 첫 번째 책: 위대한 미국인의 삶과 업적에 대한 특별한 언급》은 어린 독자들을 위한 '위대한 사람들' 서사의 몇 가지 사례를 제공한다. 에글

• 획일화나 동질화, 또는 조정을 뜻하는 독일어로, 히틀러 집권 이후 독일에서 시행한 전체주의적 사회 통제 메커니즘을 통칭한다. 보통 번역어 대신 독일어 발음을 그대로 표기해서 사용한다. 유대인과 반체제 인사 제거, 주 정부 및 의회 기능의 중단, 언론과 출판 통제, 노동조합의 해체 등과 같은 정책을 시행했다.

스턴은 서론에서 이렇게 쓰고 있다. "역사 공부의 기초인 전기를 통해 어린 학생들을 가르칠 때, 우리는 때때로 잊히는 건전한 원칙을 따르고 있다. 그것은 초등교육은 저항을 가장 적게 받는 방향을 추구해야 한다는 것이다. 더욱이 미국의 젊은 세대에게 조국 위인들의 경력을 아는 것보다 중요한 것은 없다."[9] 그러나 히틀러가 의도한 대로, 이는 민족 예외주의 교육의 토대가 된다. 미국에서는 이런 상황을 자주 찾아볼 수 있다. 미국 교육의 예외주의 서사는 트럼프 운동에 의해 이러한 교육의 목표로 더 선명해졌다. 2020년 가을 대선 운동 기간 중이던 9월, 당시 대통령이던 도널드 트럼프는 백악관 미국사 콘퍼런스에서 자신의 교육 비전과 나아가 자신이 벌이는 운동의 교육적 목표를 소개하는 연설을 해서 주목받았다. 그 연설은 다음과 같은 말로 시작한다.

우리의 임무는 미국 건국의 유산, 미국 영웅들의 미덕, 미국인의 고귀한 품성을 수호하는 것입니다. 우리는 학교와 교실에서 뒤틀린 거짓의 그물망을 걷어내고 우리 아이들에게 조국에 대한 장엄한 진실을 가르쳐야 합니다. 우리는 우리의 아들과 딸들이 세계 역사상 가장 뛰어난 국가의 시민이라는 사실을 알기 바랍니다.[10]

이어서 그는 '1776년 위원회the 1776 commission'라는 이름의 애국

교육의 증진을 위한 국가위원회를 고시하고, 학교에서 애국 교육
을 부활할 것을 촉구했다.

민족적 순수성은 국가의 위대함과 병행한다. 이는 국가 정체성
이 이를 전형적으로 보여주는 하나의 통합된 집단의 정체성에 의
해 정의된다는 의미다. 가장 명확한 예는 인종 파시즘으로, 특정
집단을 다른 인종보다 뛰어난 인지적·신체적 능력을 가진 생물학
적 인종으로 간주하는 것이다. 종교적 형태의 순수성도 비슷한 역
할을 할 수 있다. 힌두 파시즘 이데올로기에서 과거 인도는 순수한
힌두교 국가였다. 미국 백인 기독교 긴족주의 이데올로기에서 미
국은 백인 기독교 국가다.

국가의 위대함을 강조하고, 은밀하게든 노골적이든 간에 어떤
형태로 민족적 순수성을 강조하는 교육 시스템을 통해, 파시즘의
가장 강력한 정치적 수사를 위한 기초를 쉽게 마련할 수 있다. 인
종대교체론Great Replacement Theory*은 내부의 적이 나라를 내부로부

---

* 국가의 지배 집단을 바꾸려는 엘리트들이 새로운 민족집단을 끌어들여 기존에 그 국
가를 대표하는 민족을 대체한다는 주장이다. 백인 국가를 다른 인종 사람들로 대체하려
고 한다는 일종의 음모론이다. 이 용어 자체는 프랑스 작가 르노 카뮈(Renaud Camus)의
《대교체(Le Grand Remplacement)》이후 널리 사용되었다. 그는 자유주의에 빠진 엘리트
들이 백인 국가인 프랑스를 다른 인종, 특히 무슬림으로 대체하려는 음모를 꾸미고 있다
고 주장한다. 무슬림의 대규모 유입은 프랑스 문화와 전통의 파괴를 가져온다고 비판한
다. 이후 인종대교체론은 미국에 확산했다. 이런 주장은 인구통계에 기반한 근거 없는 추
론과 비과학적이고 인종차별적인 세계관을 전제로 한다.

터 파괴하려 하고 사람들을 끌어들여 국가를 대표하는 민족집단을 '교체'함으로써 국가를 파괴하려는 형태의 음모를 가리키는 용어다. 국가의 위대함과 민족적 순수성 신화와 함께 자라난 사람들은 특히 인종대교체론에 취약하다. 국가는 위대하고, 그 위대함은 대표적인 민족집단의 위대함에서 비롯된다고 믿기 때문이다.

1916년 미국의 우생학자인 매디슨 그랜트Madison Grant는《위대한 인종의 소멸The Passing of the Great Race》이라는 제목의 책을 간행했다. 이 책에서는 흑인과 폴란드계 유대인을 비롯한 이민자들이 미국 내 백인들을 대체하게 될 것이라고 비난했다. 그랜트에 따르면 이러한 집단은 그랜트가 미국 원주민으로 여기는 백인 인종에게 실존적 위협을 가한다. 그랜트는 미국에 흑인이 존재하는 것 자체에 반대하지는 않았지만, 흑인은 계속해서 종속적인 존재여야 한다고 주장했다. 그의 책은 과학적 인종주의를 실천한 것으로, 백인(북유럽 기독교인이라는 구체적이고 제한적인 의미의 백인)이 다른 모든 인종보다 지적·문화적·도덕적으로 우월하며, 따라서 사회에서 지배적인 위치를 차지해야 한다고 주장했다.

그랜트는 당시의 강력한 정치적 흐름을 활용했다. 그후 몇 년 동안 국제주의와 이민에 반대하는 '미국 우선주의 운동America First movement'이 등장하게 된다. 역사학자 사라 처치웰Sarah Churchwell은 2018년 간행한 자신의 저서《보라, 미국이여: '미국 우선주의'와

'아메리칸드림'에 얽힌 역사》에서 당시 곧 부통령이 될 캘빈 쿨리지Calvin Coolidge가 1921년 2월 《굿 하우스키핑Good Housekeeping》에 게재한 〈이 나라는 누구의 나라인가?Whose Country is This?〉[11]라는 제목의 에세이를 자세히 언급한다. 이 글에서 쿨리지는 미국이 '쓰레기장'이 되었으며 이민을 '올바른 종류'로 제한해야 한다고 주장했다. 여기에서 말하는 '올바른 종류'의 이민은 명백히 북유럽 백인의 이민과 같은 것을 의미한다.

20세기 초 시작된 2차 KKK가 '미국 우선주의'를 공식 신조의 일부로 채택한 것은 1921년이었다. 백인우월주의와 전통적인 성 역할에 광적으로 집착했던 2차 클랜(KKK와 그 지부)은 '유대인 마르크스주의자'들과, 이들이 노동조합을 이용하여 인종 평등을 확산시키려는 음모를 꾸미고 있다는 편집증을 퍼뜨리는 데 힘을 기울였다. 한편, 미국의 산업가 헨리 포드Henry Ford는 유대인들이 미국이라는 국가를 파괴하려는 세계적인 음모의 일환으로 미국 언론과 문화 기관을 통제하고 있다고 주장하는 기사 모음집인 《인터내셔널 유대인The International Jew》의 출판과 배포에 자금을 지원했다.

인종대교체론은 독일에서 나치 선전의 중심 역할을 했으며, 원래도 아마 중심적인 역할을 했을 것이다. 《나의 투쟁》에서 히틀러는 이민과 그것이 독일 민족의 순수성에 위협을 가한다는 주장에 집착하면서, 빈에 대해 다음과 같이 썼다. "나는 수도인 빈에서 본

인종의 복합체에 혐오감을 느꼈다. 체코인, 폴란드인, 헝가리인, 루테니아인, 세르비아인, 크로아티아인이 이처럼 전체적으로 뒤섞여 있는 것에 혐오감을 느꼈고, 그리고 모든 곳에 있는 인류의 영원한 버섯인 유대인, 그 유대인들이 더 많이 있는 것에 혐오감을 느꼈다."[12] 나치 선전에 따르면, 1차 세계대전에서 유대인이 독일을 배신한 것은 아리아 인종을 파괴하려는 더 큰 계획의 시작에 불과했다. 히틀러가 말했듯이, 유대인은 오스트리아와 독일에 동화되어 사회를 장악하고 자유주의와 인간 평등의 이데올로기를 확산시켜 아리아족을 멸망시키려는 하나의 외래 인종 집단이었다. 히틀러에 따르면, "역사적 경험은 … 아리아인의 피와 열등한 인종의 피가 섞일 때마다 그 결과는 문화 민족의 종말이었다는 것을 무서울 만큼 분명하게 보여준다".[13]

그는 유대인의 아리아인 파괴가 예를 들어, 언론을 장악하고, 인간 평등의 교리를 퍼뜨리고, 이를 이용해 다른 인종과의 결혼을 정당화하고, 많은 비백인 사람들을 유입하는 정책을 장려함으로써 달성할 수 있다고 주장했다.[14] 《나의 투쟁》에서 히틀러는 이렇게 썼다.

검은 머리의 유대인 청년은 기쁨에 찬 사탄의 얼굴을 하고 자기 피로 더럽힐 순진한 소녀를 숨어 기다립니다. 그리고 민족으로부터 그녀를 빼앗아 갑니다. 그는 모든 수단을 동원해 자신이 정복하려는 사람들의 인종적 기반을 파괴하려고 합니다. 그 자신이 체계적으로 여성과 소녀들을 파멸시키는 것과 똑같이 그는 다른 사람들에게서도 혈통의 방어벽을 허무는 것을 주저하지 않습니다. 심지어 대규모로 그렇게 하기도 합니다. 흑인들을 라인란트로 데려온 것은 유대인이었습니다. 유대인들은 언제나 똑같은 비밀스러운 생각과 명확한 목적을 가지고 있었습니다. 필연적으로 발생할 혼혈화를 통해 자신들이 증오하는 백인종을 파멸시켜 그들을 문화적·정치적으로 높은 위치에서 끌어내리고, 자신이 그 지배자가 되려는 것이었습니다.[15]

인종 교체에 대한 비슷한 선입견은 이탈리아 파시즘에서도 볼 수 있다. 이탈리아에서는 독재자 베니토 무솔리니가 '백인종'이 쇠퇴하고 다른 인종으로 교체될 것이라는 인종적 편집증을 퍼뜨렸다. 1934년 무솔리니는 '황인종과 흑인종 수의 증가와 팽창'을 고려할 때 백인종을 지키는 것은 '생사의 문제'라고 썼다.

인종대교체론이 대량 학살의 동기가 된다는 사실이 여러 차례 입증되었다. 이는 인종청소와 집단학살, 그리고 국가와 특별한 관계 없는 사람들에 의해 저질러진 일련의 대량 학살과 같이 주로 2010년대와 2020년대에 일어난 오늘날의 사건에 모두 해당한다. 이 사건들은 어떤 경우에는 파시스트를 자처하는 살인자들에 의해 자행되었다. 백인 대체 이론으로 알려진 인종대교체론의 이와 같은 특정 변형판에 따르면, 백인의 힘을 약화하려는 글로벌 엘리트들이 '높은 출산율'을 가진 것으로 추정되는 소수 인종의 대량 이주를 가능하게 했다.

2011년 이래 일어난 학살 사건에서 160명 이상의 사람을 살해한 명백한 동기가 이러한 형태의 인종대교체론이었다. 2011년 노르웨이에서 앤더스 브레이빅Anders Breivik이 77명을 살해한 사건, 2015년 사우스캐롤라이나주 찰스턴에서 발생한 딜런 루프Dylan Roof의 흑인 교인 대량 학살 사건, 2018년 트리 오브 라이프 유대교 회당 살인 사건, 2019년 텍사스주 엘패소의 한 상점에서 이민자가 대부분인 23명이 살해된 사건, 2022년 뉴욕주 버팔로의 한 슈퍼마켓에서 백인 대체 이론에 사로잡힌 젊은 백인이 10명의 흑인을 대량 살해한 사건 등이 여기에 해당한다.

나치 이데올로기에 따르면 독일의 아리아인 인구를 비非아리아인으로 대체하려는 음모의 배후에는 유대인이 있었다(2022년 버팔로 슈퍼마켓 살인범과 트리 오브 라이프 유대교 회당 살인범 모두 유대인이 백인을 다른 인종으로 대체하려는 음모의 배후에 있다고 믿었다). 유럽 파시즘과 더 최근의 대량 학살에서 보듯이, 우리는 이민자로 민족을 대체하는 데 책임이 있는 내부의 적으로 어떤 집단의 사람들을 지목하는 것이 (인종 대체 작업을 한다고 간주되는 '대체자'들뿐 아니라) 이민자들까지도 위험하게 만든다는 많은 증거를 가지고 있다. 미국에서는 도널드 트럼프가 인종대교체론을 자신의 대선 캠페인과 행정의 주제로 삼았다. 트럼프는 이 음모의 책임이 유대인만이 아니라 넓게는 정치적 반대자와 민주당 전반에 있다고 비난했다. 이 이데올로기에 따르면, 그의 정치적 반대자인 민주당원은 비백인 이민자들에게 국경을 개방하여 백인을 수적·문화적·정치적으로 대체하고 그 결과를 이용해 자신들이 영구적인 권력을 차지하려는 숨어 있는 마르크스주의자들이다. 이는 바로 히틀러가 유대인에 대해 주장한 것과 똑같은 논리였다.

* * *

파시즘 교육은 국가가 저지른 과거의 죄를 사면하거나 단순히 지우는 역할을 하는 경우가 흔한 반면, 오늘날 미국에서 전개되는 지배적인 서사는 약간 다른 형태를 취한다. 이 설명에 따르면 미국은 중대한 국가적 죄를 저질렀다. 특히 동산 노예제를 계속 유지했다. 그러나 이러한 죄를 극복하기 위한 씨앗은 영웅적인 백인 남성, 즉 건국의 아버지가 쓴 건국 문서에 있다. 비전을 가진 이들의 계획은 미국이 저지른 죄를 씻어주었을 뿐 아니라 세계사적으로 유례없는 위대한 국가의 길을 제시했다. 이 신화에 따르면 노예제는 완전한 백인 연합군이라고 일반적으로 묘사되는 사람들의 영웅적 노력과 함께 백인인 에이브러햄 링컨에 의해 철폐되었다. 결국 인종차별의 마지막 흔적은 마틴 루터 킹 주니어라는 한 흑인의 행동으로 마침내 사라졌다. 그런데 이 서사에서는 그의 급진적인 사상이 1963년 "나에게는 꿈이 있습니다" 연설의 한 줄로 축소되어 인종을 가리지 말라고 주장하는 것으로 잘못 해석되고 있다.

물론 미국에서 인종차별이 종식되었다는 생각은 명백히 잘못이다. 그러나 미국 건국 문서가 면죄부의 근거를 제공한다는 생각도 마찬가지로 잘못이다. 역사학자 그렉 그랜딘Greg Grandin이 2020년에 쓴 글에서 설명했듯이, 미국이 영국으로부터 독립을 추진한 것조차도 원주민 추방 및 집단학살과 관련이 있었다.

미국 혁명가들은 노예제 및 자유의 이념에 기초한 공화국에서 자유가 없는 노동이 어떤 위치에 있었는지를 둘러싸고 논쟁을 벌였을 것이다. 하지만 거의 모든 사람이 동의한 한 가지가 있었다. 그것은 서부로 이주할 권리였다. 영국계 미국인들은 런던과의 관계를 단절하기 전, '선언선Proclamation Line'*이라고 불리는 경계선을 두고 갈등을 빚었다. 앨

---

* 1763년 영국 왕실이 북아메리카 동부의 영국계 이주민과 서부의 인디언 원주민의 영역을 나눈 경계선이다. 국왕 조지 3세의 이름으로 발표되었다. 이 선을 경계로 해서 애팔래치아산맥 동부의 유럽 이주민과 서부의 원주민을 분리했다. 영국은 프랑스와의 7년전

러게니산맥의 능선을 따라 그어진 이 경계선은 프랑스와의 7년전쟁에서 승리한 후 영국 왕실이 백인 정착민을 대서양 연안에 묶어두기 위한 노력의 하나로 설정되었다. 영국계 주민들은 이미 이 산맥의 통로를 넘어서 이동하고 있었기 때문에 이 정책은 식민 통치에 분노를 불러일으키는 주요 원인이 되었다.[16]

그랜딘이 분명히 했듯이 미국의 건국자들은 복합적인 속성의 사람들로, 명백한 결점도 가지고 있었다. 그러나 미국 교과서는 이러한 복합성을 충실히 묘사하는 대신에 종종 더 단순한 서사를 채택하여 웅장하고 칭찬 일색의 용어로 표현해왔다. 역사 교과서 《아메리칸 패전트》 1983년 판의 조지 워싱턴에 관한 서술이 대표적인 예다. 이 책은 "워싱턴은 키가 크고 튼튼하며, 위엄 있는 푸

쟁에서 승리하여 1763년 파리 조약에 따라 북아메리카의 프랑스 식민지를 획득했다. 그러나 이 지역에 살면서 프랑스와 교류를 하고 있던 인디언은 이에 반발했다. 이에 영국 왕실은 인디언과의 관계를 안정시키기 위해 영국계 이주민의 서부 진출을 금지하고, 원주민과의 거래를 독점하고자 한 것이었다. 이 선언은 원주민이 영국의 지배를 인정하면, 그들을 대상으로 적대적 행위를 하지 않겠다는 뜻이기도 했다. 그러나 이 선언은 이미 애팔래치아산맥 너머까지 진출하고 있었으며 토지를 소유하고 있던 이주민들의 거센 반발을 불러일으켰다. 또한 원주민 입장에서도 자신의 토지를 마음대로 거래할 수 없게 된 것이었다. 이 선언은 백인과 원주민 사이에 영구적인 경계를 나눈 것이 아니라, 원주민의 반발을 약화시키면서 단계적으로 서부로 진출하기 위한 정책이기도 했다. 이후 시간이 지나면서 경계선은 점차 서부로 옮겨졌으며, 영국 이주민들의 서부 진출도 확대되었다.

른 눈의 버지니아 농부였으며 … 뛰어난 지도력의 힘과 인격 면에서 엄청난 장점을 타고났다"라고 묘사한다. 책에 따르면, 제퍼슨은 "농삿일을 본질적으로 고귀한 것으로 여겼다. 이는 사람들을 사악한 도시에서 떨어뜨려 햇살을 받으며 흙과 그리고 신 가까이에서 지내게 해준다". 이 책에서는 또한 농업에 의해 '고귀해져야 한다'라고 여겼던 사람들, 즉 많은 미국의 건국자들이 소유하면서 이윤을 착취했던 흑인 노예들에 대해서는 아무 말도 하지 않는다.

트럼프 행정부의 '1776년 위원회' 보고서는 2021년 1월에 나왔다. 위원회의 보고서에 따르면 그 목적은 다음과 같다.

> … 미국을 빛나는 '언덕 위의 도시city on a hill',• 즉 국민의 안전을 보호하고 행복을 증진하는 모범적인 국가로 건설하고자 했던 남녀의 열망과 행동을 더 큰 자유와 정의를 향해 자신의 정부를 이끌고자 하는 세계 국가들이 존경하고 모방할 수 있는 본보기로 삼고자 하는 것이다. 우리 건국자들의 노력에 대한 기록과 그들이 세운 국가는 우리의 공동 유산이며, 에이브러햄 링컨이 말했듯이 "한 민족이나 한때가 아니라

• 마태복음 5장 14절 선상 설교 "너희는 세상의 빛이니라. 언덕 위에 세워진 도시는 숨길 수 없다"에서 나온 문구다. 17세기 초 청교도들은 보스턴을 가리켜 '언덕 위의 도시'라고 불렀다. 이후 이 말은 미국은 세계를 위한 '희망의 등대' 역할을 한다는 의미로 더 광범하게 사용되었다.

모든 시대, 모든 사람을 위한" 등불로 남아 있다.[17]

이 보고서는 대체로 미국의 죄를 피상적으로 인정하지만 동시에 건국의 아버지들의 흠잡을 데 없는 평등주의와 마틴 루터 킹 주니어가 피부색을 가리지 않아야 한다고 표면적으로 옹호한 것 덕분에 그 죄를 선제적으로 면제 받았다고 선언하는 표준적인 서사를 고수하고 있다. 노예제와 원주민 집단학살에 대한 미국의 책임을 무시한 것이다. 보고서에 따르면, 킹 목사의 평등 요구는 미국백인에 대한 더 광범한 어떤 비판도 담고 있지 않다.

민권운동을 이끌면서 마틴 루터 킹 주니어는 더 혁명적인 다른 집단이 집단 정체성을 토대로 싸우기를 원하고 있다는 것을 알고 있었다. "나에게는 꿈이 있습니다"라는 연설에서 킹은 인종적 집단 정체성에 기반한 혐오적인 고정 관념을 거부했다. 그는 "흑인 공동체를 휩쓸고 있는 놀라운 새로운 투쟁정신이 모든 백인을 불신하게 만들어서는 안 된다"라고 경고했다. 킹은 미국인을 영구적인 인종적 정체성의 관점에서 정의하는 것을 거부하고 미국인들에게 "우리나라를 인종적 불의의 모래사장으로부터 형제애의 단단한 반석으로 끌어올리고" 우리 자신을 공통의 정치적 신조와 기독교적 사랑에 대한 헌신으로 한 사람의 국민으로 인식하자고 촉구했다.[18]

* * *

오늘날 미국에서 제공되는 더 교묘한 무죄 서사와 과거에 제공된 더 명백한 서사 사이의 차이에도 불구하고, 파시스트 관행은 미국 제도와 정치 전반에 걸쳐 계속 이어지고 있다. 예를 들어, 파시즘은 공포와 불만이라는 강력한 감정을 활용한다. 이 감정은 지배 집단이 교체되는 것을 두려워하고 그에 따른 지위와 권력의 상실에 분노를 느끼는 것과 관련된다. 이러한 현상은 역사적으로나 오늘날 모두 미국에서 분명하게 볼 수 있다. 1935년에 출간된 저서 《미국의 흑인 재건Black Reconstruction in America》에서 W. E. B. 듀보이스는 남부의 백인 정치인과 부유한 엘리트들이 어떻게 이러한 감정을 악용하여 가난한 백인을 성난 군중으로 만들고, 궁극적으로는 가난한 백인과 가난한 흑인의 사이에 명확히 일치하는 이해관계에 기반한 노동운동의 출현을 막았는지 탐구한다. 인종을 초월한 대중적인 노동운동에 맞서는 이 무기에서 결정적인 역할을 한 것은 바로 흑인 시민을 가난한 백인 시민에게도 종속되는 지위에 처하게 하는 관행과 구조였다. 그런 다음 선동가들은 부유한 후원자들의 지원을 받아 가난한 백인 시민이 사회에서 누리는 이러한 작은 이점마저 잃을 수 있다는 전망을 제시함으로써 공포를 조장할 수 있었다.

이 분열 전략의 한 형태는 오늘날에도 지속되고 있으며, 주로 가난한 미국 백인들이 흑인 동료들에 비해 상대적으로 더 나은 삶을 유지하도록 만드는 구조적 관행에서 분명하게 드러난다. 분열 전략은 백인들에게 이런 작은 우위를 잃을지 모른다는 두려움을 부추겨 그들의 삶을 획기적으로 개선할 수 있는 노동 연대를 맺는 것을 단념하게 하는 경우가 잦다.

미국에는 노예제, 짐크로법, 그밖의 다른 대규모 인종 불평등의 유산이 다양한 형태로 남아 있다. 내가 태어난 해인 1969년 연방 및 주 교도소에 수용된 미국인의 수는 20만 명에 조금 못 미쳤다. 2024년에는 종신형을 받고 주 교도소에 수용된 사람의 수가 그보다 훨씬 많을 것으로 예상된다.[19] 연방 및 주 교도소에서 복역 중인 총 수용자 수는 현재 120만 명이 넘으며, 지역 교도소, 소년 교정 시설 등을 포함한 총 수용자 수는 약 190만 명에 달한다.[20] 미국의 교도소 시스템은 불균형적으로 흑인들을 대량으로 수용하고 있다. 2024년 미국의 흑인 수는 전체 인구의 14퍼센트지만, 수용된 흑인은 전체 수용자의 42퍼센트였다.[21] 교정 정책 이니셔티브Prison Policy Initiative의 2021년 전 세계 수용률을 조사한 결과에 따르면, 미국은 '세계에서 가장 높은 수용률'을 보이고 있을 뿐만 아니라 "미국의 모든 주가 실질적으로 지구상의 어떤 독립국보다 인구 대비 더 많은 사람을 수용하고 있다"라고 한다.[22] 이 시스템은 모든 사람에게 좋지 않지만, 특히 4800만 명의 미국 흑인에게 가혹하게 작용한다.

이 외에도 미국은 흑인 시민이 투표권을 행사하는 것을 자주 가로막았다. 다른 많은 민주주의 국가들과 달리, 미국의 대다수 주 (총 48개 주)는 수용자의 투표를 허용하지 않는다.* 그리고 형사 사법 제도가 흑인들에게 미치는 불균형적인 영향을 감안할 때, 이는 흑인들이 투표권을 상실할 가능성이 백인들보다 훨씬 높다는 것을 의미한다. 플로리다에서는 현 공화당 소속 주지사인 론 디샌티스가 거짓 유권자라는 존재하지 않은 유행병을 해결하기 위해 선거 경찰을 창설하기까지 했다. 그는 2022년 중간선거를 앞두고 거짓 유권자라는 혐의로 20명을 체포했다고 발표했는데, 이들은 수년간 징역형에 처할 가능성이 있었다. 체포된 20명 중 최소 13명이 흑인이었는데, 이들은 모두 자신이 합법적인 유권자로 등록되어 있거나 투표하고 있다고 생각하고 있었다. 이 모든 것은 더 많은 흑인 유권자를 등록시키려는 노력에 대한 디샌티스의 광범한 법적 공격에다가 추가로 더해진 것이다. 여기에는 유권자 등록 단체에 점점 더 복잡한 일련의 요건을 도입하고, 그 단체가 이런 요

---

* 한국에서는 1년 이상의 징역 또는 금고형을 받고 수용 중인 사람에게 투표권을 인정하지 않는다. 다만 집행유예를 받은 자의 투표는 허용한다(공직선거법 제18조).

건을 위반할 때 부과할 수 있는 벌금을 대폭 인상하는 등의 조치가 포함되었다.[23]

오늘날 미국은 흑인 시민과 유권자들이 공직에 참여하지 못하도록 압박하기 위해 고안된 짐 크로 관행을 다시 경험하고 있다. 제3제국the Third Reich•과는 달리 짐 크로 체제는 완전히 파기되거나 해소되지 않았다. 그 대신 이 관행은 다양한 형태로 조용히 지속되어 왔다. 1965년의 투표권법과 같이 수년에 걸쳐 때때로 좌절과 장애에 직면했지만, 이러한 장애는 일시적이거나 극복할 수 있는 경우가 잦았음이 입증되었다. 예를 들어, 투표권법은 2013년의 셸비 카운티 대 홀더Shelby County v. Holder 판결••을 시작으로 한 일련의 대법원 결정으로 거의 무력화되었다.[24] 대부분의 경우 과거와 현재의 인종차별적 법률은 인종과는 관련이 없는 것처럼 보이게 만들어진다. 예를 들어, 짐 크로 시기 남부에서는 흑인 시민의 투표권을 박탈하는 방법으로 투표세가 널리 사용되었다. 많은 흑

• 나치 독일을 지칭하는 용어로, 신성로마제국(제1제국)과 독일 제국(제2제국)에 이어 세 번째 단일 국가라는 의미로 사용된다. 나치 독일은 명목상 공화국이었지만, 독일 민족의 단일성과 국가적 위상을 강조하기 위해 사용되었다.

•• 2013년 소수 인종의 참정권을 차별하는 것을 감시하기 위해 만들어진 투표권법의 조항이 위헌이라고 공표한 판결이다. 연방 대법원은 인종차별의 역사를 가진 주의 투표 관할권을 사전 승인을 받아 결정하는 조항이 연방과 주의 평등이라는 헌법의 원칙에 어긋난다고 판결했다. 이 판결로 많은 투표소가 폐쇄되었는데, 그중 다수는 아프리카계 미국인이 주로 거주하는 카운티의 투표소였다. 이 판결은 미국 내 소수 민족의 투표를 어렵게 했다.

인이 그러한 세금을 감당할 수 없었기 때문이다.

2018년 11월, 플로리다 유권자들은 플로리다의 엄격한 중범죄자 선거권 박탈법을 뒤집는 수정안 4 Amendment 4를 승인했다. 2019년 7월, 론 디샌티스 주지사는 플로리다주 의회에서 통과된 법안에 서명하여 중범죄로 유죄 판결을 받은 사람이 미납된 법원 벌금과 수수료를 모두 납부해야 선거권을 회복할 수 있도록 했다. 사실상 이는 플로리다 주민들이 압도적 지지로 투표권을 회복시킨 바로 그 시민들의 참정권을 계속해서 박탈하는 투표세다. 우리는 미국의 교육 시스템에 대한 공격도 같은 방식으로 이해해야 한다. 미국 교육을 짐 크로 관행으로 되돌리려는 시도다.

미국에서 비판적 인종 이론이나 구조적 인종차별주의와 같은 개념을 가르치는 것을 금지하는 조치는 언제나 파시스트 정치를 강화하는 기능을 한다. 구조적 인종차별주의, 인종적 위계구조를 유지하는 관행(예를 들면, 수용 체제)에 대한 이해가 없다면, 백인 관찰자는 '2020 흑인의 생명도 소중하다' 시위와 같은 정치운동을 일어나게 한, 참을 수 없는 상황을 파악하기 어려울 수 있다. 이러한 관찰자에게 시위는 근거 없는 분노에 의해 조종되며 일종의 정신적 불안정의 결과라는 우려할 만한 현상이다. 따라서 그 특성상 폭력적이고 파시스트적인 대응이 필요한 위험한 운동으로 보일 수 있다.[25]

파시스트들은 자격이 없는 소수자들이 국가에 침투하여 수적으로 우세해질 때까지 증가하는 '인종대교체'를 두려워하기 때문에, 출산과 모성의 신성함은 파시스트 이데올로기의 중심 요소다. 여성의 역할은 자신들보다 많은 자식을 낳는 것을 고수하는 이른바 '높은 출산율'의 소수 집단에 맞서 지비 집단의 수적 우위를 지키는 것이다. 따라서 파시즘은 지배적인 인종 집단의 낮은 출산율에 대한 공포를 불러일으키는 경향이 있으며, 그 결과 엄격한 성 역할을 강조한다. 이렇게 함으로써 파시즘 운동은 성 역할의 변화로 인해 지위에 손상을 입었다고 느끼는 남성과 오랜 가부장적 위계구조를 유지하려는 사회적 보수주의자라는 두 주요 유권자의 지지를 이끌어낼 수 있다. 궁극적으로 엄격한 성 역할을 옹호하는 것은 본질적으로 반민주적으로 볼 수 있는 것으로, 평등과 자유라는 민주적 가치와 상충한다.

예를 들어, 여성 인권의 꽃을 피웠던 바이마르 시대의 독일에서 이를 볼 수 있다. 미국의 뛰어난 나치즘 역사학자 중 한 명인 클라우디아 쿤츠Claudia Koonz는 이렇게 썼다.

물질적 풍요가 회복되면서 많은 독일인, 특히 젊은이들은 군주제와 전쟁의 유산에서 해방되었다고 느꼈다. 새로운 자유의 전형적인 상징은 젊고, 교육을 받고, 직업을 갖고, 사회적으로 자유롭고 자율적인 신여성New Woman이었다. 전쟁으로 여성의 약함에 대한 많은 고정 관념이 깨진 후, 대중문화가 성적 해방을 찬미하고, 1920년대에는 헌법이 남녀평등을 보장했으며, 사회생활은 자유의 새로운 지평을 열었다.[26]

나치는 바이마르 공화국의 '신여성'을 선전과 정책의 표적으로 삼았다. 히틀러는 1934년 9월 국가사회주의 여성연맹 연설을 통해 여성의 올바른 사회적 역할에 대해 자신의 정권이 가지고 있는 견해를 밝혔다.

'여성 해방'이라는 슬로건은 유대인 지식인들에 의해 만들어졌고 그 내용도 같은 정신에 의해 형성되었습니다. 독일 사회의 생활이 정말 좋았던 시절에 독일 여성은 스스로를 해방시킬 필요가 없었습니다. 독일 여성은 자연이 그녀에게 관리하고 보존하도록 필연적으로 준 바로 그것을 소유했습니다. 남성이 사회적으로 유리한 시절에는 여성과의 관계에서 자신의 지위에서 밀려날 것이라는 두려움을 가질 필요가 없었던 것과 마찬가지였습니다. …

남자의 세계가 국가, 그의 투쟁, 공동체를 위해 자신의 힘을 바칠 준비가 된 상태라고 한다면 여자의 세계는 더 작은 세계라고 할 수 있습니다. 여자의 세계는 남편과 가족, 자녀, 그리고 가정이기 때문입니다. 하지만 작은 세상을 돌보고 보살펴 줄 사람이 없다면 큰 세상은 어떻게 될까요? 작은 세상을 돌보는 일을 자신의 삶으로 삼을 사람이 없다면 더 큰 세상이 과연 살아남을 수 있을까요? 아니요, 더 큰 세상은 이 작은 세상의 토대 위에 세워집니다. 작은 세상이 안정되지 않으면 큰 세상도 살아남을 수 없습니다. 신의 섭리는 여자에게 자신의 세계인 그 세계의 보살핌을 맡겼습니다. 그리고 이 작은 세계를 바탕으로만 남자의 세계가 형성되고 세워질 수 있습니다. 두 세계는 적대적이지 않습니다. 두 세계는 서로에게 보완적입니다. 남자와 여자가 한 세트인 것처럼, 두 세계도 한 세트입니다.[27]

나치의 교육 정책은 이러한 사명을 반영하여 남학생과 여학생에게 서로 다른 교육과정을 제공했다. 예를 들어, 소녀들의 교육에는 모성과 농촌 생활을 미화하고 바이마르 진보 교육자들이 반대했던 사회적으로 보수적인 기존의 교육과정과 겹치는 우화와 이야기가 포함되었다. 궁극적으로 나치의 소녀 교육은 가정에서 일하는 여성으로 훈련하고, 대학 교육에는 엄격한 제한을 두었다.

나치 정권은 또한 피임과 낙태를 포함하여 여성의 권리에 대한 공포를 더 광범하게 조장했다. 나치는 낙태를 살인 행위로 간주했기 때문에 오늘날의 용어로는 확실히 '낙태 반대'였다. 물론 나치의 생명 보호는 선택적이었고, 비非아리아인이나 장애가 있는 아리아인에게는 적용되지 않았다. 그래서 나치는 이런 사람들에 대해서는 낙태를 지지했는데, 이는 이 집단에 대한 살인을 지지하는 것과 마찬가지였다. 그러나 건강한 아리안 여성의 낙태는 엄격하게 불법으로 규정하고 이를 철저히 집행했다. 나치는 출산율에 대한 집착을 자신들이 느낀 성소수자 인구가 초래한 위협과 연결해서, '신여성'과 성소수자 모두를 전통적 결혼제도는 물론 서구 문명 자체에 대한 실존적 위협으로 간주했다. 나치 관리들은 이 문제를 심각하게 우려하여 1936년 이 문제를 전적으로 담당하는 동성애와 낙태의 퇴치를 위한 제국 중앙사무소Reich Central Office for the Combating of Homosexuality and Abortion를 설립했다.

이탈리아 파시즘은 처음에는 페미니즘과 미묘한 관계로 시작했지만, 곧 엄격한 성 역할을 옹호하는 쪽으로 방향을 틀었다. 역사학자 빅토리아 드 그라치아Victoria de Grazia는 이렇게 썼다.

새로운 이탈리아에서는 진정한 남성들이 수많은 자손을 낳음으로써 자신의 남자다움을 증명했다. 1926년 12월 19일 왕실 법령 2132호로 통과된 남성 독신에 대한 징벌적 세금은 무솔리니의 첫 출산 촉진 조치 중 하나였다. 1931년 형법에서는 남성 간의 동성애 행위가 금지되었다. 공무원은 반복적으로 결혼을 강요받았고, 1937년 이후에는 결혼과 자녀 수가 공무원 경력의 우대 기준이 되었다. … 특히 이탈리아 여성들에게 출산율 증가를 강조한 승천일 연설Ascension Day Speech은 국가의 성 정치에서 하나의 전환점을 알리는 신호탄이었다. 여성들이 마음속에 여전히 간직하고 있던 새로운 질서 속에서 활동적인 역할을 할 수 있다는 환상은 깨졌다. … 무엇보다도 모성은 거의 모든 이탈리아 페미니스트가 염원했던 특별한 사회적 의미를 잃었다. … 이제 아이를 낳는 여성의 역할은 그들의 사회적 존재의 모든 측면을 잠재적으로 규정했다. 따라서 이탈리아 여성들은 정치에서 배제되었을 뿐 아니라, 모든 공적 영역에서도 배제될 위험에 직면하게 되었다. 여성이 가장 우선해서 해야 할 의무가 국가의 아이를 낳는 것이라는 공식적인 메시지는 직장에서의 권리, 문화에 대한 기여, 자원봉사자로서의 공헌 등과 같은 공적 영역에서의 여성의 역할에 의문을 제기했다. 무엇보다도 최악의 문제는 국가 당국이 여성의 역할에 대한 편협한 시각을 제도화하기 시작한 것이었다.[28]

성 역할에 대한 집착은 KKK와 같은 미국 파시즘 운동에서도 찾아볼 수 있다. 최초의 클랜으로 알려진 19세기 후반의 클랜 초기 조직에는 여성의 참여가 별로 없었다. 그러나 2기 클랜의 인기가 절정에 달했던 1920년대에는 여성만을 위한 보조 조직인 KKK여성단Women of the KKK, 즉 WKKK가 결성되었다. 이 조직은 우선순

위에서 특이한 조합을 보여주었다. 여성의 참정권을 옹호하는 동시에 흑인들이 백인 여성을 강간하기 위해 곳곳에서 기다리고 있다는 편집증적인 공포를 퍼뜨리는 것이었다. KKK와 WKKK에 따르면, 클랜의 주요 임무는 강간으로 이어질 수 있는 흑인의 약탈로부터 백인 여성의 순결을 보호하는 것이었다. 파시스트 독일과 이탈리아의 경우처럼, 이렇게 하는 목적은 국가 지배 집단의 아기를 계속 생산할 수 있도록 보장하는 것이었다. 역사학자 낸시 맥클린Nancy MacLean이 자세히 보여주듯이, 2기 클랜은 성 역할 변화에 맞서 자신을 전통적인 가족의 수호자로 표현하기도 했다.[29]

오늘날 급진 우파는 과거의 파시스트가 보여주었던 엄격한 성 역할에 대한 집착을 이어가고 있다. 그러나 다트머스 대학의 역사학자 우디 그린버그Udi Greenberg가 지적했듯이, 1920년대와 1930년대 파시스트가 가졌던 성 역할에 대한 개념과 오늘날 파시즘 운동에 존재하는 성 역할에 대한 개념 사이에는 중요한 차이가 있다.[30] 나치 이데올로기에서 모성은 일과 양립할 수 없었고, 어머니는 가정에 머물러야 했다. 오늘날 이를 받아들인다는 의미에서 자신을 파시스트로 여기는 사람들이 있다. 이들은 직업을 가지려고 하기보다는 가정주부로 일하는 '전통적 아내'의 재창조인 '트래드 와이프tradwife'*와 같은 온라인 트렌드를 지지한다. 그러나 모성을 일과 충분히 양립 가능하다고 생각하는 현대의 극우 운동도 있다. 심지어 유럽의 여러 극우 정당에는 여성 지도자가 있다(이탈리아의 극우 총리인 조르지아 멜로니Giorgia Meloni는 여성이다). 이는 나치 독일에서는 혐오스러운 일이었을 것이다. 이러한 운동의 목표는 여성의 직장에 대한 접근을 거부하지 않으면서 훨씬 더 큰 가정의 발달을 촉진하기 위해 보육 프로그램을 발전시키는 것이다.

20세기 초의 독일, 이탈리아, 미국 남부의 파시즘 운동과 마찬가지로, 현대의 파시즘 운동도 종종 전통적인 이성애 관계와 전통적인 혼인을 장려하는 데 크게 중점을 두는 동시에, 퀴어의 삶을 사회에서 몰아내고 평가절하하기 위해 힘쓴다.[31] 따라서 이러한 운동이 가부장제의 폐해나 반反성소수자LGBT를 내세우는 제도적인 편견을 탐구하는 교육에 위협을 느끼는 것은 당연하다. 극우 정치인들과 논평가들이 학교가 '젠더 이데올로기'를 가르치고 있다고 주장할 때, 그들의 목표는 사회적으로 보수적인 청중에게 불만을 불러일으키는 것이었다. 그리고 특히 남성들에게 부적절한 야망을 지닌 여성이나 '자격이 없는' 퀴어들의 침투로 위협을 받아서 그들의 지배적인 지위가 위험에 처해 있다고 느끼게 하는 것이었다.

• 전통적인 아내라는 말의 신조어로, 전통적인의 영어 단어인 'traditional'과 아내 'wife'의 합성어다. 요리, 청소, 자녀 돌보기 등의 가사 노동을 하는 여성을 뜻한다. 그렇지만 직장이 아닌 가정에서 여성이 일하는 것을 자신이 선택한 일로 즐기면서 미덕으로 여긴다. 이런 인간상은 2020년대 SNS를 통해 확대되었다.

오늘날 파시즘 운동은 자녀들이 젠더 규범성이나 과거와 현재의 퀴어 박해에 대해 배운다면 그들에게 공감하는 것은 물론, 그들과 자신을 동일시할 것이라는 두려움을 많은 시민 사이에 조장하고 있다.

성 역할과 출산율 감소에 대해 특히 노골적으로 비판해온 현대의 관찰자 중 한 명은 미시간주의 극우 힐스데일 대학에서 은퇴한 역사학자 앨런 칼슨Allan Carlson이다. 그는 서구 문명의 쇠퇴 원인으로 출산율 감소 문제에 집중하면서 경력의 대부분을 보냈다. 칼슨이 이에 집중하게 된 동기는 서구 사회의 타락이 '자연 가족natural family'의 약화와 출산율 감소로 이어졌다는 믿음 때문이었다. 저널리스트 마셔 게센Masha Gessen이 기록한 바와 같이, 칼슨은 현대 러시아 파시즘의 이념적 토대를 발전시키는 데 영향력 있는 목소리를 냈다. 1990년대 소련 붕괴의 혼란 이후 러시아는 인구 위기의 고통을 겪고 있었다. 대다수 사회과학자는 이를 극도로 낮은 기대 수명 탓으로 돌렸다. 러시아는 논란의 여지 없이 대규모 조기 사망의 위기를 겪고 있었다. 게센이 저서 《미래는 역사다: 전체주의는 러시아를 어떻게 교화했는가?》에서 설명하듯이, 칼슨은 러시아의 사회적 보수주의자들에게 매력적인 대안 이론을 제공했다. "앨런 칼슨의 설명은 완전히 달랐다. 그가 '자연 가족'이라고 불렀던 것이 쇠퇴하고 있었기 때문에 러시아인들은 죽어가고 있었다."[32] 게센이 설명한 바와 같이, 칼슨은 1997년 프라하에서 '세계 가족회의'로 불리는 회의를 시작으로, 전 세계적으로 "동성애자의 권리, 낙태권, 젠더 연구 반대에 전념하는" 기구를 설립하는 데 도움을 주었다. 이 기구는 궁극적으로는 러시아인들이 주도하게 되었다. 이 책에서 게센은 세계 가족회의의 사회적으로 보수적인 의제가 러시아의 현재 독재자 블라디미르 푸틴의 부상을 어떻게 부채질했는지를 계속해서 보여준다. 푸틴은 적어도 2006년 이후 '전통적인 가족'에 대한 지원을 국가 재건 프로그램의 핵심으로 삼았다.

힐스데일 대학과 그 교수진, 특히 사회적 보수주의와 엄격한 성 역할에 중점을 둔 그들의 영향력은 러시아뿐 아니라 미국의 다른 지역으로까지 확대되었다. 예를 들어, 플로리다의 뉴칼리지는 최근까지 규모는 작지만 최고 수준의 공립 교육기관이었다. 그러나 2023년 초, 플로리다 주지사 디샌티스는 학교 이사회 위원으로 자신의 지지자 6명을 임명하여 학교를 보수주의의 거점으로 탈바꿈할 계획으로 대대적인 변화를 시도했다. 이는 디샌티스의 플로리다 공교육에 대한 공격의 일부가 되었다. 디샌티스가 임명한 한 고위 위원은 "우리의 희망은 플로리다의 뉴칼리지를 남부의 힐스데일과 같은 플로리다의 고전적 대학으로 만드는 것입니다"라고 말했다.

이러한 장악의 결과로 학생 운동선수와 스포츠 중심의 교육과정이 크게 강조되는 등 학생 집단의 일종의 공격적인 남성화 경향이 나타났다. 플로리다에서 일어난 고등교육에 대한 공격을 조사한 미국대학교수협회의 보고서에 따르면, 다음과 같다.

지금까지 대학 간에는 어떠한 학교 대항 스포츠 경기도 없었지만, 뉴칼리지는 많은 학생 운동선수를 모집하기 위해 움직였다. 새로운 '대통령 우등 장학금'을 아낌없이 지출하면서 뉴칼리지는 사상 최대 규모의 1학년 신입생을 모집했다. 7월 현재 뉴칼리지에는 328명의 신입생이 있었으며, 이 중 115명이 운동선수였다. 그중 70명의 신입생 야구선수가 장학금을 지원받았다. 이에 비해 학생 수가 뉴칼리지보다 90배나 많은 NCAA 디비전 I 대학인 플로리다 대학의 경우 장학금을 받는 야구 선수는 37명에 불과하다. 뉴칼리지에는 아직 야구장이나 대학 대항 경기를 치를 수 있는 어떤 다른 운동시설이 없다. 그러나 이제 주차장에 배팅 케이지가 설치되어 있다는 말을 위원회는 들었다. 게다가 교수진들이 재빨리 지적했듯이, 학생 운동선수들은 뉴칼리지의 기존 인문교양 프로그램이나 제안된 어떤 '고전적' 교육과정에도 거의 관심을 보이지 않는 경향이 있다. 8월에 코코란 총장은 교수진에게 "새로 입학한 많은 선수에게 어필할 수 있는" 금융, 커뮤니케이션, 스포츠 심리학 분야의 새로운 전공을 설치하자는 제안서를 보냈다. 그러나 프랑스어과 교수이자 교수회 의장인 에이미 리드Amy Reid는《뉴욕타임스》

에서 "스포츠 심리학, 금융, 커뮤니케이션이 고전적인 인문학 모델에 어떻게 부합하는지는 분명하지 않다"라고 지적했다.[33]

비영리 싱크 탱크인 무브먼트 어드밴스먼트 프로젝트MAP의 2023년 3월 보고서 〈성소수자를 학교와 공공 생활에서 지우기〉에 따르면, 최근 미국 전역의 학교에서 시행되고 있는 제한 정책의 '폭풍'은 성소수자 청소년을 비하하고 축소하려는 조직적 시도의 일환이다. 보고서가 설명하듯이, 이러한 정책의 설계자들은 "성소수자 청소년이 학교에서 자기 자신을 드러내는 것을 불가능하게 만들고자 한다". 그들은 이를 위해 "교사와 학교가 성소수자나 그들의 문제에 관해 이야기하는 것조차 금지하거나 벌금을 부과하고, 도서관 서고에서 이 문제를 다루는 책을 빼버리고 교사가 성소수자 학생들을 지원하는 것을 금지한다. 요컨대, 그들은 성소수자 청소년이 존재하지 않는 것처럼 취급받기를 원하며, 이에 반대하는 사람은 해고당하거나, 벌금을 부과받거나 심지어 투옥까지 당할 수 있게 하는 식으로" 이러한 행위를 지속한다.[34]

수십 년 동안 여러 주에서 학교 내의 성소수자를 주제로 한 책의 출간이 금지되어왔다. 그러나 많은 경우 그는 강제로 시행되지 않았고, 몇 년에 걸쳐 서서히 철폐되고 있다. MAP 보고서에서 분명히 했듯이, 미국은 플로리다주를 중심으로 이러한 법의 부활을 경험하고 있다. 2022년 3월 플로리다주는 나중에 '게이라고 말하지 마세요Don't Say Gay' 법으로 알려진 법안을 통과시켰다. 이 법은 유치원부터 초등학교 3학년까지 성소수자를 주제로 한 교실 수업이나 이를 토론하는 것을 금지했다. 2023년 4월, 플로리다 교육위원회는 이 금지령을 12학년까지 연장했다(그러나 2024년 3월, 법적 합의에 따라 이 법의 적용 범위가 대폭 제한되어 공식적인 교실 수업에만 적용될 수 있음을 명확히 했다.[35] 그럼에도 이 법은 의도한 소기의 효과를 거두어, 성소수자와 그 가족을 사회로부터 소외시키고 자신들이 가치가 없다고 느끼게 만들었다). 텍사스, 오클라호마, 루이지애나, 미시시피, 앨라배마, 미주리, 켄터키, 인디애나, 아이오와 등 다른 많은 주에서도 성소수자를 다루는 교육과정을 금지하는 유사한 법을 제정했다(이 법 중 일부는 반발에 부딪혔다. 예를 들어, 아이오와주에서 그랬다). 이러한 법은 성소수자를 비정상적이고 음란한 존재로 규정하기 때문에 성소수자 어린이들이 배척당하는 느낌을 받게 할 뿐만 아니라 또래 친구들에게 성소수자는 다르며 문제가 있다고 가르친다.

성소수자 시민은 파시즘의 이상적인 내부의 적이다. 독일의 동화된 유대인처럼 이들은 겉으로는 국가의 다른 구성원들과 구별할 수 없는 존재로 보일 수 있다. 보수 정치인들은 학교에서 그들의 관점을 금지하고 그들의 존재 자체가 어떻든 간에 외설적이라고 주장함으로써 지배 집단의 구성원들이 혐오와 경멸의 시선으로 그들을 바라보도록 부추긴다. 이러한 편협한 감정은 모든 사람이 원하는 대로 자유롭게 살고 원하는 사람을 사랑할 수 있어야 한다는 자유라는 민주주의의 이상에 정면으로 반하는 것이다. 따라서 파시즘 운동은 이러한 감정을 지렛대로 삼아 시민들을 민주주의 자체에 반대하게 만들 수 있다.[36]

* * *

파시즘 교육은 극히 반좌파적으로 국가, 특히 학교와 대학에서 모든 잘못된 것의 배후에는 마르크스주의자와 사회주의자가 있다고 주장한다. 파시즘 운동이 보기에 국가의 위대함, 국가의 무고함 또는 국가의 순수성에 대한 신화를 위협하는 연구를 하는 학자는 누구라도 마르크스주의자나 사회주의자며, 따라서 국가의 적으로 간주될 수 있었다. 파시즘 교육은 국가 및 그 지배 집단을 미화하는 데 초점을 맞추기 때문에, 소수 집단의 관점을 제시하거나 노동운동과 같은 사회운동을 다루는 역사 수업은 이 프로젝트에 반하는 것이다.

이러한 태도는 미국의 현대 극우 운동에서 분명하게 드러난다. 예를 들어, 힐스데일 대학에서는 '미국 좌파: 자유주의에서 전제정치로The American Left: From Liberalism to Despotism'라는 무료 온라인 강좌를 제공한다. 이 강좌의 온라인 안내는 체제 전복적인 좌파 세력의 힘과 영향력에 대한 암울한 그림을 그린다.

연방 관료, 군대, 미디어, 기업의 여러 부분이 1960년대 급진적 좌파의 이념을 받아들이면서, 최근 몇 년 동안 미국 정치는 변모해왔습니다. 이러한 변화는 이전에는 학계의 변방으로 밀려나 있던 트랜스젠더주의, 정체성 정치, 글로벌 정부와 같은 관념들을 미국 공공 생활의 주류로 자리잡게 했습니다. 이러한 변화의 결과는 미국의 교실에서 확산되고 있는 급진적 젠더 이데올로기, 국경과 많은 도시에서 벌어지는 무법상태, 미국 중산층을 지속적으로 잠식하는 경제 정책에서 볼 수 있습니다.[37]

이 강좌는 좌파를 미국의 가치에 대한 실존적 위협으로, 주류 자유주의를 희망이 없는 좌파의 노예로 묘사한다. 결국 좌파를 물리치는 것만이 미국을 구할 수 있는 유일한 방법이라고 결론지었다.

미국에서 행해지고 있는 비판적 인종 이론에 대한 최근의 공격에서 '마르크스주의'는 보수주의자들이 불쾌하게 여기는 모든 교육 프로그램의 약어로 사용되고 있다. 이러한 공격은 종종 비판적 인종 이론이 '문화적 마르크스주의'라고 부르는 모호하게 정의된 분야의 한 분과라고 주장한다. 미디어 학자 모이라 바이겔Moira Weigel

이 최근 논문에서 지적했듯이, 자신이 '문화적 마르크스주의자'라고 밝힌 사람은 거의 없으며, 이 표현은 거의 언제나 경멸적으로 사용된다.[38] 이 명칭을 사용하는 보수주의자들은 이를 학교와 대학에서 소수자의 관점을 고양함으로써 마르크스주의의 도구를 사용해서 '서구 문명'을 내부로부터 파괴하는 프로그램을 언급하는 것으로 생각하는 것 같다. 나치의 선전처럼, 이 계획은 주로 유대인 지식인 그룹(이 경우는 프랑크푸르트학파)에 의해 고안된 것으로 일컬어지고, 이들의 가르침은 미국 흑인들에게 인종 전쟁에 참여해야 한다는 생각을 불어넣은 것으로 여겨졌다. 바이겔은 이렇게 썼다.

동시에 이 저자들은 문화적 마르크스주의가 비판적 인종 이론을 '낳았다'라는 것을 '증명'함으로써 비판적 인종 이론을 잘 정립된 적의 이미지와 연결시킨다. 마르크스주의는 아메드(Ahmed, 2014)가 '끈적끈적한' 기표라고 부르는 개념이다. 마르크스주의에는 그 이념에 대한 오랫동안의 논의를 통해 감정이 덧씌워지게 되었다. 그중에는 마르크스주의가 비백인을 설득해서 백인 문명을 전복시키려는 유대인 코스모폴리탄에 의한 음모라는 음모 이론도 포함되어 있다. 이러한 생각은 프랑크푸르트학파가 비판적 인종 이론CRT를 고무했고, 비판적 인종 이론이 '흑인의 생명도 소중하다'라는 운동을 고무시켰다는 서사 속에서 되풀이하며 나타났다.

파시즘 교육은 시민들에게 인종대교체론을 수용하도록 준비시키는 것과 마찬가지로 마르크스주의의 협의에 민감하게 반응하고, 그 이데올로기와 관련된 모든 기관, 정책 또는 사람들에게 거부감을 가지게 한다. 파시즘 교육에서 학생들은 '마르크스주의적'이라면 무엇이건 간에 위험하고 이질적이며 혐오스러운 존재로 여기도록 훈련받는다. 이후 정치인들은 이 용어를 전략적으로 사용해서 시민들이 잠재적으로 체제 전복적인 사회운동이나 정치운동에 참여하지 못하도록 설득할 수도 있다.

* * *

파시즘은 소수 민족, 노동조합원 또는 마르크스주의자로 의심되는 사람들과 같은 정치적 반대자에 대한 국가 폭력을 정당화하는 데 전형적으로 사용되는 이데올로기이자, 여성의 권리를 억누르고 여성을 가정으로 복귀하도록 강요하는 이데올로기다. 성소수자 시민들을 이상성애자異常性愛者로 간주하고, 이들이 자신의 정체성을 겉으로 표현하는 것을 범죄화한다. 그리고 이는 이민자를 잔인하고 비인간적으로 대하는 것을 정당화하는 데 사용된다.

파시즘을 연구하는 학자들은 종종 이런 이데올로기가 의미 있는 방식으로 성공하려면 물질적 기초를 가져야 한다고 지적한다.

예를 들어, 급격한 경제침체, 전쟁에서의 굴욕적인 패배, 선거 패배 등이 그것이다. 일반적으로 언급되는 경우는 적지만, 파시즘 역시 이데올로기적 기반이 있어야 한다. 파시스트들이 지어낸 음모론(예를 들면, 인종 교체 음모, 곳곳에 숨은 볼셰비키의 음모)은 자신의 일자리를 잃을까 우려하거나 수치스러운 군사적 패배에 대한 분노로 가득 찬 사람들에게 의심할 나위 없이 효과적이다. 그런 경우가 아니더라도 국가의 위대함과 민족적 순수성 서사를 듣고 성장한 사람들 역시 인종대교체론 정치에 취약할 것이다.

이전 장에서 논의한 우월주의적 민족주의와 파시즘 사이에는 연속성이 있다. 나치가 집권하기 전부터 오랫동안 독일 우월주의에 초점을 맞춘 독일 교육 시스템은 독일이 파시즘으로 전환하는 길을 순조롭게 만들었다. 한 나라의 교육 시스템이 그 나라가 세계에서 예외적으로 위대함과 순수성에서 다른 모든 국가보다 우위에 있다는 이념을 대변할 때, 그 나라는 파시즘의 폭력적인 권위주의 이데올로기에 취약해진다.

5장

반교육

이제까지 다룬 내용을 검토하면, 파시즘 교육은 다양한 관점을 포함하는 역사 해석과 현재 사건에 대한 설명을 전략적으로 지움으로써 작동한다. 이를 통해 가르칠 수 있는 것의 범위를 점점 좁혀서 학생들에게 단일 관점만을 제시하는 데 이르게 된다. 이 관점은 집단 사이의 가치 위계를 정당화하고 영속화하는 방향으로 의도적으로 만들어진 것이다. 이처럼 관점을 좁히는 것은 다인종 민주주의에 부합하지 않으며, 평등주의에 정면으로 반대될 뿐 아니라 집단 폭력을 불러일으킬 가능성을 초래한다.

그러나 권위주의 운동이 단일 지배 집단의 우월성을 받아들이도록 사람들을 조작하는 수단이 파시즘 교육만은 아니다. 그들은 또한 때때로 더 적극적인 초토화 전략을 사용한다. 권력에 맞서 시민들이 광범한 연대를 형성할 수 있는 모든 공동 현실을 파괴하고자 하는 것이다. 그들은 공교육 제도 자체를 파괴함으로써 이를 달성하려고 한다.

오늘날 미국 우파 정치인들 사이에서는 대학이 다양한 형태의 마르크스주의의 온상이 되고 있다는 주장이 자주 나오고 있다. 이들은 엘리트 대학의 폐쇄적 특권이 이런 문제를 일으켰다고 주장한다. 그러나 이러한 주장을 하는 정치인 중 많은 수가 아이비리그 출신이다. 텍사스주 상원의원 테드 크루즈Ted Cruz는 프린스턴 대학과 하버드 로스쿨을 졸업했다. 플로리다 주지사 론 디샌티스는 예일 대학(내가 가르치고 있는 곳)과 하버드 로스쿨을 다녔다. 아칸소주 상원의원 톰 코튼Tom Cotton은 하버드 대학과 하버드 로스쿨을 졸업했다. 오하이오주 상원의원 J. D. 밴스J. D. Vance는 예일 대학 로스쿨을 다녔다. 엘리스 스테파닉Elise Stefanik 하원의원은 하버드 대학을 졸업했다. 톰 코튼은 자신의 모교가 "반유대주의를 용인하면서 인종차별적이고 마르크스적인 '다양성' 정책을 추진한다"라고 비난했다.[1] 론 디샌티스는 (하버드에 대해 말하면서) "지금 대학 캠퍼스에는 지적·도덕적 부패가 일어나고 있다"라고 말했다.[2] 디샌티스는 대학을 표적으로 삼는 것을 자기 정치의 중심에 두고 있다. 테드 크루즈는 '문화적 마르크스주의'가 교육을 장악하여 대학을 '마르크스주의 대학'으로 변질시키고 있다고 경고하는 책을 출간했다.[3] 실제로 상당히 최근에 이들 대학을 졸업한 정치인들조차도 어떤 방식으로든 엘리트 대학을 비난하면서, 그들 자신을 하버드 대학을 비롯하여 반역적이고 반미적인 마르크스주의에 극단적으로 물든 대학에 분노한 일반 시민이라고 내세웠다.

스테파닉의 정치 경력은 틀림없이 하버드 대학에서 교육받은 것에서 오는 이익과 특권에 크게 빚지고 있다. 그녀는 하버드 정치 연구소에서 학생 지도자를 역임했다. 졸업 후 그녀는 조지 W. 부시 행정부에서 참모직을 맡았다. 그런데도 "고등교육의 책임을 묻는" 고등교육에 대한 공격을 불현듯 자신이 제기한 가장 유명한 쟁점 가운데 하나로 만들었다.[4]

이스라엘의 2023년 가자지구 침공은 10월 7일 하마스가 이스라엘인을 대상으로 한 끔찍한 테러 공격에 대한 대응이었다. 테러 학살에 대해 대응하는 방법에는 여러 가지가 있다. 민간인을 목표로 한 폭력적인 침공의 성과가 성공적인 경우는 없다. 이스라엘은 가자지구를 침공하는 동안 민간인들에게 폭격을 가했고, 가자지구 팔레스타인 주민들에게 기근이 발생할 수 있는 여건을 조성했다. 다시 말해, 이스라엘은 전쟁 범죄로 여기는 것이 타당할 수 있는 행위뿐만 아니라, 1948년 유엔 제노사이드 협약에 따라 제노사이드로 간주될 수 있는 행위도 저질렀다. 유엔 제노사이드 협약은 "전체적이거나 부분적으로 어떤 집단을 물리적으로 파괴할 목적으로 삶의 조건에 위해를 가하는 계산된 행위"를 제노사이드로 간주했다.[5] 당연히 이스라엘 군대의 행동은 미국 전역의 대학 캠퍼스에서 광범한 반전 시위를 불러일으켰다. 캠퍼스의 반전 시위를 이용해 대학을 공격하고 정당한 지위를 빼앗으려고 하는 것은 미국 우파 정치의 오랜 관행이다. 로널드 레이건은 1966년 캘리포니아 주지사 선거에 출마하면서 캠퍼스 반전 시위를 '폭동'과 '무정부 상태'라고 공격했다.[6] 1967년 취임 직후 편지에서 레이건은 "학문의 자유와 표현의 자유라는 핑계로 이런 사람들과 이 쓰레기 같은 행위를 어디까지 용납해야 할까요?"라고 썼다.[7] 2023년 가자지구 전쟁에 반대하는 대학의 캠퍼스 시위를 구실로 삼은 우익의 대학 공격은 대학, 교수, 학생들에게서 정당성을 훼손하기 위한 시도로, 이는 캠퍼스의 반전 시위자를 폭력적인 군중 집단으로 표현하는 오랜 전략을 기계적으로 적용한 것이다. 하지만 여기에다가 시위에 참여한 학생들이(심지어 유대인 학생들까지도) 난폭한 반유대주의 폭도의 구성원이라는 주장까지 더해졌다. 이는 정치적 성향과 관계없이 모든 미국인이 우려할 만한 일이다.

이처럼 가자지구의 이스라엘 전쟁에 대응하는 학생운동이 물결치던 2023년 말 열린 대학 캠퍼스의 반유대주의 증가 문제를 다루는 미국 의회 청문회에서, 스테파닉은 하버드 대학 총장인 클로딘 게이Claudine Gay, 펜실베이니아 대학 총장인 메리 엘리자베스 매길

Mary Elizabeth Magill, MIT 총장인 샐리 콘블루스Sally Kornbluth를 대상으로 각각 그들의 대학 정책에 대해 도발적인 질문을 던졌다. 스테파닉은 시위 학생들의 '인티파다intifada'• 구호가 유대인 집단학살을 요구하는 것이라고 주장했다. 이는 잘못된 해석이며, 학생들도 그런 메시지가 아니라는 것을 분명히 했다. 그런데도 스테파닉은 세 대학 총장에게 유대인 집단학살을 요구하는 것이 대학에서 괴롭힘에 해당하는지를 물었다. 세 총장은 명확한 답변을 거부하면서 상황에 따라 달라질 수 있다고 형식적으로 답변했다. 물론 괴롭힘을 통제하는 정책은 상황을 고려해야 하기에 솔직히 그들은 다른 답변을 할 수 없었을 것이다. 그러나 형식적 답변은 정치 무대에서 잘 먹히지 않았다. 청문회 직후 펜실베이니아 대학 총장은 강제로 사임해야 했다.[8]

이 파동이 가져온 추진력을 바탕으로, 하버드 최초의 흑인 총장이었던 클로딘 게이를 축출하기 위한 운동이 곧 진행되었다. 강경한 극우 정치 전략가인 크리스토퍼 루포Christopher Rufo는 게이가 다른 학자의 학술 논문에서 나오는 문구를 거의 똑같이 베껴서 자신

• 원래는 반란이나 봉기, 저항 운동을 뜻하는 아랍어다. 억압적인 군주제에 대한 저항, 식민 지배에 맞선 민중의 저항, 독립을 요구하는 항쟁 등 다양한 봉기를 묘사하는 데 사용된다. 영어로 사용될 때는 이스라엘의 점령과 압제에 맞서 저항하는 팔레스타인인들의 민중봉기를 가리킨다.

의 연구에 사용하면서도 논증은 하지 않고 인용 표시도 없는 표절 행위를 했다고 비난했다. 이 공격에는 곧 억만장자 헤지펀드 매니저이자 하버드 대학 기부자 빌 애크먼Bill Ackman도 동참했다.[9] 결국 이 공격은 성공을 거두었다. 게이는 2024년 1월에 사임했다. 스테파닉은 곧바로 성명을 내서 승리를 선언했다. 이 성명에서 스테파닉은 자신의 정치 경력에서 중추적 역할을 했던 하버드를 포함한 엘리트 대학들의 '도덕적 타락, 지적 게으름, 위험한 급진적인 집단적 사고'를 '청산해야' 할 필요가 있다고 선언했다. 그녀는 "우리의 강력한 의회 조사는 가장 '이름 있는' 고등교육 기관의 부패를 폭로하고 미국 국민에게 책임을 묻도록 하기 위해 앞으로도 계속 진행할 것"이라고 말했다.[10]

게이는 흠잡을 데 없는 학력과 많은 다른 최고 일류 대학 총장들의 패턴을 대부분 따르는 경력을 거쳐서 자신의 자리에 올랐다. 그녀는 이전에 하버드 대학에서 사회과학부 학장으로 많은 존경을 받았고, 이후 예술과학부 학장이 되었다.[11] 그런 다음 2023년에 총장으로 임명되었다. 그리고 게이가 학술 논문의 문장을 베낀 것처럼 보이지만, 그녀의 연구에 담긴 참신한 아이디어가 어떤 점에서도 잘못되었다거나 훨씬 더 심각한 범죄가 될 수도 있는 다른 사람의 연구를 도용했다고 주장하는 사람은 아무도 없었다.[12] 많은 사람이 보기에 게이가 표적이 된 것은 학문적 정직성에 대한 어떤 우려 때문이 아니라 다른 이유, 즉 그녀가 흑인이면서 그에 어울리지 않는 사회적 위상을 가진 기관을 이끄는 직책에 임명되었기 때문이었다.

크리스토퍼 루포가 《폴리티코Politico》와의 인터뷰에서 분명히 밝혔듯이, 클로딘 게이에 대한 공격은 미국 내 기관을 대상으로 한 더 큰 공격의 일부였다. "저는 비판적 인종 이론, 젠더 이데올로기, DEI 관료주의에 대해서도 같은 전술을 써왔습니다"라고 그는 말했다. "우리 기관의 구조를 고려할 때, 당분간 이것은 대부분의 문제에 우파가 적용할 수 있는 보편적인 전략입니다. 우리는 그것이 성공할 수 있다는 것을 증명했다고 생각합니다."[13] 게이에 대한 공격은 1940년대와 1950년대 미국 좌파들과의 이념 전쟁 동안 미국 상원의원 조지프 매카시Joseph McCarth와 그밖의 빨갱이 공포 조장자Red Scaremongers들이 사용한 것과 같은 전략을 따르고 있다. 이는 대규모의 반대 의견을 잠재우기 위해 특정 집단의 일부 유명 인사들을 지속적으로 괴롭혔던 전략이었다.

이 글을 쓰는 현재도 대학에 대한 우익의 이런 반복적인 공격이 멈출 조짐은 보이지 않는다. 2024년 4월, 콜롬비아 대학 총장인 미누슈 샤픽Minouche Shafik은 콜롬비아 대학 캠퍼스에서 반유대주의(즉 가자지구의 이스라엘 행동에 반대하는 시위)가 활개를 치도록 허용했다는 같은 혐의로 의회 위원회에 소환되어 조사받기도 했다. 의회

위원회의 활동은 1940~1950년대 하원 반미활동위원회House Un-American Activities Committee와 의심스러울 정도로 닮아가고 있다. 이에 대해 샤픽은 위원회의 대학에 대한 공격에 굴복하여 그들이 날조한 혐의에 동의하고 단속을 약속했다. 위원회에서의 그녀의 증언과 그에 이어 뉴욕 경찰을 불러들여 시위에 참여한 학생들을 강제 해산하고 체포한 그녀의 행동은 미국 전역의 캠퍼스에서 투자 철회 캠페인 천막 농성을 촉발했다. 많은 대학은 학생 시위대를 향해서 군사적 방식의 강경 진압으로 대응했다. 수십 년 동안 대학을 공격해온 바로 그 우익 세력은 그렇게 하지 않으면 대학의 정당성을 박탈하려는 자신들의 목표를 지지하지 않았을 부유한 기부자와 그밖의 사람들을 끌어들이는 데 교묘하게 이용할 수 있는 무기를 발견했다.

극우 정권이 이끄는 다른 나라에서도 같은 종류의 공격을 볼 수 있다. 2014년 집권을 했을 때 나렌드라 모디 정부가 취한 첫 번째 조치 중 하나는 엘리트 대학을 표적으로 삼아 "자신들이 좋아하지 않는 주제로 강의한 교수들을 경찰에 고발하는 등의 조처를 하는 것"이었다.[14] 그 이후로 인도의 공립 및 사립대학은 주로 종교적 관용 문제를 둘러싸고 지적 자율성 및 자유에 대한 공격을 받아왔다. 데방가나 칼리타Devangana Kalita와 나타샤 나르왈Natasha Narwal은 델리에서 대학에 다니는 학생으로, 기숙사에서 여학생과 남학생이 불평등하게 대우받는 관행을 바꾸기 위해 결성된 학생 단체 핀즈라 토드Pinjra Tod의 창립자였다. 2020년 핀즈라 토드는 2019년 통과된 인도시민권 개정법Citizenship Amendment Act*에 반대하는 대학 캠퍼스의 평화적인 학생 시위를 조직하는 데 중심 역할을 했다. 인도시민권 개정법은 인도에 거주하는 비무슬림 주민들에게만 시민권 취득에 우대 조치를 제공했다. 이러한 평화적인 시위가 델리에서 일어난 폭력적인 난동의 일부로 언론에 잘못 보도되면서 핀즈라 토드의 창립자 두 명은 폭동 선동, 살인 미수, 내란 교사 및 기타 여러 범죄 혐의로 체포되어 수용되었다. 이들은 현재 보석으로 풀려났다.[15] 현재 인도의 대학들은 이른바 '반인도' 정서의 징후를 보이는지 면밀한 경계의 대상이 되고 있다. 이러한 징후에는 인도 무슬림 사람들의 평등권을 옹호하는 등의 자유주의를 옹호하는 것이 포함된다.

• 2019년 인도 의회를 통과한 1955년의 기존 시민권법에 대한 개정법이다. 2014년까지 인도에 도착한 이슬람 국가인 아프가니스탄, 방글라데시, 파키스탄 출신으로 소수 종교를 믿다가 박해를 받았던 난민들에게 인도 시민권을 빨리 취득할 수 있는 경로를 제공했다. 겉으로 볼 때 이 개정법은 박해받는 집단을 보호한다는 목표를 가지고 있었다. 그러나 기본적으로 종교를 기준으로 시민권 취득 자격을 달리했으며, 시민권을 빨리 받을 수 있는 대상에서 무슬림을 제외했다. 그리고 인도에 거주해온 스리랑카 타밀 난민을 제외했다. 이 개정법에 대해 인도 서북부에서는 난민 및 이민자에게 시민권을 부여하는 것이 인도인의 정체성을 해체하고 방글라데시에서 더 많은 난민이 들어오는 것을 유발할 것이라는 반대 시위를 불러일으켰다. 반대로 대학 등지에서는 이 법이 무슬림을 차별한다는 등의 이유로 반대하는 시위가 일어났다.

이러한 공격에 인도의 사립대학도 예외는 아니었다. 프라탑 바누 메타Pratap Bhanu Mehta는 세계적으로 유명한 정치 이론가이자 인도 집권당인 바라티야 자나타당의 비판자였다. 그는 2017년 인도 아쇼카 대학의 총장이 되었다. 2021년, 대학 이사회는 그에게 "그의 지적 개입은 자신들이 더이상 보호할 수 없는 것"이라고 통보했다고 전해졌다.[16] 그 결과 메타는 총장직과 교수직에서 사임했다. 아쇼카 대학이 (원칙상) 정부의 감독을 받지 않는 사립대학이었기 때문에, 아마도 인도의 권위주의 정부 지지자들은 아쇼카 대학을 압박할 방법을 찾아왔을 것이다.

자와할랄 네루 대학은 인도의 엘리트 대학 중 하나로, 나라의 지적 '상류층'을 배출하는 미국의 명문 대학과 같은 자유주의 지성 기관이다. 이 대학의 교수와 학생들은 힌두 민족주의 정부와 그 지지자들로부터 가혹한 표적이 되어왔다.[17] 대학을 향한 이런 발언들은 폭력적인 군중들이 캠퍼스에서 대학생들을 공격하도록 부추겼다. 새로 고용된 힌두 민족주의 성향의 행정가들은 현재 미국의 여러 대학 총장이 그렇듯이 시위와 항의에 참여한 학생들을 정학 처분했다. 요컨대, 인도의 힌두 민족주의 정부는 자국 최고 수준의 대학들을 거리낌 없이 파괴하고 있다. 이는 오늘날 미국이 겪고 있는 것과 같은 과정이지만 거기에서 한 걸음 더 나아간 것이다.

앞서 살펴본 바와 같이, 미국에서 고등교육 기관이 학생들을 좌파로 세뇌하는 공장이라고 비난하는 주요 정치인 중 일부는 종종 대학으로부터 가장 많은 혜택을 받은 사람들 가운데 하나다. 그리고 더 평범한 학력을 가진 그들의 동료들은 자신이 속한 보수 정치 운동이 대부분 아이비리그 졸업생에 의해 주도된다는 사실을 무시하는 경향이 있다. 오늘날 미국에서 가장 극단적이고 극우적이며 반민주적인 정치인에 속한다고 손꼽히는 졸업생들을 배출한 기관들이 '자유주의 세뇌'를 하고 있다고 믿는 것은 납득하기 어렵다. 실제 상황은 이와는 분명히 다르다. 엘리트 교육기관이 있는 모든 나라에서 그 졸업생들은 지배계급의 역할을 한다. 그리고 대부분 지배계급은 다양한 정치적 견해를 가진 사람들로 구성될 것이다. 예를 들어, 영국에서 (이념적 성향이 극히 다른 사람들을 포함한) 많은 정치 엘리트는 몇 세기 동안 특권층이 다니는 중등학교와 두 개의 최고 명문 대학인 옥스퍼드, 케임브리지 대학 졸업생들로 구성되어 왔다.

이러한 국가에서는 다양한 정치적 이념을 가진 권력욕이 강한 정치인들이 사회에서 영향력 있는 지위를 획득하고 유지하기를 갈망하면서 명문 학교를 다닐 것이다. 이들 중 많은 사람, 특히 평범한 사람들의 경제적 이익에 대해 적대감을 가진 사람들은 자기 아이디어가 가진 장점만으로는 대중의 인기를 얻을 수가 없다. 조작된 반엘리트주의 정치만이 그들이 갈망하는 권력을 얻는 가장 확실한 길이다. 이런 점에서 아이비리그 교육을 받은 공화당 정치인들의 위선은 완전히 이해된다. 엘리트 기관은 또한 권력에 굶주린 이런 정치인들에게 자신의 극단적·우익적·반민주적 이데올로기를 퍼뜨리는 데 필요한 기술을 제공한다. 그리고 이런 특정 가짜 포퓰리스트들의 경우에는 이를 효과적으로 수행할 수 있는 네트워크와 인맥을 제공한다.

영국과 마찬가지로 미국도 권력과 부의 네트워크에 접근할 수 있는 최상위 대학을 중심으로 한 계급 구조를 형성하고 있다. 따라서 이 대학들은 대중이 분노하기에 완전히 적당한 대상이다. 그러나 우익 비평가들은 종종 다른 방식의 공격을 모색해서, 이런 기관들을 마르크스주의의 온상이라고 비난한다. 실제로 이들은 계급적 위계구조를 당연히 거부하는 정치 철학인 마르크스주의와는 정반대의 관점을 가지고 있다.

나는 마르크스주의자는 아니지만, 어떤 마르크스주의자도 엘리트 대학의 임무와 역할을 지지하지 않으며, 마르크스주의자도 엘리트 대학에서 가르치려고 하지 않을 것으로 생각한다. 계급적 위계구조를 조장하고 유지하는 역할을 하는 이러한 기관을 경멸하는 것, 그 자체가 마르크스주의자의 입장이다. 우익 정치인들이 엘리트 대학을 마르크스주의나 사회주의와 같은 평등주의 철학과 터무니없이 연결할 때, 또다른 어떤 일이 벌어지고 있는 것이다.

인도 최고의 대학들에서 일어나고 있는 일을 살펴보면 불길하지만 미국 대학도 가까운 미래에 아마도 그렇게 될 것이라고 예상할 수 있다.

계급적 위계구조가 직면할 수 있는 가장 중요한 위협 가운데 하나는 누구나 들어갈 수 있으면서도 우수한 공립학교 시스템이다. 이러한 위협을 가장 심각하게 느끼고 공교육을 향한 적대감을 계급적 위계구조에 대한 지지와 연결 짓는 정치 철학은 우익 자유지상주의libertarianism•의 특정한 한 가지 형태다. 이는 자유시장을 인간 자유의 원천으로 보는 이데올로기다. 이런 유형의 자유주의자들은 정부 규제와 공교육을 비롯한 사실상의 모든 공공재에 반대한다. 이러한 형태의 자유주의 이념이 추구하는 정치적 목표는 공공재를 해체하는 것이다. 공교육의 해체는 올리가르히(소수의 정치적·경제적 사회 지배층)와 기업 엘리트들에게 똑같이 지지받고 있다.

• 개인의 자유를 정치, 사회의 최우선 가치에 두는 이념이다. 개인의 자유를 존중한다는 점에서 자유주의의 한 형태이지만, 복지나 공공선을 위해 어느 정도 국가의 개입이 필요하다고 생각하는 일반적인 자유주의와는 달리 국가 권력을 치안이나 국방, 법 집행 등에만 극도로 제한하여 최소화해야 하며, 개인의 자유를 절대적으로 존중해야 한다고 주장한다. 한국에서는 자유주의와 자유지상주의의 개념을 구분 없이 '자유주의'라고 하는 경우도 많지만, 미국에서는 두 개념을 구분하는 것이 보통이다. 이 책의 원서에서도 liberalism과 libertarianism을 분리하여 서술했다. libertarianism을 한국어로 쓸 때는 미국의 정치적 맥락을 중시하여 원어 발음 그대로 '리버테리아니즘'이라고 쓰기도 한다. 이 책에서도 원서의 취지를 살려 libertarianism을 '자유지상주의'로, liberalism을 '자유주의'로 구분해서 번역했다.

이들은 민주주의를 자신의 권력에 대한 위협으로, 공공재에 필요한 세금을 자신의 부에 대한 위협으로 여긴다. 공립학교는 민주주의의 기본이 되는 공공재다. 따라서 파시스트와 파시스트 성향의 운동가를 비롯해 민주주의에 반대하는 사람들이 우익 자유지상주의자들과 힘을 합쳐 공교육 제도를 완전히 무너뜨릴 수도 있다고 여기는 것은 논리적으로 당연하다.

최근 몇 년간 공립대학에 대한 공격의 움직임을 이끈 선구자 중 한 사람은 전 위스콘신 주지사인 스콧 워커Scott Walker였다. 그는 위스콘신주의 유명한 공립대학 시스템을 무너뜨리기 위해 싸운 것으로 명성을 떨쳤다. 2010년 주지사 출마를 시작으로, 두 번의 주지사 임기와 2016년 대통령 선거 출마 등 그의 정치 경력 내내, 워커는 기회가 있을 때마다 고등교육을 평가절하하고, 대학 시스템 업무를 새롭게 바꾸도록 했다. 저널리스트 카린 피셔Karin Fischer가 2022년《고등교육 연대기》에 기고한 〈고등교육을 무너뜨리기 위한 플레이북〉이라는 제목의 글에서 설명했듯이, 이 싸움은 워커가 가진 정치이념의 핵심이다.

스콧 워커는 … 반교육적인 주지사였다. 위스콘신 공화당 주지사는 두 번의 임기 동안 되풀이해서 주의 대학과 거기에서 일하는 사람들을 정치적 희생양으로 삼아, 그들이 낭비적이고 현실과 동떨어졌다고 비판했다. 그리고 그들이 강의실에서 가르치는 것에 이의를 제기하고, 그들의 가치관 자체를 문제 삼았다. 2019년 퇴임 당시 워커는 대학 예산을 삭감하고, 대학 교수의 종신 재직권 보호와 대학 자율성을 박탈했으며, 주와 사회에서 고등교육의 중요성을 강조한 주법에 들어가 있는 위스콘신 아이디어Wisconsin Idea*를 폐기할 것을 제안했다.[18]

워커의 공세는 주 차원에서 실제로 매우 성공적이어서 고등교육에 반대하는 전국적인 우익 캠페인의 모델이 되었고, 이런 시도의 배후에 있는 공화당 정치 세력을 결집하는 데 큰 도움이 되었다. 예일 대학 로스쿨을 졸업한 J. D. 밴스J. D. Vance는 '2021 전국보수주의 컨퍼런스2021 National Conservatism Conference' 연설에서 "교수들은 적이다"라는 리처드 닉슨 전 대통령의 말을 되풀이했다.[19]

이러한 공격을 조정하는 데 관여하는 기관에서는 교육을 약화하려는 작업과 민주주의에 대한 공격이 깊이 얽혀 있다.《폴리티코》의 2021년 보도에 따르면, 당시 헤리티지 재단 경영 담당 책임

• 대학의 연구와 교육이 대학 자체를 넘어 사회 문제를 해결하고 시민의 건강, 삶의 질, 환경 및 농업을 개선하기 위해 적용되어야 한다는 생각이다. 1904년 위스콘신 대학 매디슨 캠퍼스 총장 찰스 반 하이스(Charles Van Hise)가 "대학의 자비로운 영향력이 주의 모든 가족에게 도달할 때까지 절대 만족하지 않을 것"이라고 선언한 것에서 비롯되었다. 대학 교육의 대중에 대한 서비스, 연구의 사회 문제 적용, 지식의 통합, 민주주의적 이상을 기본 원리로 한다.

자였던 제시카 앤더슨Jessica Anderson은 비판적 인종 이론을 "자신의 단체가 투표법을 엄격히 하려는 노력과 함께 힘써 다루고 있는 두 가지 핵심 사안 중 하나"로 꼽았다.[20] 헤리티지 재단이 조직한 트럼프 행정부 2기 청사진인 〈프로젝트 2025〉의 법무부에 관한 한 조항에서는 선거 관련 범죄의 책임을 민권부Civil Rights Division에서 형사부Criminal Division로 이관하여 더 엄격히 다루고, 대상이 되는 사람을 더 철저히 기소하여 훨씬 더 엄격하게 처벌할 여지를 두었다. 〈프로젝트 2025〉 보고서에서 적극적으로 기소할 것을 권고하는 '선거 관련 범죄'는 "우편 투표 사기를 포함한 유권자 등록 사기"와 같은 범죄다(이런 범죄가 미국 어디에서도 의미가 있을 만큼 여러 번 일어난 적이 없음을 유념할 필요가 있다).* 이러한 계획이 법으로 제정되면 유권자 등록 운동에 참여하기만 한 사람들도 형사 고발을 당할 수 있으며, 투표 참여 확대를 위한 다른 프로그램을 방해하는 데

---

* 2020년 대통령 선거에서 민주당의 조 바이든에게 패한 직후 트럼프는 자신의 패배는 대규모 부정선거 때문이라고 주장했는데, 그 대상이 우편 투표였다. 2024년 대선에서 승리하여 다시 대통령이 된 이후에도 트럼프는 2020년의 부정선거 주장을 되풀이하고 있다. 예를 들어, 트럼프는 2025년 8월 15일 블라디미르 푸틴 러시아 대통령과의 정상회담이 끝난 다음 2020년 미국 대통령 선거는 부정선거임에 뜻을 같이 했다고 전했다. 그리고 2026년 중간선거에서 우편 투표를 폐지하는 방안을 추진하겠다고 공공연히 말했다. 한국에서도 2017년 시행된 19대 대선에서 문재인 후보가 대통령에 당선된 이후부터 선거에서 우익의 부정선거 주장이 되풀이되고 있다. 이들의 부정선거 주장도 미국의 트럼프와 마찬가지로 우편에 의한 사전투표와 전자개표제에 집중되었다.

사용될 수 있음이 분명하다.[21]

영향력 있는 우익 싱크 탱크인 맨해튼 연구소Manhattan Institute도 마찬가지로 공교육에 대한 공격을 우선시하며, 클로딘 게이를 하버드 대학 총장에서 축출하는 데 이바지한 전략가 크리스토퍼 루포가 주도하는 비판적 인종 이론에 대한 국민 발의를 후원하고 있다. 루포는 학교와 대학을 이 무시무시하게 들리는 학문 이론과 연결해서 끈질기게 반복적으로 공격하는 방법을 개발했다. 그가 주장하는 대학이 이 이론을 이런 식으로 사용하고 있다는 의미는 완전히 날조된 것이다. 그리고 겉으로는 그럴듯해 보이는 이러한 혐의를 이용해서 교육기관이 국가를 위협하는 위험한 이념을 위해서 자신들이 해야 할 교육의 진정한 목적을 버렸다고 그는 주장한다.

이러한 전략은 공화당 내에서 증가하고 있는 것으로 보인다. 모든 이야기를 종합해보면 루포는 플로리다 주지사 론 디샌티스의 교육 의제를 형성하는 데 상당한 영향력을 행사한 것으로 알려져 있다. 2023년 3월의 기사에서 저널리스트 마이클 크루즈Michael Kruse는 두 사람의 관계에 대해 자세히 설명한다.

싱크 탱크 전문가이면서 소셜 미디어 트롤troll을 혼합한 일부는 용병이자 일부는 사절인 루포는 지난 1년 반 동안 디샌티스가 자신의 시그

니처로 삼으려고 했던 문제들의 주요 공급원이자 대리인 역할을 해왔다. 그 문제들은 교육위원회와 고등교육, 디즈니, 젠더 및 성적 취향에 대한 교육 및 관용 문제, 디샌티스가 "깨어 있지 않다"라고 규정한 포괄적인 정책 전반에 걸쳐 있다. 이런 문제들에 대한 정책은 팬데믹 이후 그를 정치적으로 부상할 수 있게 한 주요 동력이 되어왔다.[22]

2024년 미국 대통령 선거의 공화당 후보를 뽑는 경선에 출마했다가 사퇴한 선거운동 과정에서 디샌티스는 국경 개방, 세속주의, 성소수자 평등, 도시 지역의 높은 범죄율을 조장하는 좌파 사회 정의 이데올로기를 비난했다. 이러한 악영향에 맞서기 위해 디샌티스는 인종 및 사회 문제와 관련된 교육과정에 여러 가지 제한을 둘 것을 제안했다. 그리고 헝가리의 중앙유럽대학 공격을 모방한 것처럼 보이는 플로리다 뉴칼리지에 대한 공격을 시작하면서 명망 있는 교육기관을 해체하는 방법에 대한 일종의 사례 연구를 만들고자 했다. 플로리다주 고등교육에 대한 디샌티스의 적대감이 커지자, 미국대학교수협회는 심각한 우려를 하면서 '플로리다 공립 고등교육 시스템의 정치적 간섭과 학문의 자유에 관한 특별위원회'를 구성했다.[23]

최종적으로 발표한 보고서에서 위원회는 플로리다 공립 고등교육의 핵심 운영 기구인 주립대학 시스템 이사회를 우익이 완전히 장악한 상황을 상세히 기술했다. 주립대학 시스템 이사회는 각 대학의 위원회뿐 아니라 12개의 공립대학과 모두 합하면 약 35만 명에 달하는 학생을 감독하는 책임을 맡고 있다. 주립대학 시스템 이사회의 위원 17명을 채울 때, 디샌티스는 후보자들의 장점을 고려하는 시늉도 하지 않았다. AAUP 보고서가 주목했듯이 그가 지명한 위원들은 대체로 '전직 (공화당) 정치인 및 전문 정치 활동가'였다. AAUP 보고서가 발표될 당시 대학 시스템의 전체적인 운영 구조는 단순한 공화당원을 넘어서 디샌티스에게 충성하는 공화당원들에 의해 지배되고 있었다. 그 결과, 보고서에 따르면 "(공화당이) 주 의회의 과반수를 차지하는 상황에서 이사회가 다수당 주지사와 그의 동맹 세력의 지도를 따르는 경향이 증가하고 있다". 그런 다음 보고서는 '플로리다 대학의 한 원로 교수'의 말을 인용하여 현재 이사회 구성원과 평의원이 대학 시스템의 건전한 상태가 아니라 주지사와의 관계에 주로 관심을 두고 있다고 언급한다.[24]

보고서에 따르면 플로리다 공립대학의 총장직도 건전한 경영 실적을 보이거나 기관을 온전한 상태로 유지하는 데 헌신적으로 노력했던 후보자에게 수여되는 것이 아니라 충성파에게 정치적 특혜로 주어지고 있다고 한다. 교수 중 한 사람인 정치학자 샤론 라이트 오스틴Sharon Wright Austin은 보고서의 저자들에게 "주지사는 자신을 비판하거나 자신에게 이의를 제기하는 사람을 좋아하지 않습니다. … 대학 총장은 꼭두각시가 되어서는 안 되지만, 여기는 플로리다고 우리 주의 학계는 새로운 시기를 맞이하고 있습니다"라고 설명했다.[25]

이 보고서는 플로리다 공립대학 교수가 디샌티스를 공개적으로 비판하는 것은 위험하다는 것을 시사한다. 충성심과 정치적 호의를 바탕으로 이사회와 대학 총장직에 후보자를 지명함으로써 디샌티스는 (또다른 인센티브를 제공하는 것을 통해) 플로리다의 광범위한 정치 지형에 대한 자신의 통제력을 강화하는 동시에 대학 시스템에 대한 자신의 통제력을 높였다. 요컨대, AAUP 보고서는 권위주의가 장악하고 있는 한가운데에서 파괴의 벼랑 끝에 서 있는 상태라고 대학 시스템을 묘사하고 있다.[26]

공립대학과 교육 전반에 대한 디샌티스의 공격은 다원주의적이고 민주적인 형태의 교육을, 세뇌에 더 적합한 협소하면서 이념적 동기가 들어가 있는 교육으로 대체하려는 우익의 더 큰 기획의 일환이다. 이러한 시도는 교육에 대한 또다른 종류의 공격으로 보완된다. 이는 그 자신의 목적을 위해 시스템을 재구성하려는 파시스트적 충동이 아니라 시스템을 완전히 제거하려는 자유지상주의적 충동에서 비롯된다. 이 두 진영의 최종 목표는 다소 다를 수 있지만 많은 전술은 동일하며, 공동의 적이 있다는 점이 이들을 자연스럽게 동맹으로 만든다. 예를 들어, 론 디샌티스처럼 공교육에 반대하는 많은 자유지상주의자는 대학과 학교를 약화시키기 위해 대중(특히 그들의 기반을 이루는 백인 중상류층)이 무섭고 막연하게 위협적이라고 생각할 수 있는 사회 정의나 비판적 인종 이론, 구조적 인종차별주의 같은 개념과 연결짓고자 한다.

미국의 가장 중요한 공공재인 공립학교와 공립대학을 파괴하는 것은 아마도 자유지상주의 우익의 오랜 목표였을 것이다. 이들은 자신들의 의도를 감추고 사립학교에 세금을 지원하는 바우처 프로그램과 같은 조치가 공립 시스템을 파괴하려는 것이 아니라 학생과 부모에게 '학교 선택권'을 제공함으로써 이를 보완하려는 것이라고 주장하면서, 종종 단계적이고 점진적인 접근 방법을 취했다. 공교육에 반대하는 자유지상주의자들은 그들의 목표를 감추는 데 매우 신경을 쓰고 더 권위주의적인 반대자들은 교육기관에 대해 맹목적으로 적대적일 수 있기에 이들을 구별하기 어려운 경우가 많다. 심지어 어떤 이들은 자신이 어느 진영에 속해 있는지 스스로 불분명하게 여기기도 한다. 도널드 트럼프 전 대통령과 벳시 디보스Betsy DeVos 교육부 장관만큼 이러한 혼란을 잘 보여주는 예는 없을 것이다.

미국 교육부 수장으로 임명되기 전 수십 년 동안 디보스와 그녀의 가족은 고향인 미시간주의 공교육 시스템을 약화시키는 데 중심 역할을 했다.[27] 디보스의 남편인 딕 디보스Dick DeVos는 한동안 아버지가 공동 설립한 다단계 마케팅 회사인 암웨이의 사장을 역임했는데, 1990년 미시간주 교육위원으로 선출되었다. 이후 디보스는 바우처 프로그램과 사립학교 교육에 대한 세금 면제 등 다양한 반공립학교 정책의 주요 후원자가 되었고, 이 두 정책은 공립학교에 대한 자금 제공을 획기적으로 줄이는 데 힘을 보탰다. 디보스 부부는 또한 매키낙 공공정책센터Mackinac Center for Public Policy의 주요 후원자기도 하다.[28] 매키낙 센터는 미시간주에 기반을 두고 1987년에 설립된 싱크 탱크로, 미시간주 공공재 민영화 운동에 막대한 영향을 미쳤으며, 교육은 이 운동의 주된 표적 중 하나다. 하지만 저널리스트 앤디 크롤Andy Kroll이 《마더 존스》에 기고한 글에서 설명했듯이, 민영화에 대한 센터의 야망은 교육에만 국한되지 않는다.

매키낙 센터는 민영화의 열렬한 옹호 단체로, 미시간주의 반反노조 법안을 뒷받침하고 있다. 센터의 학자들은 공립 교육구부터 암트랙Amtrak〔미국 국영철도〕, 주립 교도소에 이르기까지 모든 것을 아웃소싱하는 것을 지지한다. 2007년에는 공립학교 교사 및 기타 공공기관 고용자의 노조 의무가입과 회비 자동공제를 반대하는 '단체 교섭 입문서'를 발간했다. 센터는 교사를 위한 단체 교섭이 "교육의 질을 크게 저해하는 요인"이라고 주장한다. 즉 가능한 한 많이 아웃소싱하고 노조를 무력

화하면 교육의 질, 그리고 아마도 도시 서비스의 질이 높아진다는 것이다.[29]

매키낙 센터는 또한 공화당 주지사 릭 스나이더Rick Snyder가 서명해 법률로 제정된 미시간주 비상관리법emergency management act을 2012년 확대시키는 것을 뒷받침한 주요 지원처였다. 이 법은 주지사가 금전적 비상사태에 처한 시장과 시 의회를, 시를 대표하여 결정을 내릴 권한을 가진 '비상 관리자'로 대체할 수 있게 했다. 2012년 법이 확대되면서 이 비상 관리자에게는 노조와의 계약 파기, 시 자산 매각, 시 서비스 아웃소싱 등 고유하고 특별한 권한이 부여되었다. 2012년 개정 이후 처음으로 이 법을 적용한 미시간주 플린트에서는 비상 관리자들이 일련의 결정을 내렸는데, 이 결정은 수천 명의 어린이들이 납에 노출되는 치명적인 식수 위기를 초래했다.[30]•

디보스 가족의 공적인 정치 행동을 보면, 공립학교를 해체하는 것은 광범위한 공공 부문의 해체를 요구하는 더 광범한 자유지상

• 2014년 미국 미시간주에서 수돗물이 오염되어 시민들이 납 중독 피해를 본 사건이다. 비상 관리자들이 재정을 아끼기 위해 상수원으로 사용하기에 적합하지 않은 플린트강의 물을 취수해 수돗물로 공급했다. 그러나 산성이 강한 플린트강의 물이 상수도관을 부식시켰는데, 이때 관의 이음매로 사용된 납이 물에 녹아 납 중독이 발생했다. 그리고 물의 소독을 위해 추가로 넣은 염소에서 발암물질이 발생하기도 했다.

주의 프로그램의 일부인 것으로 보인다. 벳시 디보스의 남동생인 에릭 프린스Erik Prince는 가족의 자유지상주의 정신에 더 제국주의적인 성향을 결합하여 민간 군사 기업인 블랙워터Blackwater를 설립했다. 이후 여러 차례 사명을 바꾼 블랙워터는 전쟁 수행 책임을 민간 기업에 아웃소싱하는 새로운 모델을 개발하여 유명해졌다. 이는 결국 2007년 바그다드에서 블랙워터 경비병들이 이라크 민간인 17명을 살해한 참혹한 니수르 광장 학살 사건*으로 이어졌다.[31] 2024년 팟캐스트 〈에릭 프린스와 함께하는 오프 리쉬Off Leash with Erik Prince〉의 한 에피소드에서 프린스는 단순히 그가 외국의 약점이라고 여기는 것을 근거로 침략을 옹호하는 것처럼 보였다. "전 세계의 많은 국가가 스스로 통치할 능력이 없다면, 이제 우리가 제국의 모자를 다시 쓰고 그 나라들을 통치할 때가 되었다고 말해야 할 때입니다. … 더이상은 참을 수 없습니다. 우리는 침략을 용납하지 않을 것입니다. … 거의 모든 아프리카 국가는 스스로 통치할

• 이라크 바그다드의 번화가인 니수르 광장에서 2007년 9월 16일 블랙워터 직원들이 미국 대사관 차량을 호송하던 중 이라크 민간인을 향해 총을 쏴 어린이와 여성을 비롯한 이라크 민간인 17명이 숨지고 20여 명이 부상당한 사건이다. 블랙워터 경비대는 호송차가 매복 공격을 받았으며, 자신들이 총을 쏜 것은 자살 테러를 막기 위한 것으로 정당방위였다고 주장했지만, 이라크와 미국 측의 조사 결과 이 주장은 근거가 없음이 확인되었다. 블랙워터 직원 중 네 명이 살인과 총기 살인 등의 죄목으로 미국 연방법원에서 유죄 판결을 받았지만, 2020년 트럼프 대통령은 이들을 사면했다.

능력이 없다고 말할 수 있습니다"라고 그는 말했다.[32]

호주의 사회학자 멜린다 쿠퍼Melinda Cooper는 우익 자유지상주의와 신자유주의, 사회적 보수주의의 결합이 단순히 편의상 이루어진 것이 아니라고 설득력 있게 주장했다.[33] 그녀가 보여주듯이, 밀턴 프리드먼Milton Friedman과 게리 바우어Gary Baue 등 자유지상주의 운동의 주요 인물 중 일부는 공공재의 해체를 희망했다. 그 이유는 부분적으로는 그렇게 하는 것이 가족의 전통적인 역할을 회복시켜 줄 수 있다고 생각했기 때문이다. "프리드먼과 같은 신자유주의자들은 개인 자신에게 책임이 있다는 논리에서 시작하지만, 결국 임금을 받지 못하는 가족을 부양하는 사회적 비용에 직면했을 때 가족 의무의 필요성을 긍정하게 된다"라고 그녀는 썼다.[34] 다시 말해, 도움이 필요한 시민을 지원할 국가가 없다면 시민은 가족과 종교 공동체에 도움을 요청할 수밖에 없다는 것이다. 이는 전통적인 사회적 가치를 강화하는 효과가 있다. 왜냐하면 이러한 가족과 공동체로 하여금 그들이 불쾌감을 느낄 수 있는 특정 신념, 정체성, 또는 삶의 방식에 대한 거부를 지원의 조건으로 삼을 수 있는 위치에 놓이게 하기 때문이다. 강력한 공공재 시스템은 시민들이 스스로 선택하고 민주주의의 자유를 최대한 활용하는 데 필요한 지원 구조를 제공한다. 이것이 바로 사회적 보수주의자와 자유지상주의자들이 모두 민주적 형태의 교육을 매우 위협적으로 여기는 이유다.

민주적 교육 시스템을 해체하는 데 파시즘 교육의 전체 이데올로기 프로그램을 실행하는 것이 필수는 아니다. 사회적·경제적 평등을 위한 기회를 창출하는 요소를 제거하는 것만으로도 충분하다. 국가 예외주의 주장과 편협한 직업교육은 남겨두어도 된다.

교육의 효과는 평생 지속된다. 내가 다닌 공립 고등학교에는 극우적인 견해를 가진 역사 교사가 있었는데, 이러한 그의 성향은 자신의 2차 세계대전에 대한 교육을 물들여 놓았다. 많은 해가 지난 후 나는 우연히 이 선생님으로부터 역사를 배운 우리 반 친구가 소셜 미디어에서 히틀러가 부분적으로는 유대인이라는 황당한 이론을 주장하는 것을 우연히 보게 되었다. 이는 그의 생각으로는 나치의 홀로코스트가 부분적으로는 유대인 내부 문제라는 것을 의미했다. 물론 그의 인생에서 다른 많은 요인이 그의 견해와 역사의식을 형성했을 것이다. 그러나 역사 교사의 역할은 분명하다. 모든 사람이 그런 교사의 서로 다른 여러 해석에 빠질 수 있음을 상상해 본다면, 우리는 반교육이 지닌 파괴적인 잠재력을 이해하기 시작할 수 있을 것이다. 그 해석은 종교적 세뇌부터 역사 내용이 전혀 들어가 있지 않은 기초적인 직업 교육에 이르기까지 온갖 종류의 학교 교육을 조각조각 붙여서 만든 거대한 조각보와 같은 것이다. 이런 빈곤한 교육 위에 민주적 문화가 자리잡을 수는 없다. 현실에 대한 공통된 이해와 역사 인식의 공유 없이 사회적·경제적 평등은 불가능하다.

　교육 시스템을 통해 민주주의를 공격하는 방법에는 여러 가지가 있다. 파시즘 교육은 동원을 위한 교육이다. 파시즘 선전과 마찬가지로 지도자, 인종 집단 또는 종교를 지킨다는 명분으로 시민들에게 폭력을 준비하게 한다. 이는 지도자를 지지하는 폭력을 정당화하는 데 이용되는 억울함과 분노의 감정을 생겨나게 한다. 그 폭력은 군부의 배신이라고 일컬어지는 행위에 대한 복수일 수도 있고, 선거에서 표를 도둑맞았다는 믿음 때문일 수도 있다. 이런 교육은 반민주적이고, 위계적이며, 권위주의적이다. 반대로 반교육은 시민의 적극적 참여를 억제하기 위한 교육이다. 반교육의 목표는 국민을 그 나라의 역사와 문제에 대해 무지하게 만드는 것뿐만 아니라 국민을 상호 이해의 가능성이 없는 서로 다른 많은 집단으로 분열시켜 대규모 통일 행동의 가능성을 없애는 데 있다. 그 결과로 반교육은 국민을 무관심하게 만들어 나라를 운영하는 일을 다른 사람들에게 맡기게 한다. 그들이 독재자, 금권정치가, 신정주의자라도 가리지 않는다.

6장

고전교육

나는 셰익스피어와 함께 앉아 있다. 그는 눈썹 하나 까닥하지 않는다. 인종의 경계를 넘어 나는 발자크 및 뒤마와 팔짱을 끼고 걷는다. 그곳에서는 얼굴에 미소를 띤 남성들과 반겨주는 모습의 여성들이 금빛 홀을 미끄러지듯 지나간다. 강인한 대지와 별들의 무늬 사이에서 흔들리는 저녁의 동굴에서 나는 아리스토텔레스와 아우렐리우스, 그리고 내가 원하는 영혼을 불러내니, 그들은 경멸하거나 생색을 내는 태도 없이 모두 우아하게 다가온다.

— W. E. B. 듀보이스[1]

정전(正典)을 만드는 것은 제국을 건설하는 것이다. 정전을 지키는 것은 나라를 지키는 것이다. 정전 논쟁은 그(비평, 역사, 지식의 역사, 언어의 정의, 미적 원리의 보편성, 예술 사회학, 인문학적 상상력 등) 영역, 성격 범위가 무엇이건 간에 하나의 문화 간 충돌이다. 그리고 기존의 모든 이해관계가 얽혀 있다.

— 토니 모리슨[2]

출생 시부터 어떤 사람들은 복종을 하는 존재로, 다른 어떤 사람들은 지배를 하
는 존재로 정해진다.

— 아리스토텔레스[3]

이전 장에서 살펴본 것처럼 파시즘 교육의 목적은 국가와 그 지배
집단을 우월하고 죄가 없는 존재라고 이해하도록 서사를 발전시
키는 것이다.[4] 이러한 교육 시스템하에서 시민들은 파시스트 지도
자들이 권력을 유지하고 구축하기 위해 쉽게 악용할 수 있는 감정
인 공포와 분노에 취약해진다. 그러나 정치인들은 종종 정반대의
일을 하겠다고 주장함으로써 이러한 세뇌 시스템을 강화하기도
한다. 겉으로는 "학교를 세뇌로부터 해방시키는 데 전념하겠다"라
고 주장하는 것이다.

이와 같은 주입식 교육 시스템에 대한 개선책으로 종종 제시되
는 교육 모델 중 하나는 고전교육으로, 고대 그리스와 로마의 대표
적 텍스트에서 정전을 만들어내어 학생들을 거기에 나오는 토론
과 관점에 빠져들게 하는 교육 시스템이다. 예를 들어, 고전교육은
논쟁을 통해 탐구하는 변증법의 실천과 지식·정의·미덕·아름다
움·진리와 같은 이상을 강조하는 경우가 많다. 철학 중에서는 자
유주의와 민주적 자치의 기초를 마련한 유럽 계몽주의의 주요 저
서를 포함하는 것으로 이해되기도 한다. 여기에는 존 로크, 데이비

드 흄, 루소, 칸트 등의 저서가 포함된다.

고전교육을 파시즘 교육의 해독제로 보는 사람들은 고전교육이 인간에게만 볼 수 있는 고유한 의미와 가치를 학생들로 하여금 인식하게 함으로써 비인간화의 과정을 상쇄할 수 있을 것이라는 잠재력에 희망을 걸고 있다. 그러나 고전교육 자체도 인간성을 말살하고, 위계구조를 강화하고, 그리스와 로마의 고전 문명에서 유럽 계몽주의, 그리고 그 이후까지 이어진 전통의 정당한 계승자는 지배 집단뿐이라는 것을 정당화함으로써 지배 집단의 우월성을 강화하는 도구로 쉽게 사용될 수 있다. 실제로 극우파는 과거와 오늘날 모두 고전교육 또는 '서양 정전'을 장려할 것을 주장하면서 민주 교육에 대한 공격을 강화해왔다. 예를 들어, 나치는 특히 열렬한 지지자였다. 히틀러는 《나의 투쟁》의 한 절에서 '인문교육의 가치'라는 제목으로 다음과 같이 썼다.

특히 역사교육에서 우리는 고대에 관한 연구를 주저해서는 안 됩니다. 로마 역사를 극히 광범위한 관점에서 개괄적으로 올바르게 이해한다면 오늘날뿐만 아니라 아마도 앞으로도 영원히 최고 멘토가 될 것입니다. 헬레니즘적인 문화의 이상 또한 우리에게 모범적인 아름다움 속에서 보존되어야 합니다. 우리는 개별 민족의 차이로 인해 더 큰 인종 공동체가 분열되지 않게 해야 합니다. 오늘날 벌어지고 있는 투쟁

은 매우 큰 목표를 위한 것입니다. 수천 년의 전통을 아우르고 헬레니
즘과 게르만주의를 포용하는 하나의 문화가 그 존재를 위해 싸우고 있
습니다.[5]

나치 이데올로기에 따르면 독일 제국은 고대 그리스와 로마의
지적·정신적 계승자이자 그 전통의 수호자였다. 역사학자 조지
L. 모세가 설명했듯이, 나치 이데올로기의 기초를 마련한 뵐키시
Völkisch [*] 이데올로그들은 게르만 민족이 고대 그리스와 로마의 위
대한 문명적 성취를 책임진 사람들과 동일한 민족이라고 주장했
다. "게르만 민족은 한 집단으로 역사의 무대에 등장하기 이전, 그
출발부터 고대 그리스와 로마 문화에 영향을 주었다. 이 이론적 주
장은 고대 그리스인을 독일인으로 변모시키고 현대의 그리스인을
그들의 고전적 유산에서 분리했다. 마찬가지로 전성기 시대의 로
마도 게르만 지도자들이 이끌었음에 틀림없다"라는 것이었다.[6] 이
이데올로기에서 우리는 '서구'의 모든 업적을 이루어낸 주체가 신

---

[*] 나치 이데올로기의 순민족주의, 혈통주의적이라는 뜻이다. 민족이나 인종을 뜻하는 독
일어는 19세기 후반부터 'Volk'에서 파생되었다. 뵐키시 이론은 19세기 후반부터 1945년
2차 세계대전 종전으로 나치의 제3제국이 해체될 때까지 지속되었으나, 보통은 나치 이
데올로기를 가리킨다. 피(혈연)와 흙(지연)이라는 개념에 기초한 유기주의, 인종주의, 포
퓰리즘, 농업주의, 낭만주의적이면서 배타적인 민족주의를 특징으로 한다. 특히 이에 기
초해서 유대인은 독일인과는 다른 'Volk'에 속하는 '외계인'으로 간주한다.

화적인 백인 종족이라는 가정을 역사 속에 거꾸로 투영하는 것을 볼 수 있다.

독립 전 케냐의 영국 식민지 학교에서 내 아버지가 분명히 인식했듯이, 그가 그토록 존경했던 고전적 서양 교육은 변질되어 이상에 대한 비판적 사고를 촉진하기보다는 인종, 집단, 또는 국가의 우월성을 주장하는 데 사용되고는 했다.

오늘날 미국 전역에서 극우 정치인들과 활동가들은 '고전교육'을 가장하여 극단적인 민족주의적 교육 프로그램을 추진하여 미국 건국자들을 고대 그리스와 로마 유산의 정당한 계승자로 내세운다. 예를 들어, 미시간주의 극단적 보수주의 기독교 학교인 힐스데일 대학은 진보적 교육에 맞서기 위한 활동에 깊이 참여하면서 고전교육을 우수한 대안으로 제안하고 있다. 이 대학의 웹사이트에서는 '미국 좌파: 자유주의에서 전제주의로', '위대한 미국 이야기: 희망의 땅', '아서 라퍼Arthur Laffer와 함께하는 공급 측면의 경제학과 미국 번영' 등의 제목을 가진 강좌와 함께 에드워드 기번 Edward Gibbon의 《로마 제국의 쇠퇴와 몰락의 역사The History of the Decline and Fall of the Roman Empire》, 단테의 《신곡》, 아리스토텔레스의 윤리학에 대한 온라인 강좌를 제공하고 있다.[7] 이 사이트에서는 '미국 시민권과 그 쇠퇴'라는 역사 강좌를 제공한다. 이 강좌에는 미국 시민권이 고전적인 시민권 개념과 '우리 건국의 아버지들이 가지고 있는 이상'에 어떻게 의존하는지를 보여줄 것임을 표방하는 동영상 소개가 포함되어 있다. 그리고 이 두 가지 개념은 모두 '워크니스wokeness'로 인해 위협받고 있다고 주장한다.[8] 메시지는 분명하다. 고전교육은 진보주의를 전제주의로 인식하고, 공급 측면의 경제학을 수용하고, 미국을 서구 자유 이념의 계승자이자 수호자로 보는 교육이다.

이러한 모순된 사용과 오용을 고려할 때, 우리는 고전교육이 위계구조와 어떤 고정된 관계를 맺고 있는 것이 아니며, 계급을 강화할 수도 있고 반대할 수도 있다는 결론을 내릴 수밖에 없다. 이런 점에서 고전교육의 방향은 문제의 고전 텍스트를 저자의 천재성과 문화의 우월성을 보여주는 모범으로 가르칠 것인지, 아니면 그 텍스트가 상시로 제시하는 관련 사상과 질문을 탐구하는 수단으로 가르칠 것인지에 따라 달라진다. 파시즘 교육 시스템은 전자의 경향이 있는 반면, 민주적 교육 시스템은 후자의 경향을 띤다.

• '깨어 있는'이라는 의미인 'woke'의 명사다. 1930년대부터 인종적 편견과 차별에 대한 인식을 가리키는 의미로 사용되었으며, 1970년대 사회적 차별의 반대운동으로 확대되었다. 2010년대 성차별 및 성소수자의 권리를 인정하지 않는 사회적 불평등에 대한 인식을 가리키는 해시태그로 '#staywoke'가 인기를 끌었다.

교육과정의 초점을 확대해서 비주류 집단을 비롯한 다양한 집단의 관점을 포함하는 것을 지지하는 사람들과 마찬가지로 나도 '서구 정전'에 대한 일반적 비판 중 일부에는 공감하지만, 그 문제는 여기서 논의의 핵심을 벗어난 것이다. 나는 많은 고전 텍스트가 지니는 일반적 가치는 논란의 여지 없이 확실하다고 생각한다. 그리고 그 텍스트가 제시하는 일부 관행과 가치를 특정 형태의 비인간화를 극복하는 데 사용할 수 있는 강력한 도구로 간주한다. 고전 텍스트는 대체로 그것이 쓰였을 때와 마찬가지로 오늘날에도 여전히 유의미하다. 그러나 그것이 어떤 집단이 다른 집단보다 우월하다고 생각하는 근거가 될 수는 없다. 미국을 고전 그리스와 로마 전통의 후예로 보는 것은 나치가 그랬던 것처럼 자기 과시적인 민족주의 신화에 빠져드는 것이다.

고전 사상의 어떤 요소라도 우리 자신의 시대에 적용할 때는 신중해야 한다. 이 방대한 시간을 아우르는 일관된 가치나 이상은 존재하지 않으며, 고유한 국가 유산으로 무조건 기념할 만큼 한결같이 긍정적인 것은 더더욱 없다. 결국, 우리는 고전 사회가 노예제를 시행하고, 여성의 복종을 강요했으며, 오늘날 우리가 보기에 비난할 만한 많은 관점을 가지고 있었다는 사실을 기억해야 한다.

그 위대한 텍스트를 생산한 저자와 사회를 무비판적으로 숭배하는 것을 관행으로 가르칠 때, 고전교육은 쉽게 식민주의와 그 기반이 되는 문명야만주의 패러다임을 정당화하는 수단이 될 수 있다.[9] 이 모델에서 고전교육은 그리스, 로마와 그 명백한 후계자라는 '문명화된' 사회와 다른 한편으로 그밖의 모든 사회 사이에 선을 긋는다. 문명야만주의 패러다임에 따르면, '문명화되지 않은' 사람들은 완전한 인간이 아니며 노동 능력으로 평가하는 것이 합리적인 존재라는 생각으로 환원될 수 있다. 이 때문에 그들은 우리가 산업 교육이라고 부를 만한 교육만을 받을 가치가 있을 뿐이라고 여긴다. 이는 기술교육에만 전적으로 초점을 맞추고, 지식 자체에는 전혀 가치를 부여하지 않는 비인간적 형태의 교육이다.

그러나 고전교육을 비판적 탐구의 실천과 진리, 아름다움, 정의와 같은 개념에 대한 탐구로 가르칠 때, 우리는 고전교육에 대한 정반대의 결론에 도달하게 된다. 이는 인간의 가치가 노동으로 환원될 수 없다는 것이다. 즉 소크라테스의 말을 빌리자면, 인류의 가장 큰 목표는 지식의 습득이라는 결론이다.[10]

파시스트들이 고전교육을 채택할 때, 그들은 고전교육을 단조롭고, 도구화하여 해석한다. 이는 생산 능력, 즉 여성의 경우 아이를 낳는 능력, 남성의 경우 노동 능력에 의해서만 사람들을 바라보는 관행에 어떤 문제도 제기하지 못한다.[11] 예를 들어, 서구 문명에서 교육의 미덕을 찬양한 나치 역시 장애인의 대량 학살에 책임이 있다. 저명한 나치즘 역사학자인 니콜라우스 바흐스만Nikolaus Wachsmann에 따르면, 가스로 처형할 장애인 선별의 주요 기준은 '환자의 노동 능력'이었다. 생산 능력이 없다고 판단되는 사람은 모두 죽임을 당했다.[12]

게다가 고전교육의 파시즘적 전유는 텍스트를 가르치는 방식뿐만 아니라 사상 자체도 왜곡한다. 예를 들어, 플라톤의《공화국》1권에서 트라시마쿠스Thrasymachus는 정의란 강자의 이익에 부합하는 모든 것이라고 주장한다. 이는 명백히 나치 이데올로기와 20세기 파시즘을 떠올리게 하는 입장이다.[13] 그러나 이것이 나치가 저지른 집단학살의 정당한 근거가 고전 문명에 있다는 것을 의미하는 것은 전혀 아니다. 트라시마쿠스의 주장은 개인에 관한 것이지만, 나치의 입장은 인종에 관한 것이었다. 그 인종 개념은 서기전 5세기 아테네의 맥락에서는 (특히 나치가 사용한 생물학적 의미에서) 거의 또는 어쩌면 전혀 존재하지 않았던 개념이다. 그러나 더 중요한 것은《공화국》의 나머지 대부분은 1권에서 트라시마쿠스가 취한 입장을 거부하는 내용이라는 점이다. 소크라테스는 행동을 이끄는 것은 오직 권력뿐이라는 견해에 체계적으로 반박한다. 그리고 플라톤에 따르면, 행동을 이끌어야 하는 것은 오직 이성뿐이다. 고전교육의 기본적인 정전 텍스트인 플라톤과 아리스토텔레스의 저작은 권력이 아니라 이성과 덕이 행동을 이끌어야 한다고 촉구한다.

고전교육은 가장 바람직한 형태에서는 해방의 역할을 수행할 수 있다. 이는 20세기 가장 급진적인 인물 다수가 쉽게 명확히 인식했던 가능성이다. 예를 들어, 마틴 루터 킹 주니어 박사는 모어하우스 대학에서 사회철학 세미나를 가르칠 때 학생들에게 플라톤과 아리스토텔레스의 정의론을 비교하고 플라톤의《공화국》에 나오는 급진적인 사상을 평가하는 기말고사를 고안했다. 여기에는 아퀴나스, 홉스, 로크, 칸트에 관한 문제도 포함되었다. 고전 텍스트는 학생들이 어떻게 다루는지가 중요하다고 킹 박사가 여겼다는 것은 분명하다.

고전 철학만큼이나 고전 역사도 민주주의, 제국, 식민주의, 집단학살, 폭정 등의 개념에 대한 비판적 성찰을 할 수 있는 자료를 제공한다. 아테네의 페리클레스는 펠로폰네소스 전쟁 첫해에 전사한 모든 사람을 추모하는 장례식 연설에서 민주적 아테네를 다음과 같이 묘사했다고 투키디데스는 전한다.

아테네의 행정은 소수가 아니라 다수의 편에 섭니다. 이 점이 민주주의라고 불리는 이유입니다. 법을 보면 사적 분쟁에서는 모든 사람에게 동등하게 정의롭고, 사회적 지위를 보면 공적 생활의 승진은 능력에 대한 평판에 달려 있고, 공로를 평가하는 데 계급을 고려하지 않습니다. 가난이 길을 막지 않으며, 국가에 봉사할 수 있다면, 그가 미천한 출신이라고 해서 장애가 되지 않습니다. … 우리는 우리의 도시를 세계에 개방하고, 이방인의 행위라는 이유로 외국인이 배우거나 관찰할 기회를 배제하지 않습니다. … 교육에서 우리의 경쟁자들은 고된 훈련을 통해서 요람에서부터 남자다움을 추구하는 반면, 아테네에서 우리는 우리가 원하는 대로 살면서도 언지든지 모든 정당한 위험에 맞설 준비가 되어 있습니다.[14]

이 모든 발언에서 페리클레스는 경쟁 대상인 다른 정부 체제와 달리 민주주의의 이상이 어떤 점에서 특색 있고 우수한지를 분명히 하고 있다. 예를 들어, 투키디데스가 제시한 것처럼 페리클레스는 도시에 외국인이 들어오는 것을 환영하는 것과 민주적 통치 시스템 및 문화 사이의 연관성을 강조한다. 이는 파시즘의 가혹한 외국인 혐오와는 극명하게 반대되는 가치다.

클레온도 페리클레스와 마찬가지로 아테네 시민이었다. 페리클레스와 달리 그는 민주주의가 나약하고, 제국 유지에 필요한 잔인함을 실행에 옮길 수 없다고 여겼다. 펠로폰네소스 전쟁 중 미틸레네Mytilene 반란*에 대응하는 유명한 연설에서 그는 아테네인들에게 반란의 지도자뿐만 아니라 모든 미틸레네 남성을 처형할 것을 요구한다. 클레온은 식민주의는 민주주의 정신이 약화시키는 타협 없는 잔인함을 필요로 한다고 촉구한다.

저는 지금까지 자주 민주정은 제국이 될 수 없다는 것을 확신해왔습니다. 그리고 미틸레네 문제에 대해 현재 여러분이 보여주는 마음의 변화로 인해 더더욱 확신하게 되었습니다. 여러분은 서로의 일상적인 관계에서 두려움이나 음모를 알지 못하다보니, 동맹국들에 대해서도 똑같이 느낍니다. 그리고 그들의 호소에 귀를 기울이거나 자신의 동정심에 굴복하여 저지를 수 있는 실수가 여러분 자신을 위험으로 가득하게 하며, 여러분이 약함을 보인다고 해서 동맹국이 이에 감사하지 않는다는 사실을 절대로 되돌아보지 않습니다. 여러분의 제국은 전제주의이며 여러분의 통치를 받는 사람들은 불만을 가진 음모자들이라는 사실

• 서기전 428년 아테네의 동맹국인 미틸레네가 아테네에 맞서 일으킨 반란이다. 미틸레네는 자치권을 인정받고 있었지만, 아테네의 힘이 계속 커지자 아테네에 완전히 예속될 것을 우려했다. 미틸레네는 아테네에 역병이 퍼진 것을 기회로 반란을 일으켰다. 그러나 아테네는 신속히 군대를 파견해서 미틸레네의 반란을 진압했다. 반란을 주도한 미틸레네의 과두 정치가들과는 달리 미틸레네 민중들은 아테네와의 화해를 원함으로써, 미틸레네는 내부 분열에 휩싸였다. 반란을 일으킨 미틸레네를 어떻게 처벌할 것인가를 놓고 열린 아테네 민회에서 선동적 정치가인 클레온은 미틸레네의 모든 남자를 죽이고, 여성과 아이들을 노예로 팔 것을 주장했다. 아테네 시민들이 동조함으로써 클레온의 주장은 민회를 통과했다. 그러나 다음날 다시 열린 민회에서 자신들의 결정을 성찰한 시민들은 이 결정을 뒤엎고 주동자만을 처벌하는 것으로 바꾸었다. 클레온은 자신의 전날 주장을 되풀이했지만, 결정이 번복되는 것을 막지 못했다.

192

을 완전히 잊어버렸습니다. 여러분이 자멸적으로 양보한다고 해서 그들의 복종이 보장되지는 않습니다. 그들의 충성심이 아니라 여러분이 자신의 힘으로 스스로에게 부여하는 우월성에 의해 보장됩니다.[15]

서기전 5세기에 행해진 클레온의 연설은 식민주의와 민주주의 사이의 긴장과 그 내부의 모순을 드러낸다. 그의 연설은 고대사의 전형적인 선동 행위로 남아 있다. 그는 모든 미틸레네인을 죽여야 하는 이유를 정당화하기 위해 만약 역할이 뒤바뀐다면 미틸레네인도 아테네인에게 전적으로 똑같이 할 것이라는 주장을 내세웠다. 이러한 집단학살의 정당화는 역사 속에서 반복되어왔다. 수잔 베네쉬Susan Benesch와 위험한 말하기 프로젝트Dangerous Speech Project에 참여한 그녀 동료들은 이를 '거울 속의 비난accusation in a mirror,•' 이라는 수사적인 표현으로 불렀다.[16] 그러나 다른 무엇보다 힘을 우선시해야 한다는 트라시마쿠스의 주장과 마찬가지로, 역사가 투키디데스가 우리에게 전해주는 살인을 정당화하는 클레온의 관점 역시 옳지 않다. 오히려 식민 지배를 위해 인간이 얼마나 잔인

• 자기 행동에 깔린 동기나 의도를 다른 사람에게 들리는 행위다. 자신이 받아야 할 비난을 거울 속의 자신, 즉 다른 사람에게 가한다는 의미다. 홀로코스트나 르완다 학살, 아르메니아 대학살과 같은 집단학살의 책임을 피해자에게 돌려서 정당방위였던 것처럼 선전하는 데 사용된다.

해질 수 있는지를 보여주는 심각한 경고에 불과하다.

고전교육의 텍스트에서 발견되는 많은 아이디어는 현대 극우 정치를 긍정하기는커녕 그 선입견에 깊이 도전한다. 예를 들어, 오늘날 극우파는 가족을 신성불가침하다고 여긴다. 그리고 표면적으로 자유주의적인 교육 시스템이 전복적인 사상에 대해 가르치고, 부모의 역할을 대체하며, 심지어 (가장 극단적이고 터무니없는 비판으로는) 성적 착취를 위해 어린아이들을 그루밍한다고 공격한다. 그러나 오늘날의 보수주의자들이 공립학교와 대학에서 가르치는 것에 분개하고 있다면, 그들이 사랑하는 서양 정전의 주요 저작이 제시하고 있는 교육적 개입에 대해 알게 될 때 그보다 더 불쾌할 것이다. 예를 들어, 《공화국》 5권에서 소크라테스는 아이들을 가정에서 떼어내 국가가 교육할 수 있도록 해야 한다고 주장한다.[17] 플라톤의 《향연》은 교사와 어린 학생들 사이의 동성애 관계를 정상적이고 별다른 문제가 없는 것으로 표현한다.[18]

고전교육은 실제로는 그 지지자들이 생각하고 싶어하는 것보다는 극우 정치적 이데올로기와 맞지 않는 점이 훨씬 많으며, 여러 가지 장점을 가지고 있지만, 그 텍스트 역시 현대 민주주의 교육을 완전히 지지하는 것과는 거리가 멀다. 플라톤이 파시스트는 아니었지만, 민주주의에 반대했던 것은 분명하다. 많은 고전 텍스트는 인간 노예제를 정상적이고 허용할 수 있는 것으로 받아들인다. 아리스토텔레스는《정치학》에서 '타고난 노예', 즉 선천적으로 노예의 성향을 보이는 사람이라는 개념을 제시했다. 이 개념은 이후 지배와 노예화를 정당화하는 데 자주 사용되었다.

* * *

우리가 알 수 있는 것은 고전 텍스트가 민주주의와 파시즘, 자유와 비자유, 평등과 위계구조를 모두 뒷받침할 수 있다는 사실이다. 그리고 이 두 가지 사용방식은 쉽게 분리할 수 없다. 그리스와 로마의 자유 개념을 노예제라는 그에 수반된 개념 없이 설명할 수 있을까? 인간의 자유와 권리라는 계몽주의적 개념을 당시 지배적이었던 인종차별 노예제도racialized slavery 없이도 이해할 수 있을까? 미국 건국에 대해 토니 모리슨은 다음과 같이 썼다.

미국 건국의 기초가 된 조직 원리인 인간의 권리는 필연적으로, 그리고 특히 아프리카주의와 결합되었다. 그 역사와 기원은 또다른 매혹적인 개념인 인종의 위계와 영구적으로 결합되어 있다. 올랜도 패터슨 Orlando Patterson이 지적했듯이, 우리는 계몽주의가 노예제를 수용할 수 있었다는 사실에 놀라지 말아야 한다. 오히려 그렇지 못할 때 놀라야 한다. 자유라는 개념은 진공 상태에서 등장한 것이 아니다. 실제로는 자유

를 만들어내지 않았으면서도, 노예제만큼 자유를 강조한 것도 없다.[19]

실제로 우리는 미국 역사 전반에 걸쳐 자유와 비자유의 개념 사이에 깊은 연관성이 있음을 알 수 있다. 예를 들어, 서부로 이주한 미국 정착민들의 자유나 남부 농장주 및 노예 소유주의 자유를 생각해보자. 이러한 자유의 개념은 흑인과 원주민이 경험한 비자유와 예속이라는 대조적인 요소에 크게 의존한다.

이성과 자율성의 이상에 대해서도 비슷한 질문을 던질 수 있다. 고전 전통과 계몽주의 전통 모두에서 이성의 완전한 능력은 오직 남성에게만, 그리고 우월한 집단(가령, 그리스인 또는 백인 유럽인)에게만 가능한 것으로 이해된다. 철학자 찰스 W. 밀스Charles W. Mills는 1997년 출간한 저서 《인종 계약》에서 비백인 사람들에 대한 주요 계몽주의 사상가들의 견해를 요약한 바 있다.

17세기 초 한 목사는 아메리카 원주민을 "인간성은 거의 없지만 인간의 형체는 가지고 있고, 시민성과 예술, 종교에 무지하다. 그들이 사냥하는 짐승보다 더 야수 같고, 거주한다기보다 방랑하며, 인간의 손길이 닿지 않은 땅보다 더 야생적이고 비인간적이며, 사탄의 폭압에 사로잡힌 존재다"라고 묘사했다. 뒷날 세속적인 버전에서 이는 합리성, 추상적 사고, 문화 발전, 문명 전반에 대한 인종에 따른 무능력이라는 모습으로 나타난다(유럽이 세계를 지도화할 때 이런 어두운 인지적 공간을 만들어내기도 했다). 철학에서 우리는 원시 정신의 무능력에 대한 로크의 사색, 백인 이외의 다른 인종이 가치 있는 문명을 창조했다는 것에 대한 흄의 부정, 흑인과 백인 사이에는 합리적 사고 능력에서 차이가 있다는 칸트의 생각, 흑인은 능력이 떨어지는 별개의 인종이라는 볼테르의 다유전학적 결론, "미성숙한 상태에 놓여 있는" 이들 인종에게는 오직 '독재'만이 적합하다는 존 스튜어트 밀의 판단을 통해서 이런 공통된 실마리를 찾을 수 있다. 백인이 아닌 인종은 지적으로 열등하다는 가정은 널리 퍼져 있었다. 비록 그것이 다윈주의Darwinism에 의해 나중에 그럴듯하다고 여기게 될 수도 있는 유사과학적 장치로 항상 치장되지 않았을 때에도 그러했다.[20]

많은 고전 사상가와 계몽주의 사상가들은 여성의 이성 능력에 대해 비슷한 견해를 가졌다. 예를 들어, 민주주의 정치 철학의 중심인물 중 한 명인 장 자크 루소를 살펴보자. 그의 연구는 주로 불평등의 위험성에 관한 것이다. 루소는 1762년 간행한 《에밀》에서 성인으로 성장해가는 에밀이라는 한 소년의 이야기를 통해 민주적 삶을 살아가는 시민을 준비시키는 교육의 유형과 그를 자율적 존재로 이끄는 이상적인 교육을 설명한다. 마지막 장에서 루소는 에밀의 교육과 '소피'의 교육을 대조하면서 그에 상응하는 여아 교육의 모델을 제시한다. 여자는 "남자를 기쁘게 하려고 특별히 만들어졌습니다. … 여자가 남자를 기쁘게 하고 복종하면서 살아가도록 만들어졌다면, 여자는 남자의 분노를 자극하는 대신 남자에게 호감을 주도록 자신을 가꾸어야 합니다. 여자의 힘은 여자의 매력에 있습니다"라고 그는 말한다. 다시 말하자면, 자율성과 이성이라는 계몽주의의 이상은 여성의 능력을 넘어서는 것으로 여겨졌다.

임마누엘 칸트는 다른 어떤 사상가 못지않게 계몽주의 철학자라고 불릴 만하다. 그런데 그의 글에서도 이와 같은 모순을 발견할 수 있다. 미술사학자 니콜 R. 플리트우드Nicole R. Fleetwood는 미학이 "자유주의적 시민 주체가 발전하는 데 토대가 되었다"라고 말한다. 그러나 그녀는 계속해서, 칸트에게는 미학이 "노예가 되고 착취당하는 사람들, 원주민, 식민지 사람들, 모든 인종의 여성들, 범죄자들을 배제하는 범주였다. … 미학적 분별력에 대한 칸트의 이해는 유럽의 백인성을 근대성, 도덕적 미덕, 판단력, 자유와 연관시킨다"라고 말한다.[21] 어쩌면 이러한 인종차별적인 미적 이상을 칸트의 도덕적 인격 개념에서 분리할 수 있을지도 모른다. 그러나 계몽주의 개념이 이런 식으로 변질되었다는 입장은 진지하게 고려할 가치가 있다. 결국 칸트와 다른 계몽주의 철학자들도 이런 식으로 생각했을 수 있다.

식민주의를 다룬 2장에서 살펴본 바와 같이, 계몽주의의 이상은 지배와 억압을 정당화하는 데 오용될 수 있다. 모든 이상은 오용될 수 있다. 그러나 꽤 오랫동안 많은 사상가 역시 이 이상들이 본질적으로 문제가 되는지, 어떤 의미에서는 근본적으로 오용되기 쉬운 것은 아닌지 하는 더 도전적인 질문을 던져왔다.

자유, 이성, 객관성, 자율성, 아름다움이라는 계몽주의적 개념이 '백인'에게만 해당한다는 견해는 오늘날 많은 사람에게 터무니없어 보인다. 하지만 대부분의 계몽주의 철학자에게는 그렇지 않았을 것이다. 그리고 우리가 그 이상들 자체에 대해 어떻게 생각하든, 이러한 이상들을 가리키는 언어가 인종적·젠더적 공명共鳴으로 가득 차 있다는 사실에 이의를 제기하는 것은 어리석은 일이다. 계몽주의적 이상들이 역사적으로 인종 및 젠더 간의 위계구조와 연관되어 있거나 적어도 상관관계가 있다는 사실을 부정하는 것은 더욱 불가능하다. 오랫동안 여성은 감정, 남성은 이성과 연관지어온 것은 결코 21세기에 새로 등장한 어떤 이해 방식이 아니다. 어쩌면 이것은 계몽주의가 추구한 이상 자체와 관련이 있을 수도 있고, 아니면 계몽주의 이상이 체계적으로 오용되어왔다는 사실을 말해주는 것일 뿐일 수도 있다. 이것은 철학자들이 적어도 계몽주의 자체가 등장한 이래로 논의해온 주제다.

기독교와 이후 계몽주의의 핵심은 문화와 시대를 뛰어넘는 광범한 도덕적 인격성의 개념이었다. 다니엘 마코비츠Daniel Markovits가나에게 지적했듯이, 찰스 W. 밀스는 저서 《인종 계약》에서 이 특별한 이상에는 특히 잔인한 형태의 비인간화로 이어지기 쉬운 요소가 있다고 주장했다.[22] 계몽주의 사상에서 존엄성의 근원인 인격성은 문화나 전통에 국한된 것이 아니다. 그러나 이처럼 인격성의 개념을 넓게 보면, 비인격적은 비인간적이 된다는 것이다.

노예제도는 비교적 보편적인 인간 사회의 특징이다. 그러나 어쩌면 계몽주의에서 비롯된 독특한 형태의 비인간화가 존재할 수 있는데, 이는 특히 야만적인 형태의 노예제와 집단학살을 초래할 수 있다.[23] 이 해석에서 밀스는 매우 빈약한 계몽주의적 인격성 개념을 성찰함으로써 계몽주의 시대에 나타난 노예제의 잔혹성을 이해할 수 있다고 제안한다. 이러한 형태의 노예제에서는 인격성의 개념을 크게 확대하더라도 노예는 인격을 갖추지 못한 존재로 간주된다. 그럴 때, 계몽주의적 인격성의 이상은 인종차별적 식민주의의 잔혹성과 백인우월주의의 근본적 시스템을 설명하는 데 중심 역할을 한다. 나 자신이 지지하지는 않지만, 이것은 계몽주의적 인격성의 이상에 대한 일종의 비판으로, 무시할 수 없는 것이다.

* * *

위계구조의 체계를 뒷받침하는 데 오용될 수 있는 계몽주의 사상의 또다른 이상은 객관성의 개념이다. 철학자 루이스 안토니Louise Antony가 주장했듯이, 인간의 지식은 본질적으로 부분적이다. 그러나 객관성이 추구하는 이상은 "지식은 공정할 수 있고 또 공정해야 한다는 것, 즉 인간이 특정한 인식론적 입장이 가지는 한계를 뛰어넘어 '어느 편에도 속하지 않는 관점'을 어떻게든 가질 수 있다는 인식론적 입장에 도달하는 것이 가능하다는 것을 시사한다".[24]

인간이 "어느 편에도 속하지 않는 관점"이라는 의미의 객관성을 달성하는 것은 불가능하다. 우리의 시간적·물리적·현실적 한계를 고려할 때, 어떤 인간이 하나의 주장을 정당화하는 데 고려할 수 있는 것보다는 훨씬 더 많은 가능성이 존재한다. 그럼에도 이러한 객관성의 이상은 그들이 극좌 편향성을 가지고 있다고 여기는 학교와 대학에 대한 적대감을 포함하여 오늘날 많은 파시즘 운동의 주장에 내포된 핵심이다. 그들의 설명에 따르면, 교육의 이상은 중립성인데 그들에게 중립성이란 극우 편향성을 의미한다.

이러한 공격은 분명히 정직하지 못하다. 이를 근거로 학교와 대학을 비판하는 사람들은 객관성이나 중립성에는 전혀 관심이 없으며, 오히려 편향되었다고 주장하는 것들을 자기 자신의 편향성으로 대체하고자 할 뿐이다. 그러나 이러한 명백한 위선만이 사전에 어떤 선입견을 가지지 않는 태도로 이해되는 중립성이라는 이상이 가지는 유일한 문제는 아니다. 사실 '관점으로부터 자유로운'

탐구라는 개념에는 일관성이 없다. 모든 탐구는 최소한 논리적 형태의 추론과 현실에 대한 기본 가정을 전제로 한다. 많은 경우 탐구 역시 도덕적 전제를 가진다. 철학자 주디스 자비스 톰슨Judith Jarvis Thomson이 제시한 사례를 들어보자. 아마도 쉽게 전제할 수 있는 일이지만, 재미나 이익을 위해 아기를 괴롭히는 것은 잘못이라는 생각은 하나의 도덕적 입장이다. 그러나 엄밀한 의미로 보면 이는 편견으로 해석될 수 있다. 이는 논증 없이 어떤 견해를 취하는 것이다. 명백히 정치적인 입장조차도 많은 교육 시스템에서 널리 받아들여지고 있으며, 이는 당연한 일이다. 예를 들어, 민주주의는 선이고 전체주의는 악이라는 관점은 자유민주주의 사회의 학교에서는 흔히 하나의 전제로 받아들인다.

모든 교육은 가치, 심지어 실질적인 도덕적·정치적 가치를 전제로 한다. 가치관이 담긴 관점까지 전제해서는 안 된다는 생각은 객관성에 대한 잘못된 개념을 포함하고 있다. 이는 편향적이며, 사실상 궁극적으로는 사실과 가치 사이의 일관성 없는 구분을 시도하는 것이다. 모든 탐구는 전제가 있어야 하며, 이러한 전제는 사실과 가치의 얽히고설킨 그물망을 형성한다. 중립적인 탐구를 요구하는 것은 철학적으로 성립하지 않는다.[25] 그러한 요구가 항상, 그리고 위선적으로 정치적 의제를 가리는 것은 당연하다.

* * *

중립성의 예에서 보듯이, 고전 세계와 계몽주의의 이상은 쉽게 오용될 수 있지만, 그 오용은 때때로 깊은 결함을 드러내기도 한다. 어떤 경우 이는 애초에 잘못된 이상일 뿐일 수도 있다. 인간이 완벽하게 중립적이거나 객관적일 수 있다는 "어느 편에도 속하지 않는" 관점은 거짓이며 교육에 대한 냉소적 공격의 근거다. 이 말을 이런 식으로 사용할 수 있는 이유는 그것의 허위성과 불가분의 관계가 있기 때문이다. 이는 질문을 제기하게 만든다. 다른 고전주의 이상 및 계몽주의 이상도 마찬가지로 결함이 있을까? 자율성, 이성, 자유, 평등이라는 이상도 자주 오용된다. 그렇다고 해서 이런 이상들 역시 나쁜 이상이라고 할 수 있을까?

고전교육을 지지하는 오늘날의 많은 우익은 그러한 교육의 기반이 되는 위대한 문명과 그 문명이 이룩한 독창적으로 빛나는 공헌이 유독 최근 들어서 억압과 소외를 당하는 사람들에게 독단적으로 초점을 맞추는 근시안적인 학자들에 의해 위협을 받고 있다고 생각한다. 이들이 고전교육의 귀중한 이상을 폐기하고 있다는 것이다. 하지만 고전주의의 이상과 계몽주의적 이상에 대한 도전은 새로운 것이 아니다. 실제로 3장에서 살펴본 바와 같이, 계몽주의적 이상은 그 존재기간만큼이나 오랜 기간 비판의 대상이 되어왔다.

예를 들어, '반계몽주의' 철학자 요한 고트프리트 폰 헤르더는 문명 발전의 보편적 표준에 관한 주장을 포함하여 동료들의 많은 아이디어를 거부했다. 그는 이것이 잔혹한 식민 지배를 정당화하는 데 이용될 수 있다고 정확하게 인식했다. 헤르더가 보기에 각 문명은 비교할 수 없는 고유한 특성을 가지고 있다. 보편적 객관성, 보편적 이성 또는 보편적 인격성 개념과 같은 것은 존재하지 않는다.

고전적 이상과 계몽주의적 이상에 대한 숭배를 재고해야 한다는 생각은 현대의 일시적 유행이 아니라 수백 년 전으로 거슬러 올라가는 전통이다. 또한 오늘날 파시스트와 다른 극우파 구성원들이 추구하는 고전교육과는 상반되는 것이다. 그들이 추구하는 교육과정을 구성하는 고전교육 텍스트는 주로 저자의 천재성과 문화의 우월성을 입증하는 증거로 사용된다. 이것이 바로 유럽인들이 잔인한 식민주의를 정당화하기 위해 사용한 문명야만주의 패러다임의 핵심이었다. 오늘날 파시스트들은 고전교육이 그리스와 로마로부터 미국에 이르기까지 우월하고 독특한 문명의 텍스트와 업적을 강조하기 때문에 매우 중요하다고 주장한다.

이성, 합리성, 진보라는 계몽주의의 이상을 그것이 원래 수반한 인종적·종교적 우월주의의 신념과 분리할 수 있는지는 명확하게 해결할 수 있는 문제가 아니다. 계몽주의적 이상은 논쟁의 대상이 되지 않는 신성불가침한 것이 아니다. 그 자체로도 (비판적 탐구와 변증법에 의해) 도전을 받을 수 있다. 계몽주의적 이상의 의미와 지위에 대한 논쟁은 억압받고 소외된 사람들에 관한 관심으로 유럽 사상을 싫어하게 된 과도하게 열정적인 학자들의 결과물이 아니다. 계몽주의 자체를 포함하는 오랜 철학적 전통의 일부다. 이러한 논의가 젠더 연구나 민족 연구와 같은 다양한 형태의 억압을 연구하는 학문 분야에서만 활발하다면, 이는 이 분야의 교수들이 이런 오랜 지적 전통의 계승자임을 보여주는 것일 뿐이다.

나 자신도 몇몇 형태의 자유주의 전통을 지지하며, 따라서 몇몇 형태의 객관성, 이성, 평등, 자유와 같은 계몽주의적 이상도 지지한다. 내가 보기에, 이러한 이상에 대한 비판은 그 이상을 다양한 방식으로 이해할 수 있게 한다. 철학자 찰스 W. 밀스처럼 나도 이러한 이상을 받아들인다. 그러나 우리는 이러한 이상에 대해 어떤 이해를 채택할 것인지에 대한 정당하고 중요한 질문에 직면해 있다고 믿는다.[26]

오늘날 많은 사람은 현재의 자유주의적 합의가 고전교육을 통해 전승된 하나의 지속적인 지적·문화적 전통에 기반을 두고 있다고 가정한다. 그러나 이는 좋게 보아도 의문스러울 뿐이다. 정의, 합리성, 선의 본질에 관한 질문이 고대 그리스 시대부터 오늘날의 철학 분야에 이르기까지 지속적으로 논의되어온 것은 사실이다. 그러나 이러한 각각의 개념이 수 세기에 걸쳐 진정으로 안정적인 의미를 지니고 있었을까, 아니면 역사적 특수성과 사회 구조에 따라 점차 변화해왔을까?[27] 어쩌면 서양 철학과 종교의 역사에서 우리가 볼 수 있는 것은 현대 자유주의로 우리를 이끈 정의와 선에 대한 단일한 논의가 아니라 각각 그 자신의 고유한 특성을 가진 수많은 독특한 전통들일지도 모른다.

고전교육이 파시즘에 대항하는 보루 역할을 할 수 있다면, 그렇게 할 수 있게 만드는 최선의 가능성은 그 이상과 내용을 통해서가 아니다. 비판적 사고 등 파시즘의 반지성주의와는 근본적으로 맞지 않는 사고방식을 구조적으로 추구하는 실천을 통해서다. 그러나 비판적 사고조차도 파시즘에 대항하는 만병통치약은 아니다. 철학자 마르틴 하이데거Martin Heidegger를 비롯한 20세기 최고의 사상가 중 일부는 파시스트였다. 결국 우리는 지성보다는 의지가 중요하다는 것을 철학적 논거로 제시할 수 있다.

앞서 언급했듯이, 고전교육의 파시즘적 전유는 고대 그리스와 로마의 문화적·지적 산물을 이들 문명과 그 계승자로 간주되는 사람들이 위대하다는 증거로 숭배하는 데에 초점을 맞추는 경향이 있다. 예를 들어, 나치 독일에서는 고전교육을 통해 그리스와 로마 전통을 숭배하는 것은 곧 독일인이 위대하다는 주장이 되었다. 왜냐하면 독일 파시스트들은 자신들을 이러한 문명의 계승자로 여겼기 때문이다.

오늘날 미국에서도 고전교육이 이와 같은 방식으로 자주 활용되고 있다. 고전교육은 유럽 문명의 우월성과 이 전통의 유일한 계승자로서 미국의 지위를 확인시켜 주는 것으로 여겨져, 미국의 건국 문서, 경제 시스템, 보수적인 사회 가치에 표현되었다. 이는 독일화된 시각의 고대 그리스에서 시작하여 유럽의 '이성의 여명기'와 '탐험의 시대'를 거쳐, 건국의 아버지(그리고 그들의 농장)에 이르기까지 백인의 위대함이 지속되었다는 서사의 일부다. 고전교육을 옹호하는 극우파는 이 용어를 무기로 삼아 반민주적 의제에 정당성을 부여하려고 한다.

파시즘 교육 시스템은 고전적 전통을 사용하여 자신의 국가가 위대하다고 주장한다. 국가의 위대함은 전형적이고 보편적인 이상으로 작용한다. 하지만 요한 고트프리트 폰 헤르더가 알고 있었듯이, 이러한 보편주의는 폭력적이고 파괴적인 결과를 초래할 수 있다. 내 아버지는 케냐에서 실망스럽게도 고전교육이 식민주의의 범죄를 정당화하는 데 사용될 수 있음을 깨달았다. 아버지가 목격한 영국이 운영하는 학교의 교육은 현지 주민들을 역사나 주체성이 없는 존재로 묘사했다. 가장 문제가 되는 것은 계몽주의적 이상이 어디에나 적용할 수 있는 보편적인 것이라는 명백히 잘못된 전제를 근거로, 기독교와 토지의 사적 소유 같은 외부의 가치 체계를 아프리카 사회에 강요했다는 점이다.

앞서 살펴본 바와 같이, '고전적 전통'을 선택해서 전체 교육 프로그램의 초점으로 삼는 것은 결국 일부 집단과 국가가 자신을 다른 집단과 국가보다 우월하다고 이해하는 문명의 위계를 뒷받침하는 결과를 낳는 경향이 있다. 미국이 고전 전통의 정당한 계승자이고 고전 전통은 미국 헌법의 이상으로 필연적으로 이어지는 일련의 논쟁으로 구성되어 있다면, 미국은 '서구적 가치'라는 보편적 선을 필요로 하는 곳에 전파하고 있다는 주장을 내세워 국제 문제에 대한 자국의 지배력을 정당화할 수 있다. '고전 전통'에 대한 숭배는 종교와 무역, 자유주의와 자본주의의 기치 아래 식민주의의 '문명화' 사명을 뒷받침한다.

메모리얼Memorial이라는 러시아 단체는 인권 단체, 역사 연구 단체, 그리고 권익 옹호 단체의 성격을 함께 가진 조직으로, 특히 공교육에 스탈린의 범죄를 포함시키는 데 중점을 두고 활동했다. 메모리얼은 스탈린에게 희생당한 사람들을 기리고 그들에 대해 더 많이 알기 위한 역사 연구를 촉진하는 데 힘을 쏟았다. 메모리얼의 주요 인물 중 한 명인 유리 드미트리예프Yuri Dmitriev는 핀란드 국경 가까이에 있는 카렐리아Karelia 지역의 지부를 책임지고 있었다. 드미트리예프는 1937년과 1938년 스탈린이 소련 시민 수천 명의 시신을 처리한 카렐리아의 숲인 산다르모크Sandarmokh*에 대한 역사적

---

* 러시아연방 서북부에 위치한 카렐리아 공화국의 숲 지대다. 산다르모크에서는 1937년

연구로 가장 유명하다. 메모리얼이 상징하는 이러한 연결고리는 역사적 기억과 인권 사이의 연관성을 보여준다. 이 공로로 메모리얼은 2022년 노벨 평화상을 받았다.[1]

그러나 러시아 정부는 메모리얼의 활동을 체제 전복적인 것으로 간주하고 무자비한 표적 수사를 벌였다. 2014년 러시아 법무부는 이 단체의 조직원을 외국 스파이로 규정했다. 2016년 유리 드미트리예프는 당국이 그의 컴퓨터에서 발견한 어린 딸의 나체 사진으로 인해 아동 포르노 혐의로 체포되었는데, 나중에 증인으로 나선 전문가들은 이 사진이 건강 상태를 관찰하기 위해 찍은 것이라고 증언했다. 무죄 판결을 받았음에도 드미트리예프는 결국 재기소되어 수용되었고, 형량은 임의로 여러 차례 연장되어 총 15년으로 늘어났다.[2] 마침내 2021년 12월, 러시아 정부는 메모리얼을 폐쇄했다. 현 러시아 정부는 스탈린의 공산주의 독재 정권과는 분명히 다르지만, 이전 권력자의 범죄에 관한 역사적 연구를 매우 위

10월부터 1938년 12월까지 수천 명의 사람들이 스탈린 정권에 의해 총살되었다. 총살당한 사람들 중에는 스탈린의 강압 정책에 반발하는 지식인, 군인, 종교인 등이 다수 있었으며, 공산당 내에서 스탈린과 경쟁 관계에 있는 사람들도 포함되었다. 특히 우크라이나 고유의 문화와 언어를 지키려던 수백 명의 문학가, 예술가들이 반혁명 분자, 부르주아 민족주의자라는 혐의로 학살당했다. 유리 드미트리예프는 수년 동안 현장 조사와 문서 검토를 통해 희생당한 사람들의 명단과 이들이 어떤 경로로 이곳에 끌려와서 처형되었는지를 밝혔다.

협적으로 여기는 것은 분명하다.

메모리얼의 운명은 권위주의 정부가 자국이 벌인 문제가 될 수 있는 역사를 되새기고 관심을 환기하려는 프로젝트를 문제 삼을 때 어떤 일이 일어날 수 있는지를 보여주는 연구할 만한 사례다. 스탈린에게 희생당한 사람을 추모하는 것이 블라디미르 푸틴 러시아 대통령과 그의 현 권위주의 정부에 대한 직접적인 적대감의 표현은 아니다. 그렇지만 그렇게 하는 것은 푸틴의 프로젝트가 기반으로 삼고 있는 신화적인 과거와는 모순되는 것이다. 퇴폐적인 서구에게 부당한 취급을 받은 러시아 제국이 발현한 것이 소련이라는 것이다. 그리고 아마도 가장 중요한 것은, 스탈린의 범죄에 주목하면 푸틴을 비롯한 지도자 전반의 잘못을 자세히 조사할 수 있는 길이 열린다는 점일 것이다.

이는 러시아에만 한정된 것은 아니다. 권위주의 정부와 운동은 별로 자랑스러워 보이지 않는 역사를 되새기려는 모든 시도를 억누르기 위해 신속하고 단호한 조치로 대응하는 것이 특징이다. 동시에 권위주의 정권은 전혀 다른 종류의 역사 복원에 참여하여, 한때 불명예스러웠던 인물의 명성을 회복하고 국가의 과거 살인자, 파시스트, 노예 소유자를 국가적 영웅으로 표현한다. 그러나 이는 역사를 복원하려는 진정한 시도가 아니라 자신의 이익을 위해 역사를 다시 쓰려는 냉소적인 시도일 뿐이다. 예를 들어, 헝가리 파시스트를 국가적 영웅으로 표현하는 것은 그들이 나치와 맺은 동맹이나 반유대주의적 행동을 지우는 것이다. 조지 워싱턴을 신화적 인물, 뛰어난 덕을 갖춘 건국 인물로 표현하는 것은 동료 인간을 노예로 삼는 데 그가 했던 역할을 지우는 것이다. 권위주의적인 역사 '재현'은 사실상 필연적으로 한 국가의 과거를 이해하는 데 절대 필요한 역사적 정보를 지우는 것이기도 하다.

자신의 역사를 복원하려는 미국 흑인들의 전통은 미국에서 오래전부터 있었다. 1841년, 자유를 추구하는 사람이자 예일 대학에 입학한 최초의 흑인으로 알려진 제임스 W. C. 페닝턴James W. C. Pennington은 《유색인종의 기원과 역사》라는 교과서를 출간했다.[3] 이 책은 미국의 동산 노예제를 지지하는 주장을 체계적으로 공격하고 있다. 첫 번째 장에서는 (노예제 옹호론자들의 해석에 따르면) 흑인이 〈창세기〉에 나오는 함의 자손으로, 노아가 저주하여 함의 후손을 영원히 노예로 강등시켰다고 주장하는 노예제의 종교적 근거를 비판한다. 두 번째와 세 번째 장에서 페닝턴은 아프리카는 오래전부터 뛰어난 제국과 문명의 역사를 지니고 있으며, 이는 사실 유럽보다 앞선 것이라고 주장한다. 6장에서는 흑인이 백인보다 열등하다는 생각은 "거짓일 뿐만 아니라, 터무니없기에 폐기되어야 한다"라고 주장한다. 그리고 독일 비텐베르크 대학에서 박사 학위를 받고 존경받는 철학 교수가 된 가나인인 18세기 철학자 안톤 빌헬름 아모Anton Wilhelm Amo와 같은 뛰어난 흑인들의 사례를 통해서 이 주장을 뒷받침한다(아모의 저작은 오늘날에도 여전히 연구되고 있다).⁴ 하버드 대학의 역사학자 자비스 기븐스의 말에 따르면, 페닝턴의 작업은 "기존 세계의 반흑인적 토대에 도전하면서 인식론적 질서를 다시 쓰려고 노력하는 흑인들의 곤식화된 실천 행위가 된 이 전통의 막을 열었다".⁵

그렇지만 페닝턴의 연구와 같은 반박이 있었음에도 불구하고 백인이 흑인보다 인지적으로 우월하다는 것을 입증하려는 백인 우월주의의 추구는 최근 역사 전반에 걸쳐 지속적인 힘을 발휘했으며, 오늘날까지도 계속되고 있다. 최근 몇 년 동안 이러한 현상이 특히 빈번하게 나타난 영역 중 하나는 명문 대학의 흑인 학자를 'DEI 고용'이라고 치부하는 것이다. 이는 암묵적으로 흑인들이 불공정한 혜택을 누리고 있었기 때문에 그 지위를 얻을 수 있었을 뿐이라는 의미로 쉽게 받아들여질 수 있다. 이런 기획에는 백인이 다수인 국가에 거주하는 흑인들에게 인종차별이 미치는 영향을 (잠정적이건 또는 즉각적이건 간에) 믿을 수 없을 정도로 축소하거나 무시하는 등 과거와 마찬가지로 설득력이 떨어지는 의심스러운 과학적 주장도 포함되었다.

흑인 역사를 되찾기 위한 투쟁에서 가장 중요한 저작 가운데 하나는 사회학자이자 역사학자, 철학자인 W. E. B. 듀보이스가 쓴 책이다. 이 책은 재건 시대에 대한 미국인들의 이해를 왜곡하려는 백인 역사가와 정치인들의 시도에 대한 대응이었다. 즉 오늘날 가장 잘 알려진 히틀러 치하의 독일이나 스탈린의 소련 같은 사례보다 훨씬 이전에 야심 차게 벌어진 잘못된 정보를 제공하려는 캠페인에 대응하기 위해 쓴 것이었다. 1935년에 출간된 책《미국의 흑인 재건》은 당시 지배적이었던 특정 역사의 지우기와 왜곡을 바로 잡기 위한 것이었다. 백인은 잘못이 없으며 흑인은 열등하고 역기능을 했다는 서사를 뒷받침한 당시의 역사 해석을 비판했다.

이 서사는 남부 흑인들이 재건 기간 부여된 제한된 자유와 자율성을 헛되이 써버렸다고 주장함으로써 남부 흑인들이 처한 부정적 상황의 책임을 그들 자신에게로 돌렸다. 그러나 실제로 흑인들은 잔인한 백인우월주의 체제의 희생자일 뿐이었다. 이 체제는 흑인들을 대상으로 연달아 계속되는 백인의 인종 테러를 유도했고, 이는 대부분 클랜 1기를 통해 자행되었다. 여러 가지 이유, 기본적으로는 경제적 이기심 때문에 북부의 백인 관리들은 이들을 외면하는 쪽을 선택했다. (물론 남북전쟁이 끝나면서 북부에서 인종차별이 사라진 것은 절대 아니었지만) 어쨌든 재건 시대의 종말을 희생자들의 탓으로 돌리는 것은 KKK의 폭력이 존재했는데도 백인 국민은 잘못이 없다는 신화를 지키는 이데올로기적 기능을 수행했으며, 짐크로 체제의 인종 파시즘을 정당화하는 핵심 근거로 사용되었다.

듀보이스는 그의 책에서 "내가 아는 한 미국 흑인은 스스로 노력 없이 자유를 얻은 세계 역사상 우일한 사람들"이라고 쓴 율리시스 S. 그랜트Ulysses S. Grant의 전기 작가 W. E. 우드워드와 같은 백인 평론가들의 주장을 반박한다.[6] 듀보이스는 다음과 같이 서술함으로써 노예가 된 미국인들이 자기 자신을 해방시켰음을 보여주었다.

노예를 해방시킨 것은 노예제 폐지론자만이 아니었다. 노예제 폐지론자들은 실제로는 미국 국민 대다수의 지지를 받지 못했다. 노예의 자유를 인정한 것은 400만 명의 흑인 노예 한가운데서 전쟁을 벌이려는 말이 안 되는 시도의 필연적 결과였으며, 전쟁의 결과가 흑인 노예들의 이해관계에 미치는 영향을 고상한 척하면서 애써 무시하려는 듯한 태도를 그대로 유지하려는 것이었다. 그렇다. 이 노예들은 막강한 힘을 가지고 있었다. 그들은 일을 멈추는 것만으로도 간단히 남부 동맹을 굶주림의 위기로 몰아넣을 수 있었다. 그들은 연방군 캠프로 걸어 들어가 자신들을 의심하고 있던 북부인들에게 노예를 하인으로, 농부로, 스파이로, 최종적으로는 전투 병사로 쉽게 활용할 수 있음을 보여주었다. … 노예 소유주들이 북부에 항복하거나, 그렇지 않으면 남부에 항복하는 길을 선택할 수밖에 없도록 만든 것은 도망친 노예였다.[7]

듀보이스는 백인 노예제 폐지론자와 스스로 자치를 위해 싸우는 흑인들 간의 인종 간 동맹을 통해 인종 정의를 향한 운동이 많은 성과를 거두었다는 것을 인정한다. 그러나 백인 노예제 폐지론자들조차도 항상 같은 행동을 한 것은 아니었으며, 실제로 이 싸움에서 이전에 노예였던 사람들의 역할을 축소하는 경우가 많았다. 듀보이스는 또한 흑인들이 남북전쟁 승리의 중심에 있었으며, 그들이 남부의 공립학교 설립에 어떻게 중요한 역할을 했는지 보여준다. 그는 저서 전반에 걸쳐 재건 시대의 흑인 정치 지도자들이 부패했다는 오랫동안 그 시대 공식 역사의 중심 신화를 체계적으로 해체한다.

그러나 악의적인 신화는 그 자체가 역사 속에 깊이 뿌리박혀 있다. 재건 시대의 흑인 정치인들이 무능하고 부패했다는 인종차별적 신화의 지속적인 영향은 미국에서 일어난 사건에 대한 사람들의 사고방식을 계속해서 좌우하고 있다. 현대 정치에서도 이러한 신화의 여운을 볼 수 있다. 예를 들어, 도널드 트럼프 전 대통령은 2020년 대선에서 패배한 원인을 애틀랜타나 밀워키처럼 흑인 인구가 많거나 흑인 지도자가 있는 도시의 부패 탓으로 돌렸다. 2024년 대형 컨테이너선이 볼티모어의 프란시스 스콧 키Francis Scott Key 다리에 충돌한 후, 일부 우익 논객들은 이 사건을 볼티모어 시장 브랜든 스콧Brandon Scott 탓으로 돌리고, 그를 'DEI 시장'이라고 비난했다. 이는 재건 시대의 종말과 짐 크로의 등장으로 이어진 인종차별적 신화를 분명히 되풀이하는 것이었다.[8]

백인의 위대함과 백인의 순수함을 주장하는 시스템에 맞서 미국 흑인의 관점을 가르치기 위한 투쟁은 미국 역사 전반에 걸쳐 이어져 왔다. 우리는 짐 크로 시대 남부 지역의 학교 교과서가 노예제를 자비로운 가부장적 시스템으로, 노예가 된 미국 흑인들은 이런 관행에 대체로 만족하는 것으로 묘사하는 것을 보았다. 수십 년 동안 백인 정치인과 그밖의 관리들은 미국 흑인의 관점을 학교 교육과정에 포함하려는 노력에 반대해왔다. 이는 이런 역사교육이 과거 세대의 잘못된 행위 때문에 자기 자녀들에게 부끄러움이나 수치스러움을 느끼게 만든다고 주장하는 백인 부모들의 불만에 자극받은 것이었다. 그리고 당연한 일이지만 1954년 대법원의 브라운 대 교육위원회Brown v. Board of Education ● 판결로 전국적인 주목을 받게 된 공립학교를 인종적으로 통합하려는 노력은 남부와 북

● 1954년 미국 연방 대법원이 인종에 따라 공립학교를 분리하는 것이 헌법에 위배된다고 판결한 사건이다. 1951년 캔자스주 토페카의 흑인 여학생 린다 브라운이 집 근처의 백인 학교에 전학 신청을 했으나 거부당하자, 그의 가족 및 12명의 흑인 부모가 토페카 교육위원회를 상대로 함께 소송을 제기했다. 1954년 연방 대법원은 "공립학교의 인종 분리가 본질적으로 불평등하다"라고 판결했다. 이는 이전 공립학교의 인종 분리 근거가 된 "분리하되 평등하다(separate but equal)"라는 1896년의 플레시 대 퍼거슨(Plessy v. Ferguson) 판결을 뒤엎은 것이었다.

부 모두에게서 격렬한 저항을 불러일으켰다.

《미국의 흑인 재건》에서 듀보이스는 미국의 교육 시스템과 미국 백인들이 노예제도와 재건 시대의 실제 역사에 대해 느끼고 있는 불편함을 언급하면서 수사학적으로 다음과 같이 질문한다. "예의와 자선을 앞세웠기 때문이라는 이유가 진실을 부정하는 데 충분한 변명이 될 수 있을까?"[9] 미국 백인 아동의 순수성을 지키고 미국의 인종적 위계구조를 정당화하기 위한 투쟁의 이야기는 미국의 역사다. 한때 과거의 유물로만 여겨졌던 이러한 노력이 다시 살아나면서, 이 책에 영감을 준 파시스트 정치운동의 활성화에 불을 지폈다.

예를 들어, 일부 교육 서적 출판사들은 우익 활동가들과 논평가들이 추진하는 거짓되고 오해의 소지가 있는 서사를 따르기 시작했다. 2015년에 텍사스 학생들을 대상으로 발행하여 널리 배포된 고등학교 역사 교과서 시리즈에서는 노예가 된 미국 흑인을 '노동자'로 규정했다.[10] 그리고 2023년 플로리다주는 미국 흑인 역사에 대한 새로운 표준을 발표했다. 이 표준은 교육자들에게 노예가 된 흑인들이 "때에 따라서는 자신의 개인적 이익에 이용할 수 있는 기능을 기를 수 있었다"라고 가르칠 것을 요구했다.[11]

카터 고드윈 우드슨Carter Godwin Woodson은 오늘날 '흑인 역사의 달Black History Month'•을 도입한 인물로 가장 유명하다. 1933년, 우드슨은 미국 교육이 미국 흑인을 어떻게 실망시켰는지에 대해 이 제는 고전적 연구가 된 《잘못된 흑인 교육》이라는 제목의 책을 출 간했다. 이 책에서 우드슨은 고전교육을 비난하면서, 이 교육 시스 템에서는 흑인을 "거의 고려하지 않았다. 왜냐하면 흑인의 가장 좋 은 친구들도 왜곡된 교육을 받아, 흑인을 비난하거나 동정하는 것 외에는 별다른 고려를 하지 않던 전통적인 교육과정을 그대로 따 랐기 때문이다"라고 언급했다.[12] 예를 들어, 문학교육에 대해 우드 슨은 전통적인 교육과정에서 흑인은 "알 만한 가치가 있는 어떤 생각도 표현하지 않은 것으로 여겨졌다"라고 지적했다.[13]

역사를 되찾으려는 미국 흑인의 전통을 가장 명백히 찾아볼 수 있는 현재의 징후는 니콜 한나 존스Nikole Hannah-Jones의 '1619 프로 젝트'다. 이 프로젝트의 목표는 노예제도와 그 유산을 미국 역사 의 중심에 두는 것이지만, 그것이 미국의 위대함과 모순되지는 않

• 아프리카 흑인들의 디아스포라와 시민권을 획득하기 위한 투쟁을 기억하기 위해 지정한 달이다. 아프리카 디아스포라 역사의 중요 인물과 사건을 기념하는 행사를 한다. 1926년 2월 카터 고드윈 우드슨과 흑인 생활 및 역사 연구 협회(Association for the Study of Negro Life and History, ASNLH)가 2월 둘째 주를 '흑인 역사 주간'으로 선정하면서 시작되었으며, 1970년부터는 흑인 역사의 달로 바뀌었다. 미국에서는 2월을 '흑인 역사의 달'로 지정하여 기념행사와 교육을 하고 있다. 미국에서 시작되었지만, 지금은 캐나다 등 북아메리카를 넘어서 유럽과 호주 등 각국은 자기 국가의 상황에 맞게 흑인 역사의 달을 정해서 기념한다. 한국에서도 2020년부터 서울시를 시작으로 한국외국인문화재단, 한국국제교류재단 등 여러 기관에서 흑인 역사의 달 기념행사를 열고 있다. 이때 한국전쟁에 참전한 10만여 명의 흑인 병사들의 공헌을 기념하기도 한다.

는다. 그것은 오히려 미국의 위대함에 미국 흑인들이 이바지한 공헌을 기념하는 것이다. 그럼에도 이 책은 내용을 읽거나 그 주장을 자세히 검토하지 않은 채 비판하는 우익 정치인과 비평가들의 거센 반발을 불러일으켰다. 백인들에게 자신의 역사를 부끄럽게 느끼도록 조장하는 부정적인 미국관을 높이고 있다는 이유였다. 2020년 9월 백악관의 미국 역사 컨퍼런스 연설에서, 도널드 트럼프는 비판적 인종 이론과 이 프로젝트가 '유독성을 가진 선전'이라고 비난했다.[14] 특히 플로리다와 같은 일부 주에서는 1619 프로젝트를 표적으로 삼아 공립학교에서 이를 가르치는 것을 금지했다.

물론 소외된 집단이 자신들의 역사와 문화를 지우려는 시도에 맞서 싸운 곳은 미국만이 아니다. 2장에서 보았듯이, 케냐의 영국 식민주의자들은 키쿠유 사회의 전통적인 통치 구조를 해체하려고 시도했다. 영국인들은 모든 아프리카 부족에 족장이 있다고 잘못 생각한 나머지, 일부 키쿠유 사람을 족장으로 임명하여 실제로는 원로회의가 통치하던 사회를 근본적으로 변화시켰다. 궁극적으로 이를 비롯한 영국의 여러 개입은 키쿠유족에게 치명적인 영향을 미쳤다. 하지만 키쿠유족은 자신들의 정체성을 말살하려는 영국의 시도에 맞서 강력한 저항을 펼쳤다. 영국 식민주의자들에 맞서 전통적인 키쿠유 관행과 토지의 이익을 지키기 위해 1920년대 초 조모 케냐타Jomo Kenyatta를 지도자로 하여 키쿠유 중앙협회Kikuyu

Central Association가 설립되었다.

케냐타는 영국 정경대학에서 1935년부터 1938년까지 폴란드계 영국인 인류학자 브로니슬라브 말리노프스키Bronisław Malinowski와 함께 공부하며 〈케냐 산을 마주하다Facing Mount Kenya〉라는 제목의 학위 논문을 썼다. 이 논문에서 그는 키쿠유의 전통과 관습을 자세히 묘사하여, 그것이 키쿠유 종교의 핵심임을 보여준다. 이를 통해 키쿠유 종교를 없애려는 영국의 노력이 키쿠유의 정체성을 파괴하려는 것과 같다는 점을 분명히 했다. 〈케냐 산을 마주하다〉는 케냐 안팎의 다양한 독자를 교육하기 위해 집필되었으며, 궁극적으로 유럽 식민주의에 대항하는 아프리카 민족주의 투쟁에 도움을 준 국제적 반향을 불러일으킨 연구가 되었다. 그것은 또한 키쿠유 종교의 전통과 관습, 삶의 방식에 대한 상세한 기록으로, 이를 다음 세대 케냐인들에게 남겼다.[15]

* * *

권위주의 정부는 역사를 되찾는 일이 민주주의로 이어질 가능성을 잘 알고 있다. 이러한 역사 되찾기를 괴롭히고 위협하는 것은 권위주의 정부와 이를 지지하는 정치운동의 특징이다.

인비저블 히스토리 프로젝트The Invisible Histories Project는 앨라배

마주의 프로젝트로, 공식 웹사이트에 따르면 "앨라배마주를 시작으로 남동부 전체에서 성소수자의 삶을 보존하기 위한 저장소로 설계되었다". 이 프로젝트는 베를린에 있는 허쉬펠트 성과학연구소와 마찬가지로 성소수자의 생활과 관점을 기록하는 아카이브로 설립되었다. 또한 허쉬펠트 연구소처럼 파시스트 의원들의 표적이 되었다. 앨라배마주 기록역사부Department of Archives and History가 프로젝트 설립자 중 한 명을 프리젠테이션에 초대했을 때, 앨라배마주 상원 정치인들은 이 부서의 예산 절반을 삭감할 것을 제안했다. 이것이 관철되지 않자, 그들은 이사회 전체를 공화당이 지배하고 있는 주 행정부와 입법부의 통제하에 있는 정치적 임명직으로 교체할 것을 제안했다. 앨라배마닷컴AL.com의 칼럼니스트 카일 휘트마이어Kyle Whitmire는 기사에서 이 상황을 이렇게 설명한다.

앨라배마의 역사가 다시 공격받고 있습니다. 소수의 주 의원들이 역사를 지우는 임무를 수행하고 있습니다. 이를 언급하는 사람들의 발언을 취소하게 하고, 이를 막으려는 사람들을 처벌하려고 하고 있습니다.
위태로운 상황에 놓여 있는 것은 주 정부 기관인 앨라배마주 기록역사부와 이 기관이 보존하기 위해 간직하고 있는 이야기입니다.
하지만 이번에는 재건 시대나 시민권 투쟁의 이야기가 사라질 위험에 처한 것은 아닙니다. 적어도 아직은 그렇지 않습니다. 오히려 더 최근의 어떤 일들이 문제가 되고 있습니다.

그것은 의원들의 조준경에 걸린 성소수자의 역사입니다.[16]

역사를 되찾으려는 노력이 엄청난 반발을 불러온 또다른 사례는 2차 세계대전 박물관 이야기에서 찾아볼 수 있다. 이 박물관은 2008년 폴란드의 그단스크Gdańsk에서 국제학자 컨소시엄이 구상하여 2017년 개관했다. 목표는 2차 세계대전을 가르치면서 폴란드의 경험을 세계적 관점에서 바라보는 것이었다. 이 박물관은 2차세계대전의 다른 모든 희생자를 외면하면서까지 폴란드의 희생을 강조하는 대신, 홀로코스트로 죽은 폴란드 유대인과 나치에 의해 무차별로 학살된 소련 전쟁 포로를 포함하여 피해를 당한 모든 인종을 개별적으로 다뤘다. 이를 통해 박물관은 폴란드가 그 자신의 역사를 이해할 때 오랫동안 빠뜨렸던 부분을 바로잡고, 폴란드인이 유독 고통을 겪었다는 주장에 반박했다.

그러나 폴란드의 우익 정당인 법과정의당Law and Justice Party은 이처럼 누락된 역사를 박물관이 복원하는 것에 위협을 느끼고, 사법시스템과 언론을 통해 이 단체를 압박했다. 2017년 박물관이 개관하기 전에 법과정의당은 관장인 파웰 마흐체비치Paweł Machcewicz를 교체하고, 박물관이 전하는 서사를 전쟁 중 폴란드인이 겪은 고통이 고유하다는 것을 강조하는 더 전통적인 이야기로 바꿀 것을 강요했다. 반민주주의 정당이 이 박물관을 표적으로 삼은 것은 우연이 아니다. 자유민주주의를 지우는 것을 목표로 하는 역사 지우기의 일환이다.

* * *

우리가 보았듯이 과거를 통제하려고 하는 것은 권위주의 정부의 특징이다. 러시아는 식민지를 획득하려는 야망에 대한 국민의 지지를 모으기 위해 우크라이나 역사를 금지하고 있다. 미국에서는 앞서 살펴본 바와 같이 비판적 인종 이론에 대한 공격을 지지하는 헤리티지 재단과 같은 단체가 또한 더 제한적인 투표법을 추진하고 있다. 권위주의 운동은 제한적인 교육 프로그램을 발전시키고 예외주의적 서사에 의문을 제기하는 관점을 금지한다.

　학문이 과거에 대한 지배적인 서사에 도전할 때, 역사 자체뿐만 아니라 그 역사를 은폐하려는 이후의 시도에 대한 불편한 진실이 드러난다. 이러한 이유로 이런 종류의 비판적 학문은 권위주의 운동에 큰 위협이 된다. 민주주의 이론가들이 오랫동안 찬양한 것처럼, 민주주의는 진실을 향한 개방적인 탐색을 장려하고, 아무리 고통스럽더라도 오래된 가정에 의문을 제기하는 새로운 관점, 서사, 데이터를 포함하려고 노력한다.

파시즘으로 향하는 미국의 흐름을 막으려면 우리의 교육기관이 직면한 도전의 본질을 인식해야 한다. 실로 학교와 대학은 수십 년 간 반민주적 신화를 강화하고, 궁극적으로 결함은 있지만 희망적인 자유민주주의를 권위주의적 국민국가로, 잠재적으로는 파시즘적 국민국가로 바꾸려는 극우적인 움직임의 최전선에 놓여 있다.

내 아버지 맨프레드는 어머니와 다찬가지로 나치 독일에서 온 난민이었다. 그는 시러큐스 대학 맥스웰 시민 및 공공 문제 학교 Maxwell School of Citizenship and Public Affairs의 교수가 되었다. 아버지와 계모인 메리 역시 같은 학교 출신으로, 엄격한 민주적 교육이 교육자, 민주정치 공동체 구성원, 그리고 궁극적으로는 모든 수준의 선출된 공무원들에게 무엇을 요구하는지 탐구하는 교육 이니셔티브에 대해 조사하고, 연구하고, 가르치고, 글을 쓰고, 이를 이끌었다.

나의 아버지는 사회학자로 활동하면서 쓴 글 중 한 편에서 점점 다원적이고 복잡해지는 사회에서 공통된 현실 인식이 어떻게 가능할 수 있는지 알아내려고 애썼다.[17] 그는 이 책 전반에 걸쳐 다른 방식의 교육에 대한 대안이 될 수 있는 교육 형태를 제시했다. 그는 시민의 우정이 민주적 가치를 진지하게 받아들이는 현대 정치 공동체의 필요 요건이라고 지적한다. "시민적 우정은 사회적 노동 분업의 다양한 입장에도 불구하고 시민으로서 서로에 대해 가져야 할 배려에 깔린 평등을 의미하는 개념임을 기억하라."[18] 시민적 연민 역시 민주적 시민 생활의 필수적 측면이라고 그는 설명한다.

서구 전체주의의 역사가 우리에게 가르쳐주듯이, 연민의 궁극적인 시험은 시민사회를 지키는 것이다. 이는 가까이 있든 멀리 있든 간에 시민적 이웃으로 서로를 대하며 피할 수 있는 고통이나 살인자에게 사람들을 버려두지 않는 자세다. 이보다 훨씬 덜 까다로운 시험들조차 실패로 끝난다. 그러나 이 최종 테스트에 도달하기 전에 시민적 연민이 사회학적으로 무엇을 의미하는지 어떻게 개념화할 수 있을까?

어떤 사회가 사회적 계급과 직업 전문화로 인해 복잡하고 분절되어 인간 집단들 사이의 커다란 사회심리적 거리감이 통상적인 상태가 되는 상황으로 나아갈 때, 불충분한 연민은 뚜렷하고 집단적인 도덕적 문제로 등장한다. 비민주적 사회에서는 이 문제가 위계적이고 집단적인 지위 이데올로기에 의해 완화된다. 민주 사회에서 이 문제는 지속되지만, 일반적으로 '단결' 또는 '연대'라는 용어로 정의된다. 연민이 더 나은 용어라고 제안하는 것은 단순히 단어의 문제가 아니다. 다른 두 용어는 너무 추상적이고 선전에 사용되어 왜곡되어 있다. 연민이란 말에는 사람들이 가질 수 있다고 생각하는 더 구체적이고 합리적인 기대감의 의미가 포함되어 있다. 우리 사회의 계급 구조의 양 극단들 사이, 여러 민족 및 인종 집단 사이, 그리고 상당수의 남성과 여성 사이에는 상호 소외와 고정 관념적인 환상이 존재한다. 이는 시민교육을 위해 해결해야 할 커다란 과제를 제시하지만, '통합'이라는 비현실적이고 감상적인 태도를 포함하는 것은 아니다. 이보다 더 어려운 문제는 사람들에게 개인적인 삶의 경험이 전혀 없는 집단의 객관적인 역사적·현실적 조건을 이해하게 하는 것이다. 연민은 특별히 예리하고 정보에 입각한 어떤 방식으로 "타자의 입장에서 생각해 볼 수 있는" 능력을 전제로 한다.[19]

시민적 연민에 대한 아버지의 시각은 통합의 언어가 너무 "선전에 사용되어 오염되었다"라는 이유로 거부하는 것을 전제로 했다. 그의 해결책은 어느 편인가 하면 정반대였다. 공손한 태도로 다른 사람과 관계를 맺고, 상상력을 발휘하여 다른 사람의 입장에 서고, 처음에는 낯설고 심지어 위협적으로 보이기까지 하는 세계에 거주하고, 다원적 민주주의가 요구하는 만큼 현명하거나 관대하거나 개방적일 수 없다는 자신의 무능력을 인정하는 것이다.

잔인함에 빠져드는 것을 막아내는 일은 아마도 사람들의 가장 중요한 교육적 목표일 것이다. 어떤 형태의 교육이 그런 노력에 적합할 수 있을까? 어떤 면에서 이런 교육은 이미 시작되었다. 사회 운동이 평등과 해방의 장애물을 성공적으로 무너뜨릴 수 있는 방법을 보여주는 비판적 인종 이론, 젠더 연구, 퀴어 이론, 노동사, 장애 연구 및 그밖의 학문들이 생겨난 것이다. 이러한 접근 방식은 시민적 연민에 대한 평생의 성향과 이를 행동으로 옮길 수 있는 행위 주체성을 만들 수 있다. 아이러니하게도 이러한 노력의 잠정적인 성공이 이 책 전체에서 설명한 권위주의적 반발을 유발할 수도 있다. 성공적인 진보적 교육 운동이 폭력적인 반대운동을 불러일으킨 것은 이번이 처음은 아닐 것이다. 그렇다면 이제 어떻게 해야 할까? 우리는 민주적 교육 프로젝트를 포기하고 파시즘의 언어와 관행에 도전할 수 없는 교육 시스템을 그대로 받아들일 수도 있다. 아니면 민주주의 교육 프로젝트가 어렵지만 필수적이라고 인정하면서 투쟁을 계속할 수도 있다. 획일성의 신화에 도전하는 새로운 학문은 교육에 대한 새로운 접근 방식을 불가피하게 만든다.

대부분의 미국인은 미국의 표어인 'E pluribus unum', 즉 '다수에서 하나로'에 담긴 희망을 이미 잘 알고 있다. 하지만 이러한 동화同化 프로젝트는 우리의 기대에 맞지 않는 관점을 가리는 수단으로 너무 자주 사용되어왔다. 미국의 용광로 기능은 눈에 띄는 차이를 가진 정치공동체 구성원들에게 동질적인 이상을 따를 것을 요구하는 경우가 너무 많다. 이는 한동안은 가능했을지 모르지만, 많은 종교와 서로 다른 삶의 방식을 포용하는 다인종 민주주의와 양립할 수 있는 것은 아니다.

나의 외할아버지는 폴란드 동부 출신으로, 1940년 스탈린의 명령에 따라 고모 및 약 13만 명의 다른 폴란드 유대인들과 함께 굴라크gulag •로 추방당했다. 나의 어머니는 이동 도중에 태어났다. 가족들은 이후 5년을 시베리아 굴라크에서 보냈다. 할아버지는 남자 노동 수용소에 수용되었고, 할머니, 어머니, 이모는 멀리 떨어진 다른 수용소로 보내졌다. 추방된 13만 명 중 8만 명이 1945년에 생존했다. 이는 홀로코스트에서 살아남은 폴란드 유대인 중 가장 많은 숫자였다. 전쟁 전 폴란드 전체 인구의 약 10퍼센트, 즉 3000만 명이 조금 넘는 인구 중 330만 명이 유대인이었다. 그러나 나치가 패망할 때까지 폴란드 유대인 인구의 90퍼센트가 절멸했다.[20] 1950년 폴란드에는 4만 5000명의 유대인만이 남아 있었다. 현재는 5000명 미만에 지나지 않는다.[21]

나의 어머니는 1945년 이모, 할머니와 함께 폴란드로 다시 송환되었다. 시베리아 횡단 열차에 태워 서쪽으로 보내졌는데, 긴 여정에서 그들은 어머니가 한 번도 만난 적이 없는 할아버지와 전적으로 우연히 재회하게 되었다. 그들은 작은 가족 단위로 바르샤바에 도착해서, 친척들과 다시 만나기를 열망했다. 하지만 곧 자신들만 남았다는 사실을 알게 되었다. 비유대인 폴란드인들이 귀환

• 소련의 정치범 강제노동 수용소로, 주로 스탈린 통치 기간 운영했다. 1970년 노벨 문학상 수상자인 알렉산드르 이사예비치 솔제니친이 1973년 굴라크의 생활을 주제로 간행한 《굴라크군도(The Gulag Archipelago)》라는 책으로 그 이름이 국제적으로 널리 알려졌다. 한국에서는 《수용소군도》라는 제목으로 번역되었다.

하는 유대인들을 악의적으로 대하는 모습에 그들의 슬픔은 더욱 커졌다. 할아버지는 눈으로 보기에도 정통 유대인이었다. 어머니가 거리에서 할아버지를 따라갈 때, 폴란드인들이 몸을 숙여 어머니 얼굴에 침을 뱉곤 했다. 1948년, 할아버지는 바르샤바 거리에서 거의 죽을 만큼 구타를 당하다가 마지막 순간에 (가족들이 전한 말에 따르면) 한 유대인 경찰관에게 구출되었다. 이 사건은 이디시어 Yiddish•로 발행되는 미국 신문에 실렸고, 얼마 지나지 않아 그들은 비자를 발급받아 그해 여름 뉴욕에 도착할 수 있었다.

폴란드는 유구하고 풍부한 유대인 역사와 함께 오랜 반유대주의의 역사를 지니고 있다. 오늘날 폴란드는 단일한 가톨릭 국가라는 인식을 가지고 있으며, 그런 나라로 널리 알려져 있다. 많은 폴란드 유대인에 대한 기억과 나치가 아닌 동료 폴란드인이 수 세기 동안 그들에게 가했던 증오에 대한 기억이라는 두 가지 기억은 대부분 지워졌다.

보더랜드 파운데이션Borderland Foundation은 폴란드 청소년들에게 유대인의 유산을 포함한 폴란드의 풍부한 다문화 유산에 대해 교육하는 데 전념하고 있다. 재단의 센터는 얀 토마츠 그로스

• 유럽 중부 및 동부 유대인들이 사용했던 언어다. 중세 독일어에서 갈려 나왔지만 히브리 문자로 표기하며, 슬라브어의 어휘를 비롯한 현지 어휘가 유입되었다.

Jan Tomasz Gross의《이웃들: 폴란드 제드와브네의 유대인 공동체 파괴Neighbors: The Destruction of the Jewish Community in Jedwabne, Poland》출간 이후 악명이 높아진 대도시 제드와브네에서 83마일 떨어진 동부 폴란드의 세즈니 마을에 자리잡고 있다. 제드와브네는 1941년 7월 폴란드인 이웃들이 유대인을 학살한 장소다. 폴란드인과 리투아니아인 및 다른 집단 사이에 폭력이 있었던 것과 마찬가지로, 폴란드 동북부의 이 구석에는 반유대주의 폭력의 어두운 역사가 있다. 1991년 도서관을 갖춘 예술, 문화, 민족 보더랜드Borderland of Arts, Culture and Nations가 세니Sejny의 한 건물에 설립되었다. 세니는 2차 세계대전 이전 한때 가장 유명한 예시바yeshiva*중 하나로, 유대교 회당의 바로 옆에 자리한 유대인 교육의 중심지였다.[22] 보더랜드는 그 사명의 하나로 유대교 회당과 탈무드 학교 터를 예술, 음악, 연극, 학습의 중심지로 유지하고 있다. 여름에는 세니 극장의 클레즈머Klezmer**오케스트라가 회당에 가득 찬 청중 앞에서 공연을 펼친다. 아코디언 연주자이자 민족음악학자인 보이치에흐 슈뢰더Wojciech Szroeder가 이끄는 보더랜드 음악 프로그램은 폴란드

• 유대교 율법 학자이자 교사인 랍비를 교육하는 전통적인 교육기관이다. 유대교 경전인《탈무드》와 유대교 율법인 '할라차(halacha)'를 연구하는 데 중점을 둔다.

•• 중부 유럽 및 동유럽에 거주하는 유대인들이 전통적으로 연구해온 음악이다. 즉흥적이고 감정적이면서도 춤과 엄숙함, 즐거움 등이 어우러진 음악으로 결혼식이나 의식, 축제 등의 행사에 연주된다. 유대인의 정체성과 공동체 문화를 상징한다.

어린이들에게 슬라브, 로마, 발트해 연안 국가의 영향을 받은 유대인 음악을 연주할 수 있도록 교육한다. 폴란드 어린이들 가운데 일부는 자라서 클레즈머의 음악가가 되어, 많은 사람이 영원히 사라졌다고 믿었던 음악 전통을 이어가고 있다. 보더랜드는 폴란드의 풍부한 다국어 및 다종교 유산에 대한 기억을 '실천'하기 위해 존재한다. 그 활동은 순수한 폴란드 가톨릭의 과거라는 선동적인 신화에 맞서기 위한 도구다.

미국 역사교육에 획기적인 계기가 된 하워드 진Howard Zinn의 1980년 저서 《미국민중사》에서도 '실천 기억practice memory'에 대한 비슷한 노력을 찾아볼 수 있다.[23] 진은 미국사를 미국을 처음 발견했다고 알려진 유럽 탐험가, 최초의 미국 혁명가, 건국의 아버지 등 위인들의 일련의 업적으로 서술하는 대신에, '아래로부터의 역사'의 전통을 서술함으로써 광범한 청중에게 다가갔다. 진은 위계 구조에 의해 억압받고 종속된 사람들의 관점에서 역사를 서술하면서 사회운동과 저항 행위에 초점을 맞추었다. 그 책은 폭력적인 장애물에 직면한 미국 노예, 원주민 집단, 가난한 노동자, 그리고 여성들의 행위 주체성을 강조한다.

진의 책은 그 이후로 미국 우익의 분노를 불러일으켰으며, 최근에는 도널드 트럼프와 그가 대표하는 정치운동의 노골적인 표적이 되었다. 2020년 백악관 미국 역사 컨퍼런스 연설에서 트럼프는 진을 비난했다. "우리 아이들은 하워드 진의 책과 같은 선전 책자의 교육을 받고 있습니다. 이런 책들은 학생들에게 그들 자신의 역사를 부끄러워하게 만들려고 합니다."[24]

진 교육 프로젝트는 "전국의 교실에서 민중의 역사를 가르치는 것을 뒷받침하는" 기구다.[25] 이 기구는 교사 스터디 그룹, 온라인 수업, 계간으로 발행되는 《역사 다시 생각하기Rethinking History》와 같은 자료를 제공한다. 제공하는 자료들은 재건 시대, 미국 원주민의 역사, 흑인 생명 존중 운동의 뿌리, 팔레스타인의 해방 투쟁과 같은 주제 등 지우기의 대상이 된 역사의 정보다. 더 일반적으로, 그것은 미국 사회운동의 역사에 대한 광범위한 자료를 제공한다. 또한 극우 세력의 공격으로부터 미국의 진보적 교육을 지키기 위한 투쟁에도 깊이 관여하고 있다. 예를 들어, 교육위원회의 반CRT 캠페인에 대한 최신 정보를 교사들에게 제공하고 있다.

진 교육 프로젝트와 같은 단체는 진보적 교육을 지키기 위한 전쟁의 최전선에서 계급, 인종, 성별 위계구조에 대한 저항의 역사를 지우려는 자들에 맞서 이를 보존하기 위해 노력하고 있다. 또한 이러한 공격과 이를 일부로 하는 더 큰 반민주주의 운동에 대한 주의를 환기시키고자 한다. 민주주의가 암울한 이런 시기에도 희망의 여지는 충분하다.

*　*　*

아메리칸드림은 열심히 일하면 성공으로 보상을 받을 수 있게 해준다는 점에서 미국은 특별하다는 믿음을 가지게 한다. 그것은 미국에서는 열심히 일하는 사람이라면 누구나 좋은 중산층 삶을 누릴 수 있다는 믿음이다. 아메리칸드림은 종종 순수한 자유 시장 자본주의 시스템의 결과로 제시된다. 하지만 미국 노동운동의 역사는 이것이 하나의 신화임을 폭로한다. 노동 조직화는 종종 대기업의 폭력적인 보복에 맞서 아메리칸드림을 만든 노동자들에게 많은 실질적 이익을 확보해주었다. 미국 노동자들에게 하루 8시간 근무제, 주말 근무제, 생활 임금을 보장한 것은 노동조합이었다. 노조는 한때 미시간의 자동차 노동자들이 가족과 함께 보낼 수 있는 여가 시간과 이를 즐길 수 있는 돈이 있는 삶을 누리게 해주었다. 최근 수십 년 동안 많은 좌절을 겪었지만, 미국 노조는 다시 이 일을 해낼 수 있다. 노동자의 단결이라는 좌파 사회주의적 이상은 미국의 정신에 반하는 것이 아니라 그 본질적인 부분이다.

　노동사는 미국의 파시스트 신화에 도전하는 여러 관점 중 하나일 뿐이다. 흑인 연구, 라틴아메리카 연구, 원주민 연구에서 학생과 교사는 민족의 순수성과 국가적 순결이라는 신화와 부합하지 않은 미국의 이야기에 직면한다. 학생들은 여성학 공부를 통해 역사가 남성의 역사만이 아니라는 것을, 퀴어 연구를 통해 이성애자와 시스젠더cisgender*의 역사만이 아니라는 것을 배운다.

한 국가의 시민을 과거의 복잡한 역사에 접하게 하는 것은 단순히 파시스트와 선동가로부터 보호하기 위한 하나의 수단만은 아니다. 또한 아버지가 말했듯이, 그것은 시민적 연민을 위한 필수적인 전제조건이기도 하다. 민주주의는 과거에 대한 공통 이해를 비롯해 공유할 수 있는 공동의 현실이 필요하다. 시민적 연민은 이런 이해를 더 증진시킨다. 위에서 언급한 아버지의 말을 다시 인용하자면, "개인적으로 살아가면서 그 생활을 전혀 경험하지 않은 집단의 객관적인 역사적·현실적 상황을 사람들로 하여금 이해하게끔 하는 것이 더 어려운 과제다". 이러한 이해가 없으면 우리는 권력자 집단이나 잠재적으로는 독재자에게 권력을 넘겨주게 된다.

민주주의는 하나의 이상이다. 그 이상은 모든 사람이 완전한 인간성을 가지고 있다는 인정을 바탕으로 모든 시민이 정치적 평등을 누리는 것이다. 그리고 정치적 평등의 이상을 실현하는 것은 누가 그것을 거부했고, 왜 거부했는지에 대한 이해 없이는 불가능하다.

• 성 정체성이 성별과 일치하는 사람으로, 태어날 때 성별과 성 정체성이 다른 트랜스젠더(transgender)와 대비되는 용어로 만들어졌다. 트랜스젠더는 'gender'에 '건너편', '반대편'을 의미하는 'trans'가 붙은 것이며, 시스젠더는 '이쪽에'를 의미하는 라틴어 'cis'를 접두어로 붙인 것이다.

나가며

2024년 러시아 선거가 자유로웠다고 생각하는 사람은 아무도 없을 것이다. 러시아 국민은 거짓말에 속았다. 그들이 이러한 거짓말을 받아들인 것은 자유롭지 못한 상태에 따른 것이기에 우연이 아니다. 거짓말을 받아들인 것 자체가 바로 자유롭지 못한 것이다. 무지 역시 자유롭고 정보에 입각한 행동을 방해한다. 지식이 없으면 행동할 수 없다. 교육을 둘러싼 싸움은 자유를 둘러싼 싸움이다.

민주주의 사회에서 산다는 것은 전통을 새로운 전통으로 대체하는 것을 고려하는 것을 의미한다. 민주주의에서 교육은 주체성, 즉 자치 능력을 기르는 훈련이다. 그리고 자치 윤리의 한 부분은 죽은 자의 지배를 거부하는 것이다. 민주주의를 위한 교육을 정교화하는 방법, 즉 전통을 받아들이되 그것에 얽매이지 않게 하는 방법에 대해서는 어떤 쉬운 답도 없다. 전통이 부풀려지고 과장될 때, 그리고 그에 대한 비판적 탐구가 권력을 정당화하는 신화를 폭로할 만한 위협이 될 때, 그것은 권위주의자들에게 학교라는 민주주의 제도를 통해 민주주의를 탄압할 구실을 제공한다.

플라톤은 민주주의를 불가능하다고 여겼다. 플라톤은 자신이 말하는 권위주의 체제가 거짓말에 기반을 두어야 한다는 것을 알았다. 권력자들은 거짓말을 하는 것 외에 굴라크와 같은 구조적 인종차별주의 및 제도와 같은 우리가 살고 있는 세계를 이해하는 데 필요한 개념을 금지할 수 있다. 그들은 인권이나 인류 평등과 같은 개념을 금지할 수 있다. 인간이 초래한 기후 변화에 대한 탐구도 금지할 수 있다. 이러한 필수 개념이나 필수 사실에 대한 지식이 부족한 사람들은 사건에 대해 다르게 반응할 것이다. 다양한 설명과 선택지를 모른다면, 조작에 쉽게 넘어갈 수 있다.

다인종 민주주의를 향한 진전이 눈앞에서 후퇴하는 것을 볼 때 우리는 낙담하기 쉽다. 이 책의 한 가지 교훈은 우리가 이전에 이미 이런 일을 겪어봤다는 것이다. 민주주의가 공격받는 메커니즘, 전쟁이나 집단을 희생양으로 만드는 것과 같은 행동을 정당화하는 데 신화와 거짓말을 사용하는 방식을 이해할 수 있다면, 이러한 공격을 막을 수 있고 심지어 그 흐름을 되돌릴 수도 있다. 이러한 투쟁은 민주주의 활동 그 자체의 일부다. 이러한 투쟁이 없다면,

우리는 민주주의에 살고 있지 않는 것인지도 모른다.

권위주의는 자신을 뒷받침하는 불평등과 신화를 즐긴다. 군주제는 신성한 선택의 신화로 인해 살아남았다. 독재 정권은 한 명의 지도자가 국가의 성격을 규정하고 구체화한다는 신화가 있어야 존속한다. 파시즘은 잘해봐야 2류 시민으로 밀려나는 외집단outgroup을 만들어내는 신화에 기대어 살아남는다. 학교와 대학은 이러한 신화에 대한 비판적 탐구를 허용한다. 그래서 이 신화에 대한 공격은 언제나 권위주의의 위험을 알리는 탄광 속의 카나리아the canaries in the coal mine•다. 권위주의 국가에 미국식 인문대학이 없는 데에는 이유가 있다.

특히 대학에 대한 주州의 투자가 (거의 계획된 것처럼) 줄어듦에 따라 대학에 다니는 비용이 급증할 때, 대학에는 투자가 끊어지기 쉽다. 그러나 지식과 비판적 탐구를 없애는 것은 우리의 행동 범위를 제한한다. 인종 간 부의 격차나 인간이 초래한 기후 변화에 대해 알지 못하면, 이를 해결하기 위한 행동을 할 수 없다.

권위주의는 반드시 어떤 시점에서는 현실과 직면해야 한다. 사회적 저항운동은 전통적으로 권력자들에게 현실을 보게끔 하려는

• 경제나 금융 등 사회의 다양한 분야에서 위험을 미리 감지할 수 있는 신호나 대상을 뜻한다. 19세기 유럽 광부들이 유독 가스에 민감한 카나리아를 데리고 갱도에 들어가, 카나리아가 이상 징후를 보이면 가스가 누출되었다고 판단하고 대피한 것에서 나온 말이다.

원동력이 되어왔다. 이런 운동에 참여하는 것은 민주주의를 실천하는 것이다. 이를 탄압하는 것은 권위주의의 발로다. 현실이 존재하는 한, 이 순환은 계속될 것이다. 인공지능AI과 같은 새로운 기술이 여기에 새로운 형태를 제공할 것이다. AI 기반 딥페이크가 퍼뜨린 허위 사실과 거짓말은 이미 예측할 수 없는 방식으로 선거에 영향을 미치고 있으며, 이는 혼란과 무지의 분위기 속에서 투표를 진행하게 할 것이다.[1] 민주주의를 보호하려면 사람들이 진실과 거짓을 구분할 수 있는 능력을 지속적으로 확보할 수 있는 조치가 필요하다.

미얀마와 같이 신뢰할 수 있는 언론이 없는 국가에서는 지역 사건에 대한 소셜 미디어의 잘못된 정보와 이것이 사실인지 쉽게 확인할 수 없는 사람들이 만나게 된다. 그 결과는 재앙이다. 민주주의에 필요한 정보 공간의 임박한 붕괴를 막는 데 필요한 것은 정직하고 두려움 없는 교사와 탐구적인 저널리스트다. 그렇기에 권위주의자들은 이 두 집단을 표적으로 삼는다.

이 글을 쓰면서 나는 우크라이나를 향하고 있다. 거기에서 나는 키이우 경제대학Kyiv School of Economics 학생들에게 이 책을 강의할 예정이다. 우크라이나 사람들은 외부 파시스트의 위협으로부터 신생 민주주의를 지키기 위해 실존적인 싸움을 벌이고 있다. 수업에서 우리는 우크라이나가 건강한 민주적 교육 체제를 구축할 수 있는 방법을 논의할 것이다. 이는 국가의 위대함이나 민족적 순수성이라는 신화를 만드는 수단이 아니라 민주주의를 근본적으로 뒷받침할 수 있는 교육 체제를 의미한다. 우리는 러시아 교육 시스템에서 일어나는 왜곡을 다른 식민지 상황과 비교할 것이다. 나는 토론이 논쟁적이고 생산적이 될 것이라고 기대한다. 전장에서 하나의 국가로서 생존을 위해, 언론과 학교에서 민주주의로서의 생존을 위해서는 모두 큰 위험이 따른다.

러시아-우크라이나 전쟁은 파시즘과의 싸움이 가짜 역사와의 싸움이기도 하다는 사실을 보여주는 완벽한 예다. 러시아 교과서는 우크라이나인이 (집단학살의 역사가 없다는 것을 포함하여) 독립적인 역사적 정체성과 고유한 문화나 언어를 가지고 있지 않다고 서술한다. 또한 러시아 교과서는 여러 가지 허위 사실을 근거로 해서 우크라이나 침공을 정당하다고 묘사한다. 우크라이나인은 파시스트고, 러시아가 우크라이나 내부의 반군 운동을 돕고 있으며, 그밖의 여러 활동을 벌이고 있다는 등의 허위 사실 말이다. 이러한 왜곡된 서술이 없었다면 러시아인들은 이 전쟁을 지지하지 않았을 것이다. 이 가짜 역사와 싸우는 곳이 바로 학교와 대학이다. 그것이 내가 우크라이나로 가서 가르치려는 이유다.

이 책은 미국 선거 전날에 서술되었다. 미국 선거는 러시아와 같은 외부 파시스트 정권의 위협 없이도 겉보기에 자발적으로 내 자신의 나라를 권위주의로 빠뜨릴 위험에 처하게 한다. 권위주의 운동은 미국 민주주의에 맞서 다방면으로 전쟁을 벌여왔다. 학교, 언론, 정치적 반대자들은 반미주의자로 낙인찍혔다. 노동권, 기후 변화 행동, 여성의 권리는 미국적 가치(자본주의와 기독교)라는 이름으로 제한되어왔다. 다음 단계는 같은 비난을 하면서 민주주의 자체를 공격하는 것이다. 민주주의와 인류 번영에 도움이 되고, 세계 속에서 경고가 아닌 본보기로서의 역할을 정당화할 수 있는 다른 형태의 미국을 정의하는 것은 남아 있는 우리 모두에게 달려 있다.

이 책에서 나는 노예가 된 미국 흑인, 키쿠유족, 홀로코스트 생존자의 직계 후손인 내 아이들의 다양한 유산을 존중하기 위해 노력했다. 이는 이러한 경험과 교차하는 각각의 지적 전통에서 비롯된 것이다. 가족과 우정의 유대는 나를 뒷받침해 주는 근본적인 토대다. 이는 결국 우리는 모두 같은 인류 가족의 일원이라는 사실을 상호 인식하는 기반이다.

감사의 말

분명히 말하지만, 이 책은 2004년에 세상을 떠난 나의 아버지 맨 프레드 스탠리의 연구를 확대한 것이다. 나는 아버지에게 큰 빚을 지고 있다. 나는 어머니 사라 스탠리에게 하던 일을 끝까지 마무리 하려는 끈기를 물려받았다(그리고 내가 잊을 경우를 대비해서, 그녀는 내게 매일 하는 일이 완료되지 않은 것은 어떤 의미에서는 시작도 하지 않은 것이라는 점을 상기시켜 주었다). 나치즘과 스탈린주의의 트라우마를 겪은 어머니와 아버지의 살아있는 경험도 이 책에 분명한 영향을 미쳤다. 계모인 메리 스탠리는 수십 년 동안 나에게 엄청난 지적 영향을 끼쳤다. 그녀는 이 책을 포함해서 최근에 내가 쓴 모든 책을 읽고 논평을 해주었다. 나는 내게 관심을 가지고 자신의 지적 유산을 전달해준 그녀의 능력과 이를 앞으로도 계속해야 한다는 그녀의 책임감에 감사드린다.

나는 2025년 팀 스나이더를 만났다. 이후 우리는 지속적으로 대화를 나누어왔다. 이런 토론과 우리가 함께 이끈 세미나는 어떤 말로도 충분하지 않을 정도로 내 생각에 깊은 영향을 미쳤다.

킴벌리 크렌쇼의 작업은 나에게 중추적인 역할을 해주었다. 나는 이러한 문제에 대한 그녀의 수십 년간의 사고와 행동주의를 통해 많은 것을 배웠다. 그녀는 이론에 기반한 행동주의와 행동주의에 기반한 이론을 위한 나의 롤모델이다.

나는 운 좋게도 내가 근무하는 예일 대학에서도 특별한 친구들로 구성된 팀을 만났다. 마르시 쇼어는 이 책의 초고 중 일부를 읽고 중요한 의견을 주었다. 사실 이 책의 질을 높이는 데 마르시가 제시한 의견은 다른 어떤 의견보다도 극적이고 흥미로운 것이었다. 이 책의 아이디어는 내가 가장 많이 대화를 나누는 마르시 쇼어와 팀 스나이더 외에도 잭 발킨, 로빈 뎀브로프, 로더릭 퍼거슨, 엘리자베스 힌튼, 트레이시 미어스와의 몇 년에 걸친 대화에서 제시되고 검토되었다. 그들이 없다면 이 책은 불가능했을 것이다. 또한 네드 블랙호크는 미국 원주민 역사와 식민주의에 대한 논의에 필수적인 도움을 주었고, 케일럽 스미스는 내 삶을 내 이론에 맞추는 방법에 대한 조언을 제공했다. 마지막이자 그리고 확실히 중요한 것으로, 나는 인도와 미얀마로부터 선전 철학의 이론적 위치에 이르기까지 여러 주제에 대해 친마이 아룬과의 토론에서 많은 것을 배웠다.

예일 대학의 다른 동료들은 내가 이런 주제들에 대해 집필할 수 있는 학자가 될 수 있도록 도와주었다. 미라 뎁스는 나에게 교육철학을 가르치라고 권유했다. 그리고 교육철학자로 전향하는 과정에서 다년간 도움을 주고, 이 문제를 통찰할 수 있게 하는 원천이 되어왔다. 나프탈리 카민스키는 엘리야후 스턴과 마찬가지로 이스라엘 역사에 관한 이 책의 일부 내용에 결정적인 영향을 미쳤다. 이 책을 쓰는 동안 예일 대학에서는 캠퍼스 시위가 일어났다. 나프탈리, 다라 스트로보비치, 그레그 곤살베스는 이런 시위가 이 책의 광범한 주제에 어떻게 영향을 미칠지 생각하는 데 가장 크게 도움이 되었다. 나는 운 좋게도 이들을 동료이자 친구로 가지게 되었다.

이 책의 아이디어는 내가 예일 대학에서 가르쳤던 강좌와 지도했던 논문에서 모은 것이다. 나는 학생들에게 빚을 지고 있다. 이 학생들 가운데 앤젤 은와디비아, 테일러 캐롤, 자이헨 페르난도, 칼리 벤슨, 렌 볼터바이크는 이 책의 아이디어에 가장 구체적인 도움을 주었다. 그레이스 엘리스는 내가 직접 가르친 학생은 아니었지만, 그녀의 조언과 배경지식은 교과서 《아메리칸 패전트》에 대한 내 논의를 구체화해주었다.

이 책을 처음으로 취합해서 정리할 수 있게 해준 강의는 놀랍게도 예일 대학에서 한 것이 아니다. 그것은 러시아의 우크라이나 전쟁 두 번째 여름인 2023년 키이우 경제대학에서 8시간 연속으로 진행된 식민주의와 파시즘에 대한 강의였다(이 중 2시간은 방공호에서 진행해야 했다). 이 강의에 참여해준 많은 학생과, 특히 강의 조교 마리암 나이엠에게 감사의 뜻을 전한다.

예일 대학 외부의 동료들과도 깊은 관계를 맺어왔다. 내가 파시즘에 관한 이론적 관점을 가지는 데 도움을 준 수잔느 시겔에게는 큰 빚을 지고 있다. 벤자민 저스티스는 교육철학자로서 내가 교육을 시작할 때부터 그곳에 있었다. 벤은 5년 전 내가 첫 번째 교육철학 강의계획서를 작성하는 데 도움을 주었다. 이 책을 시작하기 전에 책에 나오는 주제들에 대해 나와 이야기를 나누었고, 나에게 꼭 읽어야 할 책을 알려주었으며, 초고를 읽고 조언해주었다. 내가 이 책을 시작했을 때, 데이비드 비버와 나는 8년 동안 함께 작업을 했던 한 권의 책을 막 완성했다. 그와의 작업은 의심할 여지없이 이 책을 쓰는 데 영향을 미쳤다. 페데리코 핀첼스타인은 귀중한 대화자이자 공동 저자였다. 그는 파시즘과 권위주의에 대한 내 생각의 형성에 그 어떤 사람보다 영향을 주었다. 백인 기독교 민족주의에 관한 안테아 버틀러와의 토론과 교육에 관한 자비스 기븐스와의 토론은 내 지적 발달의 중심이었다. 또한 나는 헨리 지루의 획기적인 비평교육학 연구에 빚을 지고 있다. 그것은 오랜 세월 동안 나의 사고에 깊은 영향을 미쳤다. 메르베 엠레는 내가 책의 제안서를 구성하는 데 결정적인 도움을 주었다. 마지막으로 니콜 플리트우드는 이 책의 대부분의 글을 쓸 때 내가 개념적이고 윤리적인 태도를 유지할 수 있도록 자극을 주었다. 그녀의 날카로운 지성은 내가 윤리나 논지에 부합하지 않는 것과 타협하지 않도록 내 자신을 지킬 수 있게 해주었다.

책을 쓰는 동안 나는 두 명의 연구 조교를 고용했다. 텐티아나 코텔니코바는 내가 러시아 교과서를 분석하는 데 도움을 주었고, 페이튼 아이켄은 미국 교과서 분석을 도와주었다. 그들과 사실 확인을 도와준 에나 알바라도에게 감사드린다. 카렌 탄데는 내가 케냐의 학교를 논의하는 데 도움을 주었다. 코노 가이의 편집 지원에도 신세를 졌다. 그 덕분에 결정적인 시기에 원고를 크게 가다듬을 수 있었다.

책을 출간하는 데는 매우 중요하면서도 눈에는 별로 띄지 않는 노력이 들어간다. 소중한 조언과 편집 작업을 해준 편집자 니콜라스 치아니와 책의 초기 전망을 알아준 줄리아 차페츠에게도 감사드린다. 이 책을 출간하는 것을 넘어서 세상에 알리는 데 도움을 준 원 시그널 프레스의 모든 팀원, 알레산드라 바스타글리, 리비 맥과이어, 조안나 핀스커, 니콜 본드, 마크 라플로어, 자키야 자말에 깊이 감사드린다. 그리고 끊임없는 안내와 지원을 해준 한나 플랭켈에게 특별한 감사의 뜻을 전한다.

나의 에이전트인 스테파니 스타이커는 여러 해 동안 나의 가장 큰 지지자였다. 나는 누구보다도 그녀에게 가장 많이 의지했기 때문에, 이 압박감 가득한 한 해 동안 그녀에게 많은 어려움을 겪게 했다. 그녀는 언제나, 그리고 변함없이 자신의 역할을 완수했다.

나의 두 자녀인 에밀과 알랭은 이 책을 쓰는 동안 한결같은 기쁨의 원천이었으며, 동시에 이 책이 왜 중요한지를 끊임없이 상기시켜 주는 존재들이었다.

옮긴이의 말

'역사를 지우는' 세계의 모습에서
한국 사회를 떠올리다

'역사를 지우다erasing history', 약간은 생소한 듯 하지만 근래 종종 들을 수 있는 말이다. 한국 사회에서는 '역사 왜곡'이라는 표현을 훨씬 흔히 사용하지만, 그 본질적인 성격에 차이가 있는 것은 아니다. 정치권력은 역사 해석이나 평가에 민감한 반응을 보인다. 정권에 정당성을 부여하고 자신들이 내세우는 정책을 뒷받침하는 데 역사가 유용하다고 생각하기 때문이다. 이런 생각은 '역사 지우기'로 나타난다. 특정 인물이나 집단, 사건, 장소, 문화유산 등의 역사적 존재 자체를 애초부터 없었다는 듯이 아예 언급하지 않을 수도 있고, 어떤 사실을 다루면서 일부 측면만 언급하고 나머지는 배제할 수도 있다. 권력의 힘으로 역사를 지우는 행위는 역사 인식을 둘러싼 사회적 갈등으로 이어진다. '문화전쟁'으로까지 일컬어지는 이러한 갈등은 1990년대 들어 본격화되어 이 책이 나온 2020년대 현재까지 세계 곳곳에서 계속되고 있다.

정치권력이 지우고자 하는 역사는 크게 두 가지 유형으로 나눌 수 있다. 하나는 소수 또는 타자의 역사다. 여성, 사회적 하층민, 이민자, 성소수자 등의 역사가 여기에 해당한다. 다른 하나는 자신들이 행한 부끄러운 역사다. 지난날 국가나 지배 집단이 행사한 폭력의 역사가 대표적이다. 정치권력은 이를 비판적으로 인식하거나 평가하는 역사를 공식적인 역사적 사실에서 배제하려고 한다. 이와 동시에 자신들의 권력을 뒷받침할 수 있는 역사를 부각시킨다.

권위주의 정권일수록 역사에 더욱 민감하다. 이 책의 주제인 '역사 지우기'는 권위주의 정권이 국민을 하나로 모으려는 데 이용하는 핵심적인 방법이다. 근래 들어 역사 갈등이 심화하는 것은 그만큼 권위적인 정치권력이 널리 퍼지고 있다는 의미일 것이다. 권위주의 정권은 왜 역사를 지우는 데 그렇게 신경을 쓰는 것일까? 그들은 어떤 역사를 지우고, 어떤 역사를 부각하려는 것일까?

이 책 원서의 부제는 '파시스트들은 미래를 통제하기 위해 과거를 어떻게 조작하는가'다. 저자인 제이슨 스탠리는 역사를 조작하는 데 적극적으로 나서는 권위주의 정치권력자들을 파시스트, 그들의 이념을 파시즘으로 본다. 저자는 이 책 이전에《우리와 그들의 정치: 파시즘은 어떻게 작동하는가》,《선전은 어떻게 작동하는

가How Propaganda Works》등의 책을 썼다. 선전의 주체는 파시스트고, 이들이 선전 대상으로 삼는 사람들은 대중이다. 파시스트의 정치적 행위는 저자의 일관된 관심이고, 저자는 세계적으로 이들이 부상하는 현상에 주목한다. 미국의 정치사회적 상황도 마찬가지다. 이는 이 책이 미국 사회에서 많은 관심을 끌게 한 요인이다. 최근 세계 각국에서 확산하고 있는 권위주의 정치 체제를 파시즘이라고 볼 수 있을까? 이 문제는 요즘 정치사회학의 쟁점 중 하나다. 저자가 말하는 파시스트는 한 명의 지도자나 하나의 정당에 충성하는 사람들로 법정을 채우고, 이민자나 성소수자에 대한 증오를 조장하고, 교육을 이에 이용한다. 이 책에서 많이 언급되는 미국의 트럼프나 러시아의 푸틴을 비롯한 세계 여러 나라의 권위주의적인 정치 지도자들은 이런 관점에서 보면 파시스트다.

권위주의 정권이 선전을 하는 목적은 자신들이 원하는 미래를 만들기 위함이다. 역사는 지난날 일어난 일을 다룬다. 과거의 사실이기 때문에 달라지지 않고, 똑같은 일이 반복되지도 않는다. 그러나 역사는 현재를 매개로 미래와 연결된다. 우리는 과거에 대한 인식을 바탕으로 미래를 전망한다. 그리고 미래를 어떻게 전망하는가에 따라 과거에 대한 해석은 달라진다. 과거의 회상과 미래의 전망은 상호작용을 하는 것이다. 파시스트들에게 이러한 상호작용은 그 누구보다도 목적의식적이다. 그들이 전망하는 미래는 실제로는 그들 자신이 만들고 싶어하는 미래다. 과거의 해석보다는 미래에 중점을 두는 역사다. 이 책 원서의 부제에서 말하듯이 '미래를 통제하기 위해 과거를 조작하는' 것이다.

역자 세대에게 파시즘을 떠올리는 가장 유명한 말 중 하나는 '인간의 얼굴을 한 야만'이다. '인간의 얼굴'을 하고 있기에 파시즘은 겉으로는 대중을 위한다는 말을 앞세운다. '인간의 얼굴'을 했기에 파시스트의 권력은 대중의 지지를 바탕으로 한다. 그래서 파시스트들은 대중의 심리를 잘 읽는다. 오늘날의 권위주의 정권들도 대중의 지지를 토대로 한다. 그렇지만 이때의 대중은 모든 사회구성원이나 집단이 아니다. 자신들과 정치적 입장이나 사회적 이해관계를 같이 하는 지배 집단의 대중이다. 권위주의 정권이 대중의 지지를 얻기 위해 사용하는 방법이 인종대교체론이라는 음모론이다. 자신의 편에 서는 대중들에게 사회적 소수로 밀려 나갈 수 있다는 위기의식을 조장함으로써 이들의 지지를 더욱 굳건히 하려는 전략이다.

물론 베르나르 앙리 레비Bernard-Henri Lévy가 말하는 '인간의 얼굴을 한 야만'은 히틀러의 나치즘이나 무솔리니의 파시즘에 한정되지 않는다. 소련의 스탈린주의도 이에 해당한다. 이 또한 진보라는 명목을 내세우면서 실제로는 강압적인 권력을 휘두르는 전체주의 정치이념이며 사상이다. 한국의 역사책에서는 이를 묶어서 '전체주의totalitarianism'라고 표현한다. 저자는 이러한 사회주의적 권위주의 정치도 파시즘으로 본다. 스탈린의 폭력적인 정치 행위를 밝히려는 노력을 탄압하는 러시아 정권의 역사 지우기, 천안문 광장의 대중 시위를 감추려는 중국의 역사 지우기를 파시스트의 정치 행위에 포함한다.

역사적으로 역사를 지우는 데 가장 힘을 쏟은 것은 제국주의였다. 제국주의는 역사를 지움으로써 식민주의를 정당화하고자 했다. 유럽 제국주의 국가들은 아프리카 원주민의 역사를 지워버렸다. 아메리카의 식민 지배를 위해서 원래 그 땅에서 살던 아메리카 원주민의 역사를 지우고 사실상 빈 땅이었다고 왜곡했다. 미국 건국 당시의 백인 정치 지도자를 '건국의 아버지'로 떠받들고, 아프리카에서 끌려와 노예로 살았던 흑인들의 역사를 지웠다. 미국의 역사를 유럽계 백인의 역사로 한정한 것이다. 저자는 이처럼 역사를 지우는 작업이 남북전쟁 전후 미국 역사에서 어떻게 진행되었으며, 어떤 논리를 내세웠는지 생생하게 지적한다.

이 책은 제국주의 시대 이후에도 역사 지우기가 계속되었음을 대표적인 사례를 통해 상기시킨다. 히틀러는 독일을 게르만인의 국가로 한정시키고, 독일 땅에서 살던 유대인이 이를 파괴하려는 음모를 꾸미는 존재라고 비판하면서 그들의 역사를 지웠다. 2차 세계대전 직후 건국한 이스라엘이 그 지역에 거주하던 팔레스타인 사람들의 역사를 지우면서 그곳이 원래 빈 땅이었다고 말하는 것도 전형적인 역사 지우기의 사례다. 이스라엘을 세운 이주민인 아슈케나지 유대인은 팔레스타인에 정착해서 살아가던 유대인인 미즈라히족의 역사도 지웠다. 피해자였던 유대인이 또다른 가해자가 된 것이다.

파시스트의 역사 지우기는 저자가 이 책을 쓴 2024년 현재도 활발하다. 저자는 오늘날 미국에서 일어나고 있는 역사 지우기를 나치의 역사 지우기와 같은 성격이라고 본다. 나치가 유대계 독일인의 역사를 지우는 것과 미국이 인디언 원주민이나 흑인의 역사를 지우는 것을 같다고 보는 것이다. 트럼프 정권과 보수주의자들의 역사 지우기는 제국주의나 나치의 논리를 그대로 적용한 것이다. 같은 맥락에서 분열 전략도 이들이 즐겨 쓰는 방법이다. 가난한 백인과 가난한 흑인을 위계화함으로써 이들이 동맹을 맺고 자신의 처지를 개선하지 못하게 한다. 가난한 백인들에게 자신들이 누리는 조그만 권리를 빼앗길 수 있다는 불안감을 조장해서 역사 지우기에 참여하게 하는 것이다.

저자는 보수주의자들이 역사를 지우기 위해 힘을 기울이는 무대가 학교와 교육임을 환기한다. 그들에게 교육은 역사를 지우기 위한 도구다. 특히 역사 지우기의 내용이 되는 역사교육은 그 핵심이다. 권위주의 정권을 뒷받침하는 보수주의자들은 좌파가 역사를 장악했다고 주장한다. 이들이 지우려는 역사를 가르치는 학교와 대학 교육은 좌편향되었으며, 대학은 좌파의 온상이라고 몰아붙임으로써 교육을 길들이고자 한다. 특정 역사 인물을 그들의 행동이 아니라 인물 자체로 숭배하도록 교육 내용을 꾸미고, 이에 지장을 준다고 생각하는 역사 인식을 담은 교과서나 교육 활동을 무조건 비판한다. 이를 바로잡음으로써 객관성을 회복하는 것이라는 논리로 자신들의 역사 지우기에 정당성을 부여하고자 한다. 하지만 자국의 역사는 부끄러운 것이 아니라 자랑스러운 것임을 부각하는 것이 그들이 말하는 객관성이다. 자랑스러운 역사라는 서사를 통해 국민으로서의 정체성을 확립하고자 하는 것이다. 이 때문에 역사교육이나 교과서에 대한 논란이 끊이지 않는다. 역자가 이 책에 특히 관심을 두는 이유도 여기에 있다.

역사 지우기는 미국이나 러시아뿐 아니라 전 세계적 현상이다. 그래서 이 책에서는 세계 여러 나라의 역사 지우기 사례를 구체적으로 소개한다. 미국, 러시아뿐 아니라 이스라엘, 인도, 헝가리, 튀르키예, 그리고 폴란드의 사례까지 포함한다. 이런 사례에 나오는 역사 지우기의 모습은 구체적인 사실은 다르지만, 그 본질적 성격에서는 차이가 없다. 이런 세계의 사례에서 한국의 정치사회 상황이나 역사교육도 자연히 떠오른다. 이 책에 등장하는 미국 우익과 마찬가지로, 한국에서도 보수 우익 세력은 학교 역사교육이 학생들에게 좌파적 관념을 가르친다고 주장한다. 보수 정권이 들어서면 이런 역사교육을 바로잡겠다는 명목으로 권력의 힘으로 역사를 지우려고 시도한다. 박근혜 정부는 일본과의 정치적 관계를 위해 일본군 '위안부' 문제를 마무리하고자 했다. 윤석열 정부는 육군사관학교에 설치되어 있는 홍범도 장군의 흉상을 철거하고자 했으며, 한국전쟁 당시 민간인 학살과 같은 과거사 조사를 축소했다. 역사 지우기를 꾀한 것이다. 이는 심각한 사회 갈등을 초래했다.

정치 권력의 역사 지우기가 대중 사회로 확산하면서, 현실 사회의 여러 문제와 뒤엉켜 사회적 논란을 불러일으킨다. 오늘날 한국 사회에서는 인종, 젠더, 세대 등 집단 간의 갈등이 적잖이 나타난다. 현재 한국은 급속히 다인종, 다문화 사회로 전환하고 있다. 이미 다인종 국가가 되었다고 말하기도 한다. 그런데 세계 여러 나라의 인종 혐오 현상과 마찬가지로 한국에서도 이주 노동자를 적대시하는 문화 현상이 생기고 있다. 한국 사회에 들어와서 한국인과 함께 일하거나 아예 한국 국적을 획득한 이들의 역사를 우리는 어떻게 대해야 할까? 이들의 역사도 한국 역사에 포함해야 할까? 한국 사회에서 살아가는 다양한 출신의 사람들이 한국 역사에 대해 가지고 있는 관점을 무시하는 것은 미국이나 러시아의 권위주의 정권이 역사를 지우는 것과 다르다고 할 수 있을까?

한국 사회 내부에서 이러한 갈등은 젠더 문제에서 두드러진다.

20대 젊은 남성들 사이에서는 남녀평등, 페미니즘, 젠더 문제 등에 대한 사회적 논의가 활발해지면서 오히려 청년 남성이 역차별받는다는 인식이 퍼지고 있다. 선거 때마다 병역 문제, 대학 입학이나 공기업 취업의 여성할당제 등이 쟁점이 된다. 이러한 인식은 여성 혐오 현상으로 이어진다. 젊은 남성들의 이러한 인식이나 보수주의적 성향을 비판하는 목소리도 높아지고 있다. 페미니즘이나 여성 운동가들은 여성사, 젠더사를 연구하고 전파하는 데 노력한다.

저자는 이 책에서 자기 가족이 겪은 경험을 사례로 든다. 그렇기에 저자의 이야기는 더욱 생생하게 다가온다. 저자의 가족은 유대인이지만 독일인으로의 정체성을 가졌다. 그런데 나치 정권은 이들에게서 독일인의 정체성을 빼앗고, 유대인이라는 정체성만을 남겼다. 게르만 민족의 순수성과 위대함을 주장하는 나치 정권에게 독일은 게르만인만의 국가여야 했으며, 게르만인이라는 것 자체가 독일인의 정체성이었다. 독일 땅에 들어와 사는 유대인은 이를 파괴하는 반국가적 존재일 뿐이다. 저자의 아버지는 파시즘의 피해자일 뿐만 아니라 연구자다. 그는 저자와 같은 성격의 연구를 했다. 책의 여러 곳에서 아버지의 연구를 인용하고 있으며, 자신의 연구가 여기에서 적잖은 시사점을 받았음을 고백한다. 이와 같은 가족의 경험은 저자가 이 주제에 관심을 가지고 역사 지우기를 심각한 사회 문제로 받아들이게 된 한 요인이 되었을 것이다.

개인적으로 역자의 눈길을 끄는 것은 자유주의자와 파시스트가 어떻게 손을 잡는지에 대한 이 책의 설명이다. 언뜻 생각하기에 이 두 집단은 손을 잡을 수 없으며, 오히려 대립적일 것이라고 여겨진다. 파시스트와 자유주의자의 정치사회적 관점이나 최종 목표는 다르다. 그런데 이들은 공동의 적이 있다는 이유로 손을 잡는다. 그 '공동의 적'이 기존 교육을 사회정의, 비판적 인종 이론, 구조적 인종차별주의에 물들게 한다고 비판한다. 한국 사회에서 1960～1970년대 자유주의자들은 독재 정권에 저항했다. 그런데 이들은 1990년대 들어 '뉴라이트'라는 이름을 내세워 이 책에서 파시스트라고 말하는 우익들과 손을 잡았다. 이런 현상이 왜 일어났는지를 설명하는 것은 한국의 인문사회학계에서도 하나의 과제였다. 이들이 손을 잡을 때 매개물로 이용한 것도 역사학과 역사교육이었다. 자연히 이들이 손을 잡고 함께 힘을 쏟은 것도 역사 지우기였다. 이 책은 미국에서 이런 현상이 왜 일어났는지를 명료하게 설명한다. 한국의 상황을 언급하고 있지는 않지만, 이는 한국 사회에도 적용할 수 있는 설명이다.

오늘날 벌어지고 있는 파시스트들의 역사 지우기를 막기 위해 우리는 무엇을 할 것인가? 사실 이 점은 이 책이 비판받는 부분이기도 하다. 권위주의 정권이 어떻게 역사를 지우는지는 자세히 언급하면서 그에 대한 대책은 제대로 제시하고 있지 않다는 비판이다. 이 비판은 어느 정도 일리가 있어 보이기도 한다. 그렇지만 이 책은 중간중간에 파시스트들의 이러한 역사 지우기에 맞서 자유와 평등이라는 민주주의 이념을 지키려는 사람들의 움직임을 소개한다. 거기에서 우리는 인류애와 인간성을 찾는다. 마지막 부분에서는 하워드 진의 《미국 민중사》와 교육 프로젝트를 소개한다. 파시스트들이 지우려는 역사를 되살리는 것, 그들이 감추는 관점을 드러내는 것이 그 방법이다. 그리고 그 방향은 자유와 평등, 인권과 같은 인간의 보편적 가치에 기반을 두는 교육임을 시사한다. 시민의 우정과 연민에 기반한 연대는 권위주의 정권의 역사 장악을 막고 이들이 지우려고 하는 역사를 지키는 방법이다. 그것이 책의 마지막 장 제목인 '역사 되찾기'다.

저자는 자신이 재직하는 미국 예일 대학은 물론 헝가리의 중앙유럽대학CEU, 그리고 이 책을 쓴 직후 우크라이나의 키이우 경제대학에서 권위주의 정권이 역사를 어떻게 조작하는지 강의했다. 내용의 전달이 아니라 비판적 탐구와 토론에 중점을 두는 강의다. 저자의 이런 행동은 이 책이 단지 이론서가 아니라 권위주의 정권의 역사 조작에 맞서 집필되었으며, 우리가 어떤 역사교육을 해야 할지 보여주는 것이다. 이 책의 가치를 먼저 알고 번역을 제안한 이는 책과함께 류종필 대표였다. 전문 번역자가 아닌 역자에게 이를 권한 것은 역자가 평소 역사 인식을 둘러싼 갈등이나 역사 왜곡 문제에 관심이 많음을 알았기 때문일 것이다. 개인적으로 흥미를 느끼고 있던 주제를 다루는 책을 읽고 소개할 기회를 마련해준 류종필 대표에게 고마울 뿐이다. 박지란 선생에게는 특별한 감사의 말을 전한다. 박지란 선생은 번역한 초고를 꼼꼼히 읽고 내용의 검토는 물론, 용어와 표현, 그리고 역주에 이르기까지 구체적 내용에 대해 여러 부분에 걸쳐 의견을 주었다. 그렇지만 번역한 내용이 잘못되거나 어색한 부분이 있으면, 이는 전적으로 역자의 책임이다.

책에서는 역사적 사실부터 현재 세계의 문제에 이르기까지 특별한 관심을 가지지 않은 사람이라면 잘 알지 못할 수도 있는 광범한 사실을 그 내용에 대한 자세한 설명 없이 사례로 들고 있다. 이 중 역자의 판단으로 독자의 이해에 필요하다고 생각되는 것들에는 역주를 붙였다. 이 책을 읽으면서 오늘날 세계에서 왜 권위주의 정권이 확산하고 역사 갈등이 계속되는지, 한국 사회에서도 일어나고 있는 이런 현상에 어떻게 대처해야 할지 함께 생각해보았으면 한다.

김한종

주

들어가며

1   Victoria Amelina, "Nothing Bad Has Ever Happened: A Tale of Two
     Genocides: The Holocaust and the Holodomor," *Irish Times*, May 19,
     2022, https://www.irishtimes.com/culture/books/nothing-bad-has-ever-
     happened-a-tale-of-two-genocides-the-holocaust-and-the-holodomor-
     1.4879627.

2   Jason Stanley, *How Fascism Works: The Politics of Us and Them* (New York:
     Penguin Random House, 2018).

3   Henry-Louis de la Grange, *Gustav Mahler*, vol. 2, *Vienna: The Years of
     Challenge* (1897-1904), (New York: Oxford University Press, 1995), 172-74.

4   "Ilse Stanley," *This Is Your Life*, 1995년 11월 2일 방영분을 보라. https://
     www.youtube.com/watch?v=yYQTBwgGgdw. 영상의 11분 40초부터 나의
     할머니와 프리츠 랑이 메트로폴리스에서 그녀가 한 역할 및 그가 그녀에 대
     해 어떻게 알고 있었는지를 이야기하는 장면이 나온다.

5   Rahel Jaeggi, *Critique of Forms of Life* (Cambridge, MA: Harvard University

Press, 2018).

6   Florida Department of Education, *2022-2023 K-12 Social Studies Examples of Rejected Materials*, https://www.fldoe.org/academics/standards/instruction al-materials/2223-k12-ss-examples.stml.

1장 권위주의 체제를 만드는 방법

1   Mary Ilyushina, "To please Putin, universities purge liberals and embrace patriots," *Washington Post*, May 7, 2024, https://www.washingtonpost.com/world/2024/05/07/russia-universities-education-putin-overhau/.

2   Toni Morrison, "Racism and Fascism," in *The Source of Self-Regard: Selected Essays, Speeches, and Meditations* (New York: Alfred A. Knopf, 2019), 14-16.

3   Carl Schmitt, *The Concept of the Political*, expanded ed., trans. George Schwab (Chicago: University of Chicago Press, 2007), 27.

4   Elizabeth F. Cohen, *Semi-Citizenship in Democratic Politics* (Cambridge: Cambridge University Press, 2009).

5   Kimberle Crenshaw, "Mapping the Margins: Intersectionality, Identity Politics, and Violence against Women of Color," *Stanford Law Review* 43 no. 6 (July 1991): 1241-99.

6   Elizabeth Hinton, *America on Fire: The Untold History of Police Violence and Black Rebellion since the 1960s* (New York: Liveright, 2021), 21.

7   Audre Lorde, "Age, Race, Class, and Sex: Women Redefining Difference," in *Sister Outsider: Essays and Speeches* (Trumansburg, NY: Crossing Press Feminist Series, 1984).

8   다음 기사를 보라. Jill Colvin and Bill Barrow, "Trump's Vow to Only Be a Dictator on 'Day One' Follows Growing Worry over His Authoritarian Rhetoric," APnews.com, December 7, 2023, https://apnews.com/article/trump-hannity-dictator-authoritarian-presidential-election-f27e7e9d7c13f abbe3ae7dd7f1235c72; Anjali Huynh and Michael Gold, "Trump Says Some Migrants are 'Not People' and Predicts a 'Blood Bath' If He Loses," *New York Times*, https://www.nytimes.com/2024/03/16/us/politics/trump-speech-ohio.html.

9 Peter Stone, "'Openly Authoritarian Campaign': Trump's Threats of Revenge Fuel Alarm," *The Guardian*, November 22, 2023, https://www.theguardian.com/us-news/2023/nov/22/trump-revenge-game-plan-alarm.

10 "Donald J. Trump's Plan to Save American Education and Give Power Back to Parents," January 26, 2023, 트럼프의 2024 선거 캠페인 웹사이트로부터, https://www.donaldjtrump.com/agenda47/president-trumps-plan-to-save-american-education-and-give-power-back-to-parents.

11 American Association of University Professors, *Report of a Special Committee: Political Interference and Academic Freedom in Florida's Public Higher Education System*, https://www.aaup.org/report/report-special-committee-political-interference-and-academic-freedom-florida%E2%80%99s-public-higher.

12 Lisa Pine, *Education in Nazi Germany* (London: Bloomsbury, 2010), 42.

13 Elizabeth A. Harris and Alexandra Alter, "Book Bans Are Rising Sharply in Public Libraries," *New York Times*, September 21, 2023, https://www.nytimes.com/2023/09/21/books/book-ban-rise-libraries.html.

14 "Putin Signs Law Expanding Russia's Rules against 'LGBT Propaganda'," Reuters, December 5, 2022, https://www.reuters.com/world/europe/putin-signs-law-expanding-russias-rules-against-lgbt-propaganda-2022-12-05/.

15 "Extracts from Putin's Speech at Annexation Ceremony," Reuters, September 30, 2022, https://www.reuters.com/world/extracts-putins-speech-annexation-ceremony-2022-09-30/.

16 Heron Greenesmith, "2023 Was the Year of Anti-trans Hysteria," In *These*

Times, December 4, 2023, https://inthesetimes.com/article/nashville-tennessee-anti-transgender-hysteria-legislation-attacks-lgbtq.

17 Katalin Madacsi-Laube, "A New Era of Greatness: Hungary's New Core Curriculum," Cultures of History Forum, June 28, 2020, https://www.cultures-of-history.uni-jena.de/politics/a-new-era-of-greatness-hungarys-new-core-curriculum#part4.

18 Nick Thorpe, "Hungary's New Patriotic Education Meets Resistance," BBC.com, February 24, 2020, https://www.bbc.com/news/world-europe-516 12549.

19 David P. Goldman, "Fascist Lit and Hungary's Future: L'affaire Nyírő" *Tablet Magazine*, April 16, 2020, https://www.tabletmag.com/sections/arts-letters/articles/hungary-viktor-or-ban-anti-semitism.

20 https://hungarytoday.hu/ministry-of-education-interior-ministry-new-hungarian-orban-ministry/.

21 Megan Brenan, "Americans' Confidence in Higher Education Down Sharply," Gallup.com, "Education" section (July 11, 2023), https://news.gallup.com/poll/508352/americans-confidence-higher-education-down-sharply.aspx.

22 Anna Ceballos and Sommer Brugal, "Some Teachers Alarmed by Florida Civics Training Approach on Religion, Slavery," *Tampa Bay Times*, June 28, 2022, https://www.tampabay.com/news/florida-politics/2022/06/28/some-teachers-alarmed-by-florida-civics-training-approach-on-religion-slavery/.

23 https://www.foxnews.com/media/greg-gutfeld-you-know-we-got-problems-when-ayatollah-politicians-academia-all-sound-alike. 이 영상을 내게 알려준 엘리자베스 힌튼에게 감사드린다.

24 인도 대학을 대상으로 한 파시스트의 주목할 만한 공격에 관해서는 다음 책을 참조하라. Rahul Bhatia, *The new India: Modi, Nationalism, and the*

Unmaking of the World's Largest Democracy (New York: Public Affairs, 2024).

25 https://time.com/6269349/india-textbook-changes-controversy-hindu-nationalism/.

26 https://henryjacksonsociety.org/wp-content/uploads/2021/03/Impact-SE.-Turkey-Erdogan.-JM.pdf.

27 "The Black Teacher Archive Launches at Harvard University," https://www.youtube.com/watch?v=tfibFyXVT3E.

2장 마음의 식민지화

1 W. E. B. Du Bois, "The White Masters of the World," in *The World and Africa* [and] *Color and Democracy*, 11-27 (Oxford: Oxford University Press, 2007), 23.

2 Ngũgĩ wa Thiong'o, *Decolonizing the Mind: The Politics of Language in African Literature* (London: James Curry Press, 1986).

3 Caroline Elkins, *Imperial Reckoning: The Untold Story of Britain's Gulag in Kenya* (New York: Henry Holt, 2005).

4 Ibid., 18-19.

5 Ngũgĩ wa Thiong'o, *Decolonizing the Mind* (Harare, Zimbabwe: Zimbabwe Publishing House, 1981), 3. 한국어판:《마음의 탈식민지화: 내 마음을 담는 그릇, 모국어》, 박혜경 옮김, 수밀원, 2007.

6 Ngũgĩ wa Thiong'o, *Birth of a Dream Weaver: A Writer's Awakening* (New York: New Press, 2016), 25.

7 Thiong'o, *Decolonizing the Mind*, 9.

8 Aime Cesaire, *Discourse on Colonialism*, trans. Joan Pinkham (New York: Monthly Review Press, 1972), 14.

9 Timothy Snyder, *Black Earth: Holocaust as History and Warning* (New York: Tim Duggan Books, 2015). 한국어판:《블랙 어스: 홀로코스트, 역사이자

경고》, 조행복 옮김, 열린책들, 2018.

10 Lisa Pine, *Education in Nazi Germany* (London: Bloomsbury, 2010), 48-49.

11 Elkins, *Imperial Reckoning*, 107.

12 Manfred Stanley, Field Notes (미발표 원고).

13 David Wallace Adams, *Education for Extinction: American Indians and the Boarding School Experience, 1875-1928* (Lawrence: Kansas University Press, 1995), 184.

14 Ibid., 280.

15 Charles Augustus Goodrich, *The Child's History of the United States: Designed as a First Book of History for Schools* (Philadelphia: Thomas Cowperthwait, 1852), 19-20.

16 Ibid., 281.

17 "History," Hampton University website, https://home.hamptonu.edu/about/history/.

18 Gary Okihiro, *Island World: A History of Hawai'i and the United States* (Berkeley: University of California Press, 2008), 100.

19 Matthew Frye Jacobson, *Barbarian Virtues: The United States Encounters Foreign People at Home and Abroad* (New York: Hill and Wang, 2000), 250.

20 오키히로는 부커 T. 워싱턴 말을 인용하며 다음과 같이 말한다. "이 나라에서 나의 종족은 암스트롱(Armstrong) 장군이 나의 민족과 미국 문명을 위해 해 준 모든 일에 감사하는 마음을 멈출 수 없다. 우리는 그가 이 나라에 좋은 영향을 미치기 위해 사용한 많은 아이디어와 영감을 하와이에서 얻었다고 언제나 느꼈다." Okihiro, *Island World*, 117

21 W. E. B. Du Bois, *The Souls of Black Folk* (Chicago: A. C. McClurg, 1903).

22 CBS 뉴스의 보도에 따르면, 출판사는 매년 500만 명의 학생들이 이 교과서를 사용한다고 주장한다. Jericka Duncan, Shannon Luibrand, and Christopher Zawistowski, "Map in Widely Used US History Textbook Refers to Enslaved

Africans as 'Immigrants," CBS Mornings, February 19, 2020, https://www. cbsnews.com/news/the-american-pageant-map-in-widely-used-us-history-textbook-refers-to-enslaved-africans-as-immigrants-cbs-news/

23 Thomas A. Bailey and David M. Kennedy, *The American Pageant: A History of the Republic* 7th ed. (Lexington, MA: D.C. Heath, 1983), 2.

24 이 교과서의 후속판에서는 유럽 식민지 시대 원주민 인구와 관련된 극히 오해의 소지가 있는 통계를 삭제했다. 예일 대학 미국학 학부생 그레이스 엘리스(Grace Ellis)의 미발표 연구, 특히 "Revising the American Pageant: These Historians Are Gone but Their Influence Is Not(미국 역사 교과서 개정: 사라진 역사가들, 그러나 그들의 영향력은 남아 있다)"(미발표 논문, Yale College, 2023. 12)에 깊이 감사드린다.

25 David Ben-Gurion, quoted in Raz Kletter, *Just Past?: The Making of Israeli Archeology* (2006; repr., New York: Routledge, 2014), 46.

26 Noga Kadman, *Erased from Space and Consciousness: Israel and the Depopulated Palestinian Villages of 1948* (Bloomington: Indiana University Press, 2015), 40.

27 케틀러는 그 수가 '마을(village)'를 어떻게 정의하는가에 달려 있다고 말한다. Kletter, *Just Past?*, 43-44.

28 Kadman, *Erased from Space and Consciousness*, 71을 보라.

29 Shree Paradkar, "How Israel's 'Scholasticide' Denies Palestinians Their Past, Present, and Future," Toronto Star, January 24, 2024, https://www.thestar.com/news/world/how-israels-scholasticide-denies-palestinians-their-past-present-and-future/article_8f52d77a-b648-11ee-863d-f3411121907b.html.

30 https://www.ohchr.org/en/press-releases/2024/04/un-experts-deeply-concerned-over-scholasticide-gaza.

31 Hannah Arendt, *The Origins of Totalitarianism* (New York: Harcourt Brace, 1951). 한국어판: 《전체주의의 기원 1, 2》, 이진우·박미애 옮김, 한길사,

2006. 책의 제목은 전체주의에 관한 것이다. 그러나 반유대주의 및 인종주의
와 같은 주제는 일반적으로 파시즘과 관련이 있다.

3장 민족주의 프로젝트

1 Matthew Frye Jacobson, *Barbarian Virtues: The United States Encounters Foreign People at Home and Abroad* (New York: Hill and Wang, 2000), 261.

2 Johann Gottlieb Fichte, *Fichte: Addresses to the German Nation*, Cambridge Texts in the History of Political Thought, ed. Gregory Moore (Cambridge: Cambridge University Press, 2009), 58.

3 Benedict Anderson, *Imagined Communities: Reflections on the Origin and Spread of Nationalism* (New York: Verso Books, 1983), 46.

4 Isaiah Berlin, "Herder and the Enlightenment," in *The Proper Study of Mankind* (New York: Farrar, Straus and Giroux, 1997), 411-12.

5 Ibid., 359.

6 Ned Blackhawk, *The Rediscovery of America: Native Peoples and the Unmaking of U.S. History* (New Haven, CT: Yale University Press, 2023), 221.

7 "Christopher Columbus: Explorer of the New World," PragerU Kids, YouTube video, 13:02, https://www.youtube.com/watch?v=ux54IJ06uHg.

8 Bartolome de las Casas, *A Short Account of the Destruction of the Indies* (1552; repr., New York: Penguin Books, 1992).

9 이 자료를 알려준 엘리자베스 힌튼에게 감사드린다.

10 Candace Owens, "A Short History of Slavery," PragerU, 5:35, https://www.prageru.com/video/a-short-history-of-slavery.

11 Ibid.

12 Thomas Maitland Marshall, *American History* (New York: Macmillan, 1936), 458.

13 Ibid.

14 Blackhawk (2023), 223.

15 Hannah Arendt, *The Origins of Totalitarianism* (New York: Harcourt Brace, 1951), 178-79.

16 Christophe Jaffrelot, *Modi's India: Hindu Nationalism and the Rise of Ethnic Democracy* (Princeton, NJ: Princeton University Press, 2021), 169.

17 Ibid., 171.

18 *Politics in India since Independence*, National Council of Educational Research and Training (NCERT), 12학년용 교과서 (PDF), 12, https://ncert.nic.in/textbook.php?leps2=1-8.

19 Hadeel S. Abu Hussein, *The Struggle for Land under Israeli Law: An Architecture of Exclusion* (New York: Routledge, 2023).

20 Vladimir Putin, "On the Historical Unity of Russians and Ukrainians," 러시아 대통령 웹사이트, July 12, 2021, http://en.kremlin.ru/events/president/news/66181.

21 Ibid.

22 Anderson, *Imagined Communities*, 74.

23 V. A. Beldyugin, S. V. Probeigola., and Y. R. Fedorovsky, *History of the Homeland: Lecture Course* (Luhansk: Publshing House of Vasyl'Stus Donetsk National University, 2017). 번역을 해준 텐티나 코텔니코바에게 감사드린다.

24 L. M. Lyashenko, O. V. Volobuev, and Igor Lvovich Andreeve, *History of Russia*, 11학년용, 파트 1과 파트 2. 2022년 교육부의 승인을 받은 *In-Depth* 시리즈 상급 수준. 번역을 해준 텐티나 코텔니코바에게 감사드린다.

25 Ibid., 309. 번역을 해준 텐티나 코텔니코바에게 감사드린다.

26 Human Rights Watch, 르완다 집단학살에 대한 보고서, https://www.hrw.org/reports/1999/rwanda/Geno1-3-04.htm. 2024년 4월 15일 열람.

27 J. A. Hobson, *Imperialism: A Study* (1902; repr., London: Allen & Unwin, 1954), 10.

28 Ibid., 11.

29 "군대는 미국의 적을 제외한 누구에게도 위협이 된 적이 없으며, 앞으로도 그렇게 되지 않거나 될 수 없다고 나는 확신합니다. 그렇게만 하지 않는다면 군대는 선하고 미래를 내다볼 수 있는 모든 미국인에게 어떤 자부심이나 그 원천이 될 것입니다." 테오도르 루즈벨트 대통령의 연설, *The Ship of State, by Those at the Helm* (Boston: Ginn, 1903), 27.

30 역사학자 앤 애플바움은 그녀의 중요한 저서 *Red Famine: Stalin's War on Ukraine* (New York: Doubleday, 2017)에서 홀로도모르를 전 세계에 널리 알렸다.

31 1932년부터 1933년까지 우크라이나, 북캅카스, 볼가 지역, 카자흐스탄 및 기타 소련 지역에서 기근이 발생했다. 이는 주로 농촌 지역의 새로운 관리 시스템(스탈린의 명령이 아닌 시스템)으로 인한 것이었는데, 흉작으로 인해 더욱 악화했다. 그 결과 농민들은 증가하는 국가의 곡물 요구를 충족시킬 수 없었다. In M. Yu, *Russian History: The Early 20th Century Essentials*, ed. V. R. Medinsky, 10학년용 교과서(2판), PDF판. A. V. Shubin, Yu Myagkov, A. Nikiforov 외 집필, 개정 내용, 삽화, 지도 포함. (Moscow: Education, 2022), 431.

32 이는 크리스토퍼 브라우닝의 고전적 저서인 *Ordinary Men: Reserve Police Battalion 101 and the Final Solution in Poland* (New York: Harper Collins, 1992). 한국어판:《아주 평범한 사람들: 101 예비경찰대대와 유대인 학살》(증보판), 이진모 옮김, 책과함께, 2023의 주제다.

33 Frantz Fanon, "On Violence," in *The Wretched of the Earth* (1963; repr., New York: Grove Press, 2004), 51. 한국어판:《대지의 저주받은 사람들》, 남경태 옮김, 그린비, 2010.

34 Emile Durkheim, *Moral Education: A Study in the Theory and Application of the Sociology of Education* (New York: Free Press, 1973), 77, 초판은 1902~1903년에 행한 강의를 토대로 1925년 프랑스어로 간행되었다.

4장 우월주의에서 파시즘으로

1 Adolf Hitler, *Mein Kampf* (New York: Houghton Mifflin, 1971), 288.

2 Ibid., 414.

3 George L. Mosse, "Race and Sexuality: The Role of the Outsider," *Nationalism and Sexuality: Middle-Class Morality and Sexual Norms in Modern Europe*, 140-57 (Madison: University of Wisconsin Press, 1985), 147. 나는 그 정치적 순간을 이해하는 데 허쉬펠트가 차지하는 중요성에 먼저 주목할 수 있게 해준 것에 대해 안젤리카 크라처에게 감사드린다.

4 Brian Puaca, *Learning Democracy: Education Reform in West Germany, 1945-1965* (New York: Berghahn Books, 2009), 20.

5 Lisa Pine, *Education in Nazi Germany* (London: Bloomsbury, 2010), 26.

6 Hitler, *Mein Kampf*, 34.

7 Gilmer W. Blackburn, *Education in the Third Reich: Race and History in Nazi Textbooks* (Albany: State University of New York Press, 1985), 서문.

8 *Mein Kampf*, 424.

9 Edward Eggleston, *A First Book in American History* (New York: American Book Co., 1889), iii-iv.

10 "Remarks by President Trump at the White House Conference on American History," September 17, 2020, accessed April 15, 2024, https://trumpwhitehouse.archives.gov/briefings-statements/remarks-president-trump-white-house-conference-american-history/.

11 Sarah Churchwell, *Behold, America: The Entangled History of "America First" and "The American Dream"* (New York: Basic Books, 2018).

12 Hitler, *Mein Kampf*, 123

13 Hitler, *Mein Kampf*, 286. 이에 대한 증거로 히틀러는 북아메리카가 중앙아메리카와 남아메리카보다 우월하다고 주장하며, 이는 북아메리카에서 아리안 인종과 비아리안 인종 사이에 혼혈이 적었기 때문일 것이라고 주장한다.

14 "그는 자신의 모든 인내심과 재치로 (언론을) 장악하고 있습니다. 그는 사람들의 마음을 천천히 끌어들여 유혹하고, 모든 공적 생활을 이끌고 밑어붙이기 시작합니다. '대중의 의견'이라는 이름으로 수십 년 전보다 오늘날 더 잘 알려진 그 권력을 만들고 지휘할 수 있는 지위에 있기 때문입니다." Hitler, *Mein Kampf*, 315.

15 Hitler, *Mein Kampf*, 325.

16 Greg Grandin, "Slavery, and American Racism, Were Born in Genocide," *The Nation*, January 20, 2020.

17 The President's Advisory 1776 Commission, The 1776 Report, January 2021, https://trumpwhitehouse.archives.gov/wp-content/uploads/2021/01/The-Presidents-Advisory-1776-Commission-Final-Report.pdf.

18 Ibid.

19 Jorge Renaud, "Eight Keys to Mercy: How to Shorten Prison Sentences," Prison Policy Initiative, November 2018, https://www.prisonpolicy.org/reports/longsentences.html.

20 Wendy Sawyer and Peter Wagner, "Mass Incarceration: The Whole Pie 2024," Prison Policy Initiative, March 14, 2024, https://www.prisonpolicy.org/reports/pie2024.html

21 Ibid.

22 Emily Widra and Tiana Herring, "States of Incarceration: The Global Context 2021," Prison Policy Initiative, September 2021, https://www.prisonpolicy.org/global/2021.html.

23 Sam Levine and Andrew Witherspoon, "Revealed: Florida Republicans target voter registration groups with thousands in fines," *The Guardian*, July 13, 2023, https://www.theguardian.com/us-news/2023/jul/13/florida-fines-voter-registration-groups.

24 Ian Millhiser, "How America Lost Its Commitment to the Right to Vote,"

Vox, July 21, 2021, https://www.vox.com/22575435/voting-rights-supreme-court-john-roberts-shelby-county-constitution-brnovich-elena-kagan.

25 예를 들어 Jonathan Metzl, *The Protest Psychosis: How Schizophrenia became a Black Disease* (Boston: Beacon Press, 2009)를 참조하라.

26 Claudia Koonz, *Mothers in the Fatherland: Women, the Family, and Nazi Politics* (New York: St. Martin's Press, 1958), 48.

27 "Hitler's Speech to the National Socialist Women's League (September 8, 1934)," *German History in Documents and Images*, German Historical Institute, Washington, DC, https://ghdi.ghi-dc.org/sub_document.cfm?document_id=1557.

28 Victoria de Grazia, *How Fascism Ruled Women: Italy 1922-45* (Berkeley: University of California Press, 1992), 43-44.

29 Nancy MacLean, *Behind the Mask of Chivalry: The Making of the Second Ku Klux Klan* (New York: Oxford University Press, 1994).

30 Udi Greenberg, "Gender and the Radical Right's Departures from Fascism," reprinted in *Did It Happen Here?: Perspectives on Fascism in America*, ed. Daniel Steinmetz-Jenkins (New York: W. W. Norton, 2024), 298-304.

31 일부 민주정치 이론가들은 민주주의 문화에 대한 평등, 특히 성별 간 평등의 중심적 역할을 깨닫는 데 실패해서 악명이 높다. 루소,《에밀》의 마지막 장을 참조할 것.

32 Masha Gessen, *The Future Is History: How Totalitarianism Reclaimed Russia* (New York: Riverhead, 2017).

33 American Association of University Professors, *Report of a Special Committee: Political Interference and Academic Freedom in Florida's Public Higher Education System*, December 2023, https://www.aaup.org/file/AAUP_Florida_final.pdf.

34 Movement Advancement Project, "Under Fire: Erasing LGBTQ People from

Schools and Public Life, Movement," March 2023, https://www.mapresearch.org/file/MAP-Under-Fire-Erasing-LGBTQ-People_2023.pdf.

35 Patricia Mazzei, "Legal Settlement Clarifies Reach of Florida's 'Don't Say Gay' Law," *New York Times*, March 11, 2024, https://www.nytimes.com/2024/03/11/us/florida-dont-say-gay-law-settlement.html

36 이와 관련한 논의를 해준 엘레나 코스투첸코에게 고마움을 전한다.

37 "The American Left: From Liberalism to Despotism," Hillsdale College, https://online.hillsdale.edu/landing/american-left.

38 Moira Weigel, "Hating Theory: 'Cultural Marxism,' 'CRT,' and the Power of Media Affects," *International Journal of Communication* 17 (2023): 6504-24.

5장 반교육

1 톰 코튼의 2024년 1월 2일 X 게시글에서 발췌. 2024년 4월 15일 열람. https://twitter.com/TomCottonAR /status/1742271547493019657.

2 "'Somehow She's the Victim?': DeSantis Lays In to Claudine Gay After Resignation As Harvard President," *Forbes Breaking News*, https://www.youtube.com/watch?v=Scnt-_uGQLA.

3 Ted Cruz, *Unwoke: How to Defeat Cultural Marxism in America* (Washington, DC: Regnery, 2023).

4 엘리스 스테파닉 연방 하원의원 웹사이트의 '교육' 페이지를 보라. https://stefanik.house.gov/education.

5 집단학살 범죄의 예방 및 처벌에 관한 협약(제노사이드협약, Convention on the Prevention and Punishment of the Crime of Genocide), https://www.un.org/en/genocideprevention/documents/atrocity-crimes/Doc.1_Convention%20on%20the%20Prevention%20and%20Punishment%20of%20the%20Crime%20of%20Genocide.pdf.

6 Gilder Lehrman Institute of American History, "Ronald Reagan on the unrest on college campuses, 1967," https://www.gilderlehrman.org/history-resources/spotlight-primary-source/ronald-reagan-unrest-college-campuses-1967.

7 Gilder Lehrman Institute of American History, https://www.gilderlehrman.org/sites/default/files/content-images/04929p1.web_.jpg.

8 Stephanie Saul, Alan Blinder, Anemona Hartocollis, and Maureen Farrell, "Penn's Leadership Resigns amid Controversies over Antisemitism," *New York Times*, December 9, 2023, https://www.nytimes.com/2023/12/09/us/university-of-pennsylvania-president-resigns.html.

9 Reeves Weideman, "Raging Bill," *New York Magazine*, February 12, 2024, https://nymag.com/intelligencer/article/bill-ackman-war-harvard-mit-dei-claudine-gay.html.

10 Elise Stefanik, "Statement on Long Overdue Resignation of Harvard President," January 2, 2024, https://stefanik.house.gov/2024/1/statement-on-long-overdue-resignation-of-harvard-president.

11 Harvard University faculty page of Dean Claudine Gay, https://facultyresources.fas.harvard.edu/claudine-gay-1. 2024년 4월 15일 열람

12 John McWhorter, "We Need a New Word for 'Plagiarism'," *New York Times*, January 23, 2024, https://www.nytimes.com/2024/01/23/opinion/plagiarism-claudine-gay-ackman-oxman.html.

13 이안 워드가 크리스토퍼 루포와 했던 인터뷰를 보라. Politico, January 3, 2024, https://www.politico.com/news/magazine/2024/01/03.

14 Sameer Yasir, "'It Is Suffocating': A Top Liberal University Is under Attack in India," *New York Times*, February 10, 2024, https://www.nytimes.com/2024/02/10/world/asia/india-bjp-jnu.html.

15 Geeta Pandey, "Pinjra Tod: Freed India activists talk about hope and despair in jail," BBC.com, June 29, 2021, https://www.bbc.com/news/world-asiaindia–57648106.

16 Shreya Basak, "Revisiting Pratap Bhanu Mehta's Resignation As Ashoka University Faces Heat over Electoral Manipulation Paper," *Outlook*, August 11, 2023, https://www.outlookindia.com/national/revisiting–pratap–bhanu–mehta–s–resignation–as–ashoka–university–faces–heat–over–electoral–manipulation–paper–news–309791.

17 Yasir, "'It Is Suffocating'"

18 Karen Fischer, "A Playbook for Knocking Down Higher Ed," *Chronicle of Higher Education*, October 18, 2022, https://www.chronicle.com/article/a–playbook–for–knocking–down–higher–ed.

19 Henry Reichman, "The Professors Are the Enemy," https://www.chronicle.com/article/the–professors–are–the–enemy?sra=true.

20 Theodoric Meyer, Maggie Severns, and Meredith McGraw, "'The Tea Party to the 10th Power': Trumpworld Bets Big on Critical Race Theory," *Politico*, June 23, 2021, https://www.politico.com/news/2021/06/23/trumpworld–critical–race–theory–495712.

21 Project 2025, "180–Day Playbook," https://www.project2025.org/playbook/.

22 Michael Kruse, "DeSantis' Culture Warrior: 'We Are Now over the Walls'," *Politico*, March 24, 2023, https://www.politico.com/news/magazine/2023/03/24/chris–rufo–desantis–anti–woke–00088578.

23 American Association of University Professors, *Report of a Special Committee: Political Interference and Academic Freedom in Florida's Public Higher Education System*, December 2023, https://www.aaup.org/report/report–special–committee–political–interference–and–academic–freedom–florida%E2%80%99s–public–higher.

24 Ibid.

25 Ibid.

26 따라서 디샌티스 통치하에서 일어나고 있는 일을 고려할 때, 디샌티스와 관련된 세력이 대학 총장을 선임하는 데 '능력 위주'를 내세우는 것은 극히 위선적이다.

27 디보스 가족은 "사립학교에 납세자의 돈을 기부하기 위해 수십 년간 지속적인 노력을" 기울여 왔다. Koby Levin and Tracie Mauriello, "DeVos-Funded Campaign for School Voucher-like plan Withdraws Petitions in a Sign of Defeat," Chalkbeat, January 9, 2023, https://www.chalkbeat.org/detroit/2023/1/9/23547548/michigan-devos-school-choice-private-schools-petitions-withdrawn-let-mi-kids-learn/을 참조할 것.

28 Noam Scheiber, "Betsy DeVos, Trump's Education Pick, Plays Hardball with Her Wealth," *New York Times*, January 7, 2017, https://www.nytimes.com/2017/01/09/us/politics/betsy-devos-education-secretary.html.

29 Andy Kroll, "Behind Michigan's 'Financial Martial Law': Corporations and Right-Wing Billionaires," *Mother Jones*, March 23, 2011, https://www.motherjones.com/%20politics/2011/03/michigan-snyder-mackinac-center/.

30 Anna Clark, "Michigan Still Allows Emergency Takeovers of Local Governments," ProPublica, July 11, 2023, https://www.propublica.org/article/michigan-emergency-takeovers-flint-detroit.

31 Matt Apuzzo, "Blackwater Guards Found Guilty in 2007 Iraq Killings," *New York Times*, October 22, 2014, https://www.nytimes.com/2014/10/23/us/blackwater-verdict.html.

32 Jon Schwarz, "Erik Prince Calls for U.S. to Colonize Africa and Latin America," *The Intercept*, February 10. 2024, https://the intercept.com/2024/02/10/erik-prince-off-leash-imperialism-colonialism/.

33 Melinda Cooper, *Family Values: Between Neoliberalism and the New Social Conservatism* (New York: Zone Books, 2017).

34 Ibid., 72.

6장 고전교육

1 W. E. B. Du Bois, *The Souls of Black Folk* (Chicago, A. C. McClurg & Co., 1903), 55.

2 Toni Morrison, "Unspeakable Things Unspoken: The Afro-American Presence in American Literature," in *The Source of Self-Regard: Selected Essays, Speeches, and Meditations* (New York: Alfred A. Knopf, 2020), 한국어판: 《보이지 않는 잉크》, 이다희 옮김, 바다출판사, 2021, 169.

3 Aristotle, *Politics*, book 1, part 5.

4 라토야 볼드윈 클라크는 미국에서 반CRT법의 주된 목적이 백인의 순수성을 지키는 것이라고 설득력 있게 주장한다. 그래서 이를 '부모의 권리' 운동과 연결하는 데 사용한다. LaToya Baldwin Clark, "The Critical Racialization of Parents' Rights," *Yale Law Journal* 113 (2023): 3003-66을 참조하라.

5 Adolf Hitler, *Mein Kampf* (New York: Houghton Mifflin, 1971), 423.

6 George L. Mosse, *The Crisis of German Ideology: Intellectual Origins of the Third Reich* (1964; repr., Madison: University of Wisconsin Press, 2021), 71.

7 힐스데일 대학 웹사이트 https://online.hillsdale.edu/course-list에 실려 있는 강좌 목록을 참조하라.

8 힐스데일 대학에서 제공하는 강좌인 '미국 문명과 그 쇠퇴'의 비디오 예고편을 참조하라. https://online.hillsdale.edu/landing/american-citizenship-and-its-decline.

9 문명야만주의에 대해서는 데이비드 월러스 애덤스의 *Education for Extinction: American Indians and the Boarding School Experience, 1875-1928* (Lawrence: Kansas University Press, 1975)과 이 책 2장에 있는 이에 대한 나의 논의를 참조하라.

10 Plato, *Republic, in Plato: Collected Works*, ed. John M. Cooper (Indianapolis: Hackett, 1997), 971-1223.

11 Daniel HoSang and Joseph Lowndes, *Producers, Parasites, Patriots: Race and*

the New Right-Wing Politics of Precarity (Minnesota: University of Minnesota Press, 2019)를 참조하라.

12 Nikolaus Wachsmann, *KL: A History of the Nazi Concentration Camps* (New York: Farrar, Straus and Giroux, 2015), 243.

13 Plato, *Republic*, 338c.

14 Thucydides, *The History of the Peloponnesian War* (New York: Penguin Books, 1988), book 2, chapter 6.

15 Ibid., book 3, chapter 4.

16 Dangerous Speech Project, *Dangerous Speech: A Practical Guide*, April 19, 2021, https://dangerousspeech.org/guide/.

17 "그런 다음 아이들이 태어나면, 그들은 이런 목적을 위해 임명된 공무원들에게 맡겨집니다. 그 공무원들 가운데에는 남자도 있고, 여자도 있습니다. 우리의 공직은 남성과 여성 모두에게 개방되어 있기 때문입니다." Plato, *Republic*, 460b.

18 Plato, *Symposium*, in *Plato: Collected Works*, 457-505.

19 Toni Morrison, "Black Matter(s)," in *The Source of Self-Regard*, 147.

20 Charles W. Mills, *The Racial Contract* (Ithaca, NY: Cornell University Press, 1997), 59-60.

21 Nicole R. Fleetwood, *Marking Time: Art in the Age of Mass Incarceration* (Cambridge, MA: Harvard University Press, 2020), 29.

22 Mills, *The Racial Contract*.

23 마코비츠는 2023년 11월 철학자 에말론 데이비스와 함께 한 예일 대학 법이론 세미나에서 이 점을 논의했다.

24 Louise Antony, "The Importance of Being Partial: The Constructive Role of Bias in Human Life," *The Amherst Lecture in Philosophy* 15 (2022): 3, https://www.amherstlecture.org/antony2022/antony2022_ALP.pdf.

25 David Beaver and Jason Stanley, *The Politics of Language* (Princeton, NJ:

Princeton University Press, 2023) 7장에서 우리는 중립성의 이상이 모순적이라고 주장한다.

26 Charles Mills, "Black Radical Kantianism," *Res Philosophica* 95.1 (January 2018): 1-33.

27 Alasdair MacIntyre, *Whose Justice? Which Rationality?* (Notre Dame, IN: University of Notre Dame Press, 1988).

7장 역사 되찾기

1 메모리얼은 2022년 노벨평화상을 받았다. https://www.nobelprize.org/prizes/peace/2022/memorial/facts/.

2 다음 글을 참조하라. Andrew Higgins, "He Found One of Stalin's Mass Graves. Now He's in Jail," *New York Times*, April 27, 2020, https://www.nytimes.com/2020/04/27/world/europe/russia-historian-stalin-mass-graves.html; Alexander Marrow and AntonKolodyazhnyy, "Russian Court Extends Jail Term for Gulag Historian to 15 Years," *Reuters*, December 27, 2021, https://www.reuters.com/world/europe/russian-court-extends-jail-term-gulag-historian-15-years-2021-12-27/.

3 James W. C. Pennington, *A Text Book of the Origin and History, &c. &c. of the Colored People* (Hartford, CT: L. Skinner, 1841).

4 *Anton Wilhelm Amo's Philosophical Dissertations on Mind and Body*, ed. Stephen Menn and Justin E. H. Smith (Oxford: Oxford University Press, 2022).

5 Jarvis Givens, *Fugitive Pedagogy: Carter G. Woodson and the Art of Black Teaching* (Cambridge: Harvard University Press, 2023), p. 127.

6 듀보이스가 자신의 책 *Black Reconstruction in America* (1935; repr., New York: The Free Press, 1992), 716에서 Mr. Woodward, Meet General Grant에 나오는 내용을 인용한 것.

7 Du Bois, *Black Reconstruction in America*, 121.

8 "Baltimore mayor faces racist attacks after bridge collapse," NPR, April 4, 2024, https://www.npr.org/2024/04/04/1242294070/baltimore-key-bridge-mayor-brandon-scott-racist-attacks.

9 Du Bois, *Black Reconstruction in America*, 714.

10 Manny Fernandez and Christine Hauser, "Texas Mother Teaches Textbook Company a Lesson on Accuracy," *New York Times*, October 5, 2015, https://www.nytimes.com/2015/10/06/us/publisher-promises-revisions-after-textbook-refers-to-african-slaves-as-workers.html?_r=0.

11 Antonio Planas, "New Florida Standards Teach Students That Some Black People Benefited from Slavery Because It Taught Useful Skills," NBC News online, July 20, 2023, https://www.nbcnews.com/news/us-news/new-florida-standards-teach-black-people-benefited-slavery-taught-usef-rcna95418.

12 Carter Godwin Woodson, *The Mis-education of the Negro* (1933; repr., New York, Tribeca Books), 17.

13 Ibid., 18.

14 "Remarks by President Trump at the White House Conference on American History," September 17, 2020, https://trumpwhitehouse.archives.gov/briefings-statements/remarks-president-trump-white-house-conference-american-history/. 2024년 4월 15일 열람.

15 Jomo Kenyatta, *Facing Mount Kenya: The Tribal Life of the Kikuyu* (London: Secker and Warburg, 1938).

16 Kyle Whitmire, "Alabama Archives Hosted an LGBTQ Speaker. Now Lawmakers Want the Board Fired," AL.com, January 10, 2024, https://www.al.com/opinion/2024/01/alabama-archives-hosted-an-lgbtq-speaker-now-lawmakers-want-the-board-fired.html.

17 Manfred Stanley, "The Mystery of the Commons: On the Indispensability of Civic Rhetoric," *Social Research* 50, no.4 (Winter 1983).

18 Ibid., 871.

19 Ibid., 872-73.

20 "Murder of the Jews of Poland," Yad Vashem, https://www.yadvashem.org/holocaust/about/fate-of-jews/poland.html 참조.

21 "Poland," Institute for Jewish Policy Research, https://www.jpr.org.uk/countries/how-many-jews-in-poland.

22 Magdalena J. Zaborowska, "The Borderland Foundation in Sejny, Poland," *Journal of the International Institute* 16, no. 2 (Spring 2009), https://quod.lib.umich.edu/j/jii/4750978.0016.207/—borderland-foundation-in-sejny-poland?rgn=main;view=fulltext.

23 Howard Zinn, *A People's History of the United States: 1492-Present* (New York: Harper Collins, 1980). 한국어판:《미국민중사 1, 2》, 유강은 옮김, 이후, 2008.

24 "Remarks by President Trump at the White House Conference on American History," National Archives Museum, September 17, 2020, https://trumpwhitehouse.archives.gov/briefings-statements/remarks-president-trump-white-house-conference-american-history/.

25 "About the Zinn Education Project," Zinn Education Project: Teaching People's History, https://www.zinnedproject.org/about/.

나가며

1 Pranshu Verma and Cat Zakrzewski, "AI deepfakes threaten to upend global elections. No one can stop them," *Washington Post*, April 23, 2024, https://www.washingtonpost.com/technology/2024/04/23/ai-deepfake-election-2024-us-india/.

찾아보기

블랙호크, 네드 80, 89, 244
비자유 195-6 → 또한 '고전교육'을 보라
비판적 사고 185, 206
비판적 인종 이론 27-8, 134, 148-9,
    159, 168-9, 173, 220, 224, 258
빌헬름 2세(독일 황제) 113

ㅅ
상상된 공동체 108
샐리, 콘블루스 157
샤픽, 미누슈 159-60
샤히드, 파리다 73
서구적 가치 208
성과학연구소 112, 222
성소수자
    〈성소수자를 학교와 공공 생활에서
        지우기〉(2023년 보고서) 145-6
    -의 권리 39, 146, 150-1
    -의 역사 되찾기 222-3
    파시스트 표적으로서의- 146, 222-
        3
    〈성소수자를 학교와 공공 생활에서 지
        우기〉(2023년 보고서) 145
세계 가족회의 143
세나브레, 마르코 30
세제르, 에메 61-2
셸비 카운티 대 홀더 판결(2013) 133
소련, 매카시즘과- 17-8 → 또한 '러시
    아'를 보라
소크라테스 188-9, 194

수정안 4(플로리다) 134
슈뢰더, 보이치에흐 231
슈미트, 칼 24
스나이더, 릭 175
스나이더, 티모시 62
스콧, 브랜든 216
스탈린, 이오시프 102, 209-11, 214,
    228, 253
스탠리, 맨프레드(저자의 아버지) 61,
    225, 243
스탠리, 메리(저자의 계모) 243
스탠리, 일세(저자의 할머니) 13-4
스테파닉, 엘리스 154-8
스페인, 민족주의와- 82
시러큐스 대학 225
시민권 → 또한 '인도시민권 개정법'을
    보라
    미국 재건 시대와- 87-8
    반(半)시민권 24, 94
시민권 투쟁 222
시민적 연민 225-7, 235
식민주의 → 또한 '민족주의'를 보라
    교육 시스템과- 64-7
    선교사와- 67
    위계 문화와- 19-20
    -의 보편적 형태와 비보편적 형태
        78-9
    정착민의 정의 54, 69
    정체성 기반 민족주의와- 74
    토지 서사와- 54, 70, 74

역사를 지우다

권위주의자들은 왜, 어떻게 과거를 조작하는가

1판 1쇄 2026년 1월 26일

지은이 | 제이슨 스탠리
옮긴이 | 김한종

펴낸이 | 류종필
책임편집 | 김현대
편집 | 노민정, 이정우, 권준
경영지원 | 홍정민
표지 디자인 | 석운디자인
본문 디자인 | 박애영

펴낸곳 | (주)도서출판 책과함께
　　　주소 (03961) 서울시 마포구 방울내로9길 24 동주빌딩 202호
　　　전화 (02) 335-1982
　　　팩스 (02) 335-1316
　　　전자우편 prpub@daum.net
　　　블로그 blog.naver.com/prpub
　　　등록 2003년 4월 3일 제2003-000392호

ISBN 979-11-94263-92-0　03900